INTERNET
DE LAS COSAS (IoT)

Oswaldo Quiñonez Muñoz

Publicado por Ibukku
www.ibukku.com
Diseño y maquetación: Índigo Estudio Gráfico
Copyright © 2019 Oswaldo Quiñonez Muñoz
ISBN Paperback: 978-1-64086-431-3
ISBN eBook: 978-1-64086-432-0

A la Divina Existencia que con sus sincronicidades nos da mucho más de lo que pedimos y que todo lo hace posible, a la memoria de mis padres, seres maravillosos que con su infinito amor supieron comprender la melodía de mi corazón, a mis hijos la razón principal de mi vida, a mis familiares, amigos y a todas aquellas personas que sabiéndolo o no, me han apoyado y han creído en mí. A los seres especiales que con su amor hacen feliz mi estadía en esta Tierra.

ÍNDICE

CAPÍTULO 5

PRÓLOGO A LA PRIMERA EDICIÓN

El internet de las cosas (*Internet of Things, IoT*), un concepto que ha venido evolucionando desde una simple interconexión digital de objetos cotidianos a través de internet, a una interrelación inteligente de objetos, personas y/o procesos, logrando así sistemas que soportados por otras tecnologías como la analítica de datos y la inteligencia artificial tengan la capacidad de interactuar autónomamente con otros sistemas y de tomar decisiones sin la intervención humana.

Este libro tiene por finalidad llegar a la mayor cantidad de lectores que se interesan por entender los avances tecnológicos, cada vez más rápidos y complejos, que además puedan aplicar lo aprendido, generando soluciones de internet de las cosas, formando así parte de la mejora continua y/o de las transformaciones que los procesos de invención y transformación digital requieren en todos los campos de la economía, tanto públicos como privados; busca también ayudar a los lectores a desarrollar sus habilidades analíticas, creativas, de resolución de problemas y de pensamiento crítico, que son altamente valoradas por los empleadores en todos los campos y es transversal a todas las industrias.

Especialistas en el tema proyectan que se tendrá 50.000 millones (o 50 billones en el estándar americano) de sensores interconectados en el 2020 y en diez años estaríamos en 500.000 millones de dispositivos interconectados lo que implicará en una proyección lineal, que a cada ser humano le correspondería alrededor de 70 dispositivos de internet de las cosas.

El Internet de las cosas también causará una disrupción importante en el empleo de las personas, debido fundamentalmente a la automatización de procesos, exigirá personal más capacitado, se crearán muchos más empleos en las áreas que involucran investigación y desarrollo, imagínense por ejemplo la fabricación de tantos dispositivos, el desarrollo del software necesario, la implementación de las soluciones. Estos trabajos requerirán un mayor nivel de habilidad y de formación, surgirán nuevos roles, nuevas necesidades; los empleos serán mucho más calificados, lo que probablemente significa que estarán mejor pagados, pero quizá no sean los suficientes para cubrir la oferta laboral, pudiéndose generar desempleo especialmente en las áreas de menor conocimiento, excluyendo a quienes no estén preparados técnicamente. Y este es un problema que desde ya debería empezar a analizarse, especialmente por los gobiernos a través de sus entes de gestión de la salud pública.

Entonces, la pregunta forzosa es ¿Cuáles serán las áreas más impactadas? ¿Dónde estará el mayor impacto en el futuro cercano? ¿Como afrontarán este tema nuestros gobernantes? Realmente es un tema de adivinar ya que apenas estamos en los albores de la cuarta revolución industrial. Tenemos que mirar cómo se capacitan, para reenganchar en los mercados, los recursos que se liberan en los procesos de automatización, producto de generar procesos más eficientes y autónomos; así que realmente necesitamos comenzar por examinar dónde estará el impacto, qué significarán estos ahorros para las industrias y como vamos a manejar los problemas sociales que este tipo de disrupciones genera en la sociedad.

Siendo conocedores del papel que juegan las tecnologías en el progreso de la humanidad, debemos adoptar las nuevas tecnologías con una mente abierta, entendiendo que estas generan espacios y oportunidades, crecimiento y desarrollo, generando además transformaciones culturales en la sociedad.

Para entrar a la Cuarta Revolución Industrial, de una manera no tan disruptiva, evitando al máximo cambios sociales bruscos, necesitaremos de nuevas instituciones, organizaciones y legislaciones para gestionar nuevos tipos de negocios; esto ayudará a proteger a cada economía, industria e individuo a medida que nos adentramos en la digitalización de todas las cosas, incluyendo al ser humano y sus entornos.

Es nuestra responsabilidad como sociedad construir seguridad y preservar la privacidad a través de una planeación a futuro cuidadosa, aplicando métodos innovación continua, a través de la investigación, la colaboración y el trabajo en equipo, para dar forma a un mundo digital en que todos podamos tener confianza y que ojalá sea un generador de equidad. La seguridad cibernética y la protección de la privacidad son y deberán seguir siendo las principales prioridades de los involucrados en los desarrollos tecnológicos, necesarios para la implementación de la industria 4.0.

En el proceso de digitalización de los diferentes campos de la economía, la industria de las TIC deberá ser más abierta, más colaborativa y más estable, con foco en la construcción de sistemas seguros y confiables, con redes que brinden conexiones estables y seguras, aplicaciones y plataformas digitales seguras y confiables en todo su entorno, con dispositivos igualmente confiables, donde los datos y la privacidad del ser humano estén completamente protegidos, para que todos podamos confiar y disfrutar de las comodidades y las bondades que aportan los diferentes avances tecnológicos.

A medida que la nube se expande, la inteligencia artificial, la analítica, la robótica cubre nuevos espacios, haciendo de los sistemas entes autónomos, con capacidad de discernir sin la intervención del ser humano, la digitalización y sus múltiples aplicaciones se vuelvan más y más cercanas al día a día en nuestras vidas, adentrándonos muchas veces sin percibirlo, en un mundo centrado en los datos y cada vez más inteligente donde las fronteras de la realidad y la ficción se desdibujan.

Por otro lado los países en vías de desarrollo tienen la imperiosa necesidad de adecuar sus planes curriculares de tal manera que le saquemos el mayor provecho posible al internet de las cosas y a otras tecnologías disruptivas, que seamos capaces de realizar una apropiación tecnológica y de una manera ordenada impulsar su socialización, evitando así que la brecha de desigualdad entre países industrializados y países en vía de desarrollo se amplíe aún más; para ello desde la educación primaria deben empezar a tratarse estos temas y profundizarse adecuadamente en secundaria y en los institutos y universidades de formación tecnológica, de tal manera que el estudiante logre la preparación tecnológica adecuada y con las competencias que le permitan desempeñarse en las nuevas economías, donde debe jugar un papel activo en su quehacer diario y su interrelación con la tecnología y sus avances cada vez más veloces y más disruptivos dentro de la sociedad.

Las empresas, independiente de su industria deberían lanzar programas de entrenamiento y de apropiación tecnológica, en campos como internet de las cosas, para que con estas herramientas sus trabajadores ganen las competencias necesarias para generar innovación y eficiencia en sus procesos; para seguir siendo competitivos y exitosos en la economía digital, los profesionales deben tener la capacidad de generar soluciones de Internet de las cosas para transformar sus ambientes laborales o la comunidad de la cual formen parte.

Este libro sobre internet de las cosas se compone de los siguientes capítulos:

1. Introducción al Internet de las cosas
2. Componentes y plataformas de Internet de las cosas
3. Redes de datos y protocolos en Internet de las cosas
4. Cálculos de propagación para redes inalámbricas en Internet de las cosas
5. Seguridad y privacidad en Internet de las cosas
6. IIoT y Diseño de Internet de las cosas

El capítulo 1 hace una introducción al tema develando su importancia como pilar fundamental del desarrollo de la industria 4.0 o cuarta revolución industrial; su relación con otras tecnologías de punta, se analiza aquí el porqué del internet de las cosas, su papel en la digitalización de la economía y en la transformación social que esto implica.

El capítulo 2, componentes y plataformas describe cuales son los componentes de las que se conforma el internet de las cosas, e incluye, sensores, actuadores, dispositivos, controladores, pasarelas (*gateways*) y plataformas de IoT y su papel en el proceso de transformación digital.

El capítulo 3 entrega una conceptualización teórica de lo que son las redes de datos y de comunicaciones y los protocolos con sus especificaciones dependiendo de criterios como cobertura, capacidad y velocidad de estas redes y se incluye igualmente un análisis de los lenguajes de programación más utilizados en soluciones de internet de las cosas.

El capítulo 4 se enfoca en la definición de los protocolos de comunicaciones inalámbricos, como capa física de las soluciones IoT, con análisis de los canales de propagación para las diferentes tecnologías en ambientes internos, en ambientes externos y se analiza igualmente las tecnologías de proximidad cercana.

El capítulo 5 plantea los conceptos de *Big Data* y su relación con la seguridad, la cual junto con la privacidad son de vital importancia, esto teniendo en cuenta que miles de millones de dispositivos estarán conectados a la red, generando a su vez inmensas cantidades de datos, abriendo las posibilidades de nuevos ataques informáticos contra estos sistemas y que además pueden vulnerar la privacidad y la intimidad del ser humano.

El capítulo 6 describe lo que es la industria 4.0, las tendencias de internet de las cosas y su interrelación con otras tecnologías como *Big Data*, Inteligencia Artificial y *Blockchain*; se trata el Internet Industrial de las cosas y sus perspectivas futuras y se finaliza el capítulo con el diseño conceptual de una solución de Internet de las cosas.

El lector logrará una profundización conceptual, ganando las competencias necesarias para desempeñarse eficazmente, generando valor agregado a través de la implementación de soluciones de Internet de las cosas.

En los diferentes capítulos se hará mención de la relación que Internet de las cosas tiene con otras tecnologías y que harán posible el despliegue de la Industria 4.0 tales como *Big Data*, Inteligencia Artificial, conmutación en la nube, conmutación en el borde, los procesos de robotización, impresión en 3D, cadenas de bloques (*blockchain*), gemelos digitales, biotecnología, nanotecnología, entre otros y que harán que la sociedad de un salto tecnológico, económico y social, con cambios aun imprevistos para la sociedad.

Bienvenidos estimados lectores al mundo fascinante del Internet de las cosas.

CAPÍTULO 1
INTRODUCCIÓN AL INTERNET DE LAS COSAS

El internet de las cosas (*Internet of Things, IoT*) es definido como una red de objetos físicos conectados a través de internet, los cuales logran interactuar vía sistemas embebidos, redes de comunicación, mecanismos de computación de respaldo y aplicaciones típicamente en la nube. Permite a los objetos comunicarse entre sí, acceder a información de internet, capturar, almacenar y recuperar datos e interactuar con usuarios humanos, así como con otros sistemas y aplicaciones, creando ambientes cada vez más conectados y más inteligentes.

Todo tipo de objetos físicos (cosas) conectados a internet, extendiéndose aún a procesos y estructuras, que pueden comunicar sus estados y/o cambios, responder a eventos, o aún más actuar autónomamente sin el concurso de la inteligencia humana. Esto habilita la comunicación entre estas cosas, acortando la distancia entre el mundo real y el mundo virtual y creando procesos y estructuras más inteligentes que nos pueden soportar sin requerir de nuestra atención. Internet de las cosas ha impulsado la convergencia de tecnologías inalámbricas, diferentes redes de datos, dispositivos inteligentes, sistemas micro electromecánicos (MEMS) y el internet.

Internet de las cosas es uno de los pilares fundamentales del desarrollo de la Industria 4.0, también denominada la cuarta Revolución industrial; esta revolución industrial corresponde a una nueva manera de organizar los medios de producción, basándose principalmente en la digitalización de todos los campos del quehacer humano y la cual está apenas en sus albores e impactará la vida y sus procesos de transformación en los años venideros.

Los pilares que soportan esta transformación digital se basan primordialmente en los siguientes avances tecnológicos.

1. Internet de las cosas
2. Inteligencia Artificial
3. Realidad Aumentada
4. Robótica
5. Conmutación en la nube y en el borde
6. Big Data y Data Analytics
7. Impresión en 3 dimensiones
8. Nanotecnología
9. Biotecnología
10. Ciberseguridad
11. Tecnología de bloques en cadena (Blockchain)

El concepto detrás de este cambio de modelo económico y social está soportado en una creciente digitalización y en una estrecha cooperación tecnológica en todas las unidades productivas de la economía; estas marcarán importantes cambios sociales en los próximos años, haciendo un uso intensivo de internet y de otras tecnologías de punta, las cuales se interrelacionan entre sí, generando cíclicamente nuevas tecnologías a una velocidad no vista antes, con cadenas de producción mucho mejor comunicadas entre sí, con procesos autónomos e inteligentes y atendiendo la oferta y la demanda de los mercados en tiempo real.

La Industria 4.0 es la completa digitalización de los flujos y las cadenas de valor a través de la integración de tecnologías de procesamiento de datos, la robotización, el software inteligente, la miniaturización de componentes, el uso de sensores y actuadores; desde los proveedores hasta los consumidores; lo anterior implica que a través de la gestión coordinada de la información se pueda predecir, planear, producir, controlar, modificar de forma inteligente y en tiempo real, lo que genera mayor valor en todos los ciclos de vida de los productos, generando a su vez entre otros reducción de costos, velocidad en la respuesta, mejoras en la calidad y eficiencia en los procesos de innovación, de producción, de distribución y de consumo .

Cada uno de los pilares de la industria 4.0 arriba definidos implican para la sociedad la necesidad de un apropiamiento en los diferentes campos del conocimiento, en ellos enmarcados y unos cambios radicales no solo en los modos de producción sino en las relaciones sociales, con una integración tecnológica profunda en nuestras vidas, generando cambios y oportunidades aun no previstas, en nuevos modelos de desarrollo en los diferentes campos de la economía y que repercutirán en el comportamiento y la transformación del ser humano.

¿POR QUÉ EL INTERNET DE LAS COSAS?

El internet de las cosas (IdC, en inglés IoT de *Internet of Things*), o denominado también como *Internet of Everything* (IoE) y que para aplicaciones industriales viene denominándose como IIoT (*Industrial Internet of Things)* es un concepto que se refiere a una interconexión digital de objetos cotidianos a través de internet y que día a día viene expandiendo su aplicación en las diferentes áreas del conocimiento.

Especialistas en el tema proyectan que se tendrá algo así como 500.000 millones (o 500 billones en el estándar americano) de sensores interconectados para el año 2030, lo que implica que a cada ser humano le corresponderían alrededor de 70 dispositivos. Esto trae consigo cambios aun no claros ni previstos para la sociedad e implica a nivel de comunicaciones dar un gran salto en el desarrollo de redes de datos, que habiliten el camino para interconectar o acceder vía internet a diferentes y diversos tipos de redes, que se ajusten a la solución que se esté manejando y que puede ser desde redes que manejan objetos de dimensiones nanométricas, dentro de nuestro cuerpo, hasta redes de sensores y actuadores situados a millones y millones de distancia en exploradores de nuestro sistema solar, pasando por sistemas autónomos como casas inteligentes, ciudades inteligentes, telemedicina, aplicaciones en las fábricas, en la agricultura y en fin en todos los campos de la economía.

MENTEFACTO DE INTERNET DE LAS COSAS

El mentefacto de la **figura 1.1 Mentefacto sobre Internet de las cosas**, describe el concepto del Internet de las cosas y abre el camino a lo que será el contenido de este libro.

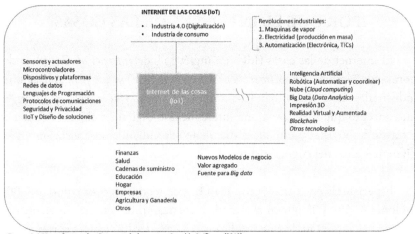

Figura 1.1 Mentefacto sobre Internet de las cosas, Oswaldo Quiñonez (2019)

Vamos a explicar este mentefacto partiendo de la parte superior, pasamos al lado derecho, luego al lado inferior y terminamos en el lado izquierdo del mismo.

La parte superior del mentefacto muestra cómo la Industria 4.0 o cuarta revolución Industrial y la industria del consumo tienen en Internet de las cosas a uno de los pilares fundamentales de su desarrollo, esto debido a las disrupciones que generará en la economía de los próximos años, detrás de cuya revolución está la digitalización de la economía y con ello la búsqueda constante de la mejora de la eficiencia de los procesos, reducción de costos y velocidad de implementación, independiente del campo de aplicación.

Davos 2019,[1] *"La cuarta revolución industrial representa un cambio funda-mental en la forma en que vivimos, trabajamos y nos relacionamos con los demás. Es un nuevo capítulo en el desarrollo humano, el cual está habilitado por los avan-ces tecnológicos proporcionales a los de la primera, segunda y tercera revolución*

---

1 https://toplink.weforum.org/knowledge/insight/a1Gb0000001RIhBEAW/explore/summary

industrial, y que está fusionando los mundos físico, digital y biológico en formas que crean tanto promesas como riesgos. La velocidad, amplitud y profundidad de esta revolución nos está obligando a replantearnos la forma en que los países deben desarrollarse, cómo las organizaciones crean valor e incluso lo que significa ser un humano; además, es una oportunidad para ayudar a todos, incluidos los líderes, los encargados de la formulación de políticas y las personas de todos los grupos de ingresos y países a aprovechar las tecnologías a fin de crear un futuro inclusivo y centrado en el ser humano."

La cuarta revolución industrial es una continuación de los avances tecnológicos que la sociedad viene desarrollando, desde el momento en que dejó de ser la fuerza manual el principal motor de desarrollo y este se inicia con la primera revolución industrial que tiene como su principal exponente la mecanización de los trabajos mediante la máquina de vapor y el uso del ferrocarril, con el carbón como principal fuente de energía, enmarcada históricamente entre los años 1760 y 1830, surge con esta revolución industrial la industria manufacturera y a nivel social se presenta un éxodo del trabajador rural a las ciudades, dando origen a la clase obrera.

La segunda revolución industrial tiene como principal exponente el uso de la energía eléctrica y el automóvil; la soportan otras tecnologías como el teléfono y la radio con sus orígenes alrededor de 1850 y llegando hasta las primeras décadas del siglo XX; el petróleo y el gas surgen como principales fuentes de energía y las diferentes tecnologías e innovaciones hacen que a nivel social se consolide el sistema económico capitalista con la producción en masa y la fuerza de la clase obrera.

La tercera revolución industrial surge alrededor de los años setenta del siglo XX, se inicia con avances de la electrónica, las tecnologías de la información y las comunicaciones; se caracteriza por la automatización y la informática, con un punto de inflexión en el invento del computador personal en 1981 y el uso del internet como red global de comunicaciones. Además del petróleo surge el uso de tecnologías renovables (energías solar, eólica, térmica, hidráulica y de biomasa) y a nivel social surge la clase media como clase que impulsa la era del conocimiento; aparecen megaciudades a nivel global. Invenciones en diferentes campos llevan a una fusión de avances tecnológicos, dando paso a la cuarta revolución industrial cuyos orígenes los podemos ubicar entre los años 2011 a 2015.

Así podemos decir que estamos en los albores de la cuarta revolución industrial o Industria 4.0 como principal exponente la digitalización de la economía, con Internet de las cosas y las tecnologías definidas en la parte derecha del mentefacto como los principales sostenes de su desarrollo.

La parte derecha del mentefacto define los principales pilares que en paralelo con Internet de las cosas harán viable el desarrollo de la Industria 4.0 en los próximos años, veamos un resumen de lo que implica cada uno de estos pilares:

Inteligencia Artificial, se define como la ciencia e ingenio de hacer máquinas inteligentes, especialmente programas de cálculo inteligentes. Cada vez más la Inteligencia artificial sale de los centros de investigación y de las grandes compañías de tecnología para integrarse a los procesos productivos de las empresas. La inteligencia artificial hace uso de algoritmos cada vez más robustos para mejorar los procesos de aprendizaje automático (*machine learning*) en áreas como reconocimiento de voz, reconocimiento de imágenes, reconocimiento de patrones, etc. y procesando información que viene de *big data* permite que las decisiones se tomen basadas en el conocimiento más que en la intuición.

La Robótica, cada vez más sale de los procesos productivos de las fabricas para integrarse como un coequipero en las diferentes labores del ser humano. Davos 2019[2], *"Antes, los robots se utilizaban únicamente para realizar labores aburridas y difíciles, y estaban limitados a lugares aislados y plantas de producción. Hoy en día, los robots se encuentran en todas partes, tanto dentro como fuera de nuestros hogares. Algunos son drones, otros vehículos autónomos y muchos más son humanoides increíblemente realistas. Ahora están listos para hacer más vida social, son lo suficientemente inteligentes para moverse sin chocar con objetos y pueden mezclarse entre las multitudes. Algunos de los más recientes humanoides, con sensores y motores integrados, pueden saltar sobre el "valle inquietante" convenciéndonos de que son humanos reales, al menos hasta que empezamos a hablar con ellos (aunque es posible que eso cambie pronto). Este informe se basa en las opiniones de un gran número de expertos de la Red de expertos del Foro Económico Mundial y está dirigido en conjunto con David Shim, profesor*

2 https://toplink.weforum.org/knowledge/insight/a1Gb0000000pTDREA2/explore/summary, consultado en marzo 26, 2019

asistente del Departamento de Ingeniería Aeroespacial del Instituto Avanzado de Ciencia y Tecnología de Corea (KAIST, por sus siglas en inglés)".

La computación en la nube (*cloud computinng*), según el Instituto Federal de los Estados Unidos, NIST (*National Institute of Standards and Technology*): *" Es un modelo que permite el acceso ubicuo, adaptado y bajo demanda en red a un conjunto compartido de recursos de computación configurables compartidos (redes, servidores, equipos de almacenamiento, aplicaciones y servicios) que pueden ser aprovisionados y liberados rápidamente, con el mínimo esfuerzo de gestión e interacción con el proveedor de servicio".* Ofrece tres modelos de servicio: SaaS (*Software as a Service*), ejemplo de este servicio, los servicios de correo electrónico como Gmail. PaaS (*Plataforma as a Service*) como ejemplo plataformas para desarrolladores donde los usuarios pueden desarrollar sus aplicaciones y IaaS (*Infrstructure as a Service*) donde los proveedores ponen a disposición la infraestructura tanto de software como de hardware que el cliente necesite; cubriendo necesidades de almacenamiento, de procesamiento, de sistemas operativos, de servidores, firewalls, etc.

Big Data, se define como los grandes volúmenes de datos, estructurados, no estructurados o semi estructurados y la necesidad de su captura, almacenamiento, procesamiento, análisis y visualización. Es subjetivo hablar de grandes volúmenes ya que esto depende de la ciencia, el área, la empresa o el tipo de información de la que se esté hablando y especialmente de los avances tecnológicos del momento. Al inicio se hablaba de un modelo Big Data de las 3 Vs: Volumen, Variedad y Velocidad; luego IBM incluyó dos Vs más: Veracidad y Valor y, actualmente se han integrado dos más: Visualización y Viabilidad para llegar a un modelo de *Big Data* de las 7Vs, cada una con sus respectivas características y especificaciones.

Realidad Virtual y Realidad Aumentada, una de las definiciones más completas de realidad virtual la propuso A. Rowell: "La Realidad Virtual es una simulación interactiva por computador desde el punto de vista del participante, en la cual se sustituye o se aumenta la información sensorial que recibe" en esta definición se incluyen los tres conceptos básicos de una realidad virtual: Simulación interactiva, Interacción implícita e Inmersión sensorial. Realidad aumentada es la integración de información relacionada a la realidad, para lograr mayor inteligencia y conocimiento en un evento dado.

Aplicaciones de realidad virtual y de realidad aumentada se están fusionando en realidades hibridas.

Impresión 3D, o manufactura aditiva, es un grupo de tecnologías de fabricación que, partiendo de un modelo digital, permiten manipular de manera automática distintos materiales y agregarlos capa a capa, de forma muy precisa, para construir un objeto en tres dimensiones. Esta tecnología está destruyendo muchos paradigmas respecto a la manufactura de hoy, centralizada y manejada por grandes compañías e impactará a todos los campos de la economía ya que se está utilizando en campos tan diversos como la moda, con el diseño de ropa a la medida, la fabricación de robots, el uso de nuevos materiales o la salud mediante la impresión de órganos para trasplantes o prótesis para discapacitados.

Blockchain, es una tecnología aun no explotada, que ha sido castigada por sus orígenes tan estrechos con las criptomonedas y que la comunidad económica y financiera ha bloqueado su despliegue, sin embargo esta tecnología desligada del minado de criptomonedas debido a su potencial en el manejo de la confianza, transparencia y confiabilidad trae consigo un potencial que impactará nuestras relaciones comerciales de una manera aun no prevista, ligado a *blockchain* viene el concepto de contratos inteligentes, que no es otra cosa que contratos integrados en las aplicaciones, llevados a código y por lo tanto haciendo a un lado las terceras partes de las relaciones comerciales actuales. Es un campo que tiene mucho futuro especialmente en aplicaciones que manejan trazabilidad de la información.

A manera de conclusión de la parte derecha del mentefacto se puede decir que mediante la evolución tecnológica, producto de la miniaturización de componentes, con la aparición del *Big Data* y ligado a este la analítica de datos (*Data Analytics*), la inteligencia Artificial y con ella la robotización de los procesos y la realidad aumentada impactando el día a día de las personas, la conmutación en la nube, la impresión en 3D que pasa de ser una tecnología de residuos a una tecnología de sumas y el internet de las cosas son pilares que se integran en soluciones que impulsan la innovación, fusionándose entre ellas continuamente para generar cada vez más y más oferta de productos y servicios y dándole de esta manera vida a la industria 4.0.

A lo anterior se le debe sumar grandes adelantos en áreas como la biotecnología, la nanotecnología, la genética, el manejo de nuevos materiales que harán de este mundo un nuevo espacio, con nuevos artefactos, moldeando nuestra cultura y así en su proceso evolutivo continuará transformándose y continuará cambiando nuestras vidas, nuestra forma de pensar y de actuar.

La parte inferior del mentefacto describe las áreas principales donde hoy en día se está implementando el internet de las cosas; pocos años atrás la pregunta era ¿En dónde aplicar internet de las cosas? La pregunta obligada de hace algún tiempo es ¿Dónde no podría aplicar internet de las cosas? Así campos como la industria, las finanzas, la salud, las cadenas de suministro, la educación, el hogar, las empresas, la agricultura, la ganadería, la minería, están iniciando los procesos de digitalización y por lo tanto de automatización de sus procesos y la generación de infinidad de aplicaciones con internet de las cosas.

Adicionalmente Internet de las cosas se está convirtiendo en un impulsor de nuevos modelos de negocio, generando valor agregado mediante eficiencias en los procesos, reducción de costos, integrándose con otras áreas como la inteligencia artificial, la realidad virtual y aumentada y blockchain; además de convertirse en un agente recolector de Data (*Big Data driver*) para los diferentes campos tanto de la economía de consumo como de todos los procesos industriales.

La parte izquierda del mentefacto nos lleva a profundizar lo que es internet de las cosas y es la razón de ser de este libro, que espero le dé al lector una visión clara de lo que es el internet de las cosas y de cómo va a impactar nuestras vidas; tenemos que billones y billones de sensores y actuadores serán conectados a internet a través de redes de comunicaciones, con dispositivos y plataformas que soportan las aplicaciones, cuya estructura dependerá de la solución y de los requerimientos de la misma, con requerimientos específicos tales como velocidad de la información, volúmenes de datos a manejar, ambientes de monitoreo, seguridad requerida etc. Parámetros estos que exigirán definir diferentes protocolos relacionados con el tipo de red o redes de datos a implementar, los lenguajes de programación a utilizar en cada uno de los componentes de red y no menos importante los protocolos de seguridad a implementar (ciberseguridad) y el manejo de la privacidad, llegando así a definir todo lo que se necesita para diseñar una red de internet de las cosas, teniendo la capacidad de generar modelos de negocio de soluciones de Internet de las cosas, ajustada a los requerimientos y necesidades particulares y generando el conocimiento necesario para ser partícipe de los procesos de transformación de la economía.

La explosión de dispositivos, sistemas y tecnologías inteligentes integrados y conectados en nuestras vidas ha creado una oportunidad para conectar cualquier "cosa" a Internet. La miniaturización de componentes microelectrónicos, especialmente de sensores, ha permitido que tecnológicamente podamos censar cada cosa que nosotros deseemos, permitiéndonos transformar la realidad mediante soluciones innovadoras, transformando y haciendo cada vez más eficientes los diferentes procesos y habilitando infinidad de aplicaciones que ayudan a transformar nuestro medio ambiente.

La recopilación de datos y la conectividad resultantes han creado eficiencias y soluciones que antes solo se inventaban en historias de ciencia ficción. Esto está perturbando y transformando cada industria alrededor del mundo, en todos los campos de la economía y en las diferentes áreas de las diferentes industrias. Estamos al frente de la revolución digital, donde se puede diseñar sistemas de resolución de problemas o guiar proyectos de Internet de las cosas de vanguardia, en cada sector y área de experiencia; basta con tener la intención de cambiar el entorno existente, ser innovativos e identificar las necesidades o generar las oportunidades que esta tecnología nos brinda.

Los profesionales de cualquier área de conocimiento que quieran aprovechar su conocimiento comercial y/o técnico para integrarlo con soluciones de Internet de las cosas en su lugar de trabajo, en su hogar o en su comunidad, aprenderán la fundamentación de lo que es Internet de las cosas, cómo funciona y cómo aprovechar su poder para transformar, mejorar y/u optimizar su entorno. Así se abren infinitas posibilidades para quienes estando en la industria tengan las ganas de transformar las situaciones actuales, independiente de su rol en las empresas; solo basta con que las empresas tengan una mentalidad de cambio y se adecuen para integrar departamentos de innovación y cambio que les permita rápidamente hacer las implementaciones que el trabajador proponga. Internet de las cosas está llevando a la creación de nuevos puestos de trabajo, donde las personas que entienden y pueden aprovechar el Internet de las cosas para crear soluciones tendrán una gran demanda.

Internet de las cosas afectará a la mayoría de las industrias y sectores empresariales, McKinsey Global Institute, 2017[3], *"Aunque pocas profesiones son totalmente automatizables, el 60 por ciento de todas ellas tienen por lo menos un 30 por ciento de actividades que son automatizables".*

> CISCO "Toda la industria se verá afectada por el Internet de las cosas. Cisco predice que habrá 500 mil millones de conexiones de IoT en los próximos 10 años. Es esencial que las empresas comprendan lo que el IoT permitirá: una mayor conectividad, una gran colección de datos , nuevos conocimientos y las implicaciones de seguridad ... "

(Tomado de https://www.cisco.com/c/dam/en/us/products/collateral/se/internet-of-things/at-a-glance-c45-731471.pdf)

Este análisis nos permite ver las infinitas posibilidades que se abren para que el ser humano se capacite en estos campos de tecnología de punta, los cuales son relativamente fáciles de adquirir.

¿QUÉ ES EL INTERNET DE LAS COSAS?

Internet ya no es solo un medio de comunicación para los seres humanos. Podemos usar internet para conectar todo lo que deseemos; los ejemplos solo están limitados por la imaginación. Hace algunos años nos preguntábamos que cosas podemos conectar a través de internet de las cosas, hoy el desafío es encontrar alguna cosa donde Internet de las cosas no se pudiese aplicar. Estamos ante la posibilidad de censar cualquier cosa que se nos ocurra, para recolectar información y con ello tener la posibilidad de basados en lo que los datos recolectados y muy seguramente aplicando analítica de datos y/o Inteligencia artificial nos permitirá tomar las mejores decisiones, basados en datos concretos y cada vez menos en la intuición.

En la industria, en el comercio, en áreas médicas, en manufactura, en agricultura, en fin, en todas las áreas que interactuamos en el día a día, el internet de las cosas va a cambiar la forma en que hacemos las cosas y como nos interrelacionamos con el mundo circundante.

Mediante sensores se recopila la información, se procesa y se la presenta a los seres humanos de una manera que la pueden entender, analizar e interpretar. En el fondo, hay mucha comunicación entre las máquinas o comunica-

3 https://www.mckinsey.com/~/media/mckinsey/featured%20insights/digital%20disruption/harnessing%20automation%20for%20a%20future%20that%20works/a-future-that-works-executive-summary-spanish-mgi-march-24-2017.ashx, consultado: marzo 26, 2019

ción máquina a máquina (del inglés *Machine to Machine*, M2M), recolección, análisis de datos y despliegue de resultados. Lo anterior ayuda a automatizar los procesos para que los humanos puedan hacer lo que mejor saben hacer, tomar decisiones, basadas estas en datos válidos y sólidos siendo esta la principal función de *Big Data* y *Data Analytics*.

El internet de las cosas está en sus etapas iniciales, estamos empezando a ver la conexión de dispositivos en diferentes campos, a ver algunos lugares donde se recopilan, procesan y utilizan los datos de diferentes maneras, sin embargo el auge en los próximos años será espectacular, por decir lo menos, ya que no solo se desplegarán soluciones aisladas de internet de las cosas sino que apoyados en otras tecnologías como Inteligencia artificial y *data analytics* las diferentes soluciones interactuarán entre sí, compartiendo información y tomando automáticamente decisiones, sin intervención del ser humano.

Entonces, ¿Qué puede hacer el internet de las cosas por nosotros? Pues bien, puede automatizar las tareas, automatizar los procesos, puede hacer nuestra vida más fácil; puede recopilar grandes cantidades de datos que un ser humano no puede manejar, los resultados de los análisis los podemos usar para predecir lo que debemos hacer en el futuro, podemos mirar las tendencias, analizarlas y sacar el mejor provecho de ello.

Podemos tomar medidas antes de que ocurran fallas y, en general, simplemente ayudarnos a hacer un mejor trabajo, más eficiente y de mejor calidad, lo anterior producto de una automatización estructurada en todos los campos donde implementemos soluciones de Internet de las cosas.

Nos va a causar algunos problemas, algunos de esos problemas incluyen la seguridad y la privacidad de las personas. Sabemos acerca de las amenazas de ciberseguridad y cómo los hackers intentan ingresar por cualquier medio posible a las computadoras, a las aplicaciones, etc.

Entonces, imagínese cuando tengamos 500 mil millones de dispositivos adicionales, conectados a Internet, esto en menos de 10 años según lo pronostican los expertos, esto es 500 billones de dispositivos más para que los hackers intenten entrar a las redes; lo anterior es un problema real que nos lleva desde ya a pensar en cómo vamos a afrontar este problema y es el tema que desarrollaremos en el capítulo 5 sobre el manejo de la seguridad y privacidad en las redes de Internet de las cosas.

Se sugiere pensar en su entorno que implique su realidad social (hogar, comunidad, localidad, municipio, departamento, país, región) y llene por lo menos una idea de soluciones donde pudiese aplicar el internet de las cosas, utilizando la **figura 1.2 Soluciones con internet de las cosas.** La idea es describir el tópico o tema de la solución, el problema u oportunidad a manejar, identificar el valor agregado probable y las innovaciones que trae esta solución. Este ejercicio permite al lector adentrarse en el entendimiento real de internet de las cosas y en la apropiación del conocimiento, aplicando su conocimiento a la situación real de su medio ambiente.

La intención del autor es que el lector al finalizar la lectura del libro, si realiza los ejercicios propuestos tenga la suficiente competencia no solo para fundamentar soluciones Internet de las cosas sino para identificar el valor agregado que estas soluciones pudiesen generar en su medio ambiente, con soluciones que apliquen al hogar, la comunidad, el trabajo y además a través de herramientas estandarizadas en el mercado tales como el *"canvas"* pueda el lector presentar sus modelo de negocios (*business case*) de una manera concisa y práctica, esto independiente de su profesión u oficio.

Topico de discusión ejemplo: Ciudades Inteligentes, Transporte, Automoviles, Agricultura, Industria, Cadena de suministro, Hogar, otros	
Autor: Oswaldo Quiñonez	Grupo:
Topico:	
1.Problema u oportunidad a cubrir con IoT	
2.Valor agregado de la solución	
3.Inovaciones a aplicar en este campo	

Figura 1.2 Soluciones con Internet de las Cosas, Oswaldo Quiñonez

Tómese unos minutos y llene la **tabla 1.1 Definición de términos capítulo 1**, con el fin de apropiarse de la terminología técnica adecuada.

Industria 4.0	
Proceso	
Internet	
IoT	
Inteligencia Artificial	
Robótica	
Blockchain	
Seguridad	

Tabla 1.1 Definición de términos capítulo 1

Referencias:

Internet de las cosas, davos 2019:
https://toplink.weforum.org/knowledge/insight/a1Gb0000005LWrfEAG/
explore/publications, consulta: 25 de marzo de 2019
IoT de la A a la Z
https://www.sas.com/content/dam/SAS/en_us/doc/whitepaper1/non-geek-
a-to-z-guide-to-internet-of-things-108846.pdf
Vestibles, davos 2019:
https://www.nature.com/articles/s41587-019-0045-y, consulta: 25 de marzo
de 2019
La cuarta revolución industrial, 2019
https://toplink.weforum.org/knowledge/insight/a1Gb0000001RIhBEAW/
explore/publications, consulta: 25 de marzo de 2019
The four Industrial revolution, davos 2016
https://www.weforum.org/agenda/2016/01/the-fourth-industrial-revolu-
tion-what-it-means-and-how-to-respond/, consulta: 25 de marzo de 2019
Cloud computing, definitions:
https://nvlpubs.nist.gov/nistpubs/legacy/sp/nistspecialpublication800-145.
pdf

Realidad virtual:
http://www.lsi.upc.edu/~pere/SGI/guions/ArquitecturaRV.pdf , consultado en marzo 26 de 2019
Realidad aumentada
http://www.librorealidadaumentada.com/descargas/Realidad_Aumentada_1a_Edicion.pdf, consultado en marzo 26 de 2019
Industria 4.0, La cuarta revolución Industrial, Luis Joyanes Aguilar.

Notas:

1. https://toplink.weforum.org/knowledge/insight/a1Gb0000001RIh-BEAW/explore/summary
2. https://toplink.weforum.org/knowledge/insight/a1Gb0000000pT-DREA2/explore/summary, consultado en marzo 26, 2019
3. https://www.mckinsey.com/~/media/mckinsey/featured%20insights/digital%20disruption/harnessing%20automation%20for%20a%20future%20that%20works/a-future-that-works-executive-summary-spanish-mgi-march-24-2017.ashx, consultado: marzo 26, 2019

Figuras:

Figura 1.1 Mentefacto sobre Internet de las cosas, Oswaldo Quiñonez (2019)
Figura 1.2 Soluciones con Internet de las Cosas, Oswaldo Quiñonez

CAPÍTULO 2
COMPONENTES Y PLATAFORMAS DE INTERNET DE LAS COSAS

Los componentes de internet de las cosas, se refiere a los componentes físicos y genéricos que conforman una solución, independiente de su aplicabilidad. El objetivo en este capítulo es describir el hardware que una solución de internet de las cosas necesita para su implementación.

En el afán de darle la capacidad de "sentir" a las cosas que conforman internet de las cosas, lo primero que necesita es los sensores. La **figura 2.1 Internet de las cosas** es solo una representación de la interconexión de objetos y procesos a través de internet de las cosas.

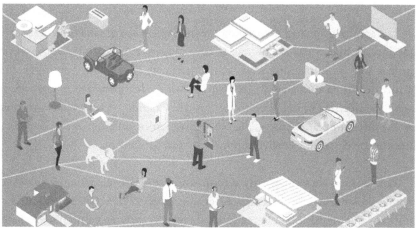

Figura 2.1 Internet de las cosas, fuente:
https://retina.elpais.com/retina/2017/04/18/tendencias/1492524242_451861.html, consultado marzo 27 de 2019

SENSORES

Los sensores son dispositivos formados por células sensibles que detectan variaciones en una magnitud física, química o biológica y las convierten en señales eléctricas útiles para un sistema de medida o control. Un sensor es un dispositivo diseñado para recibir información de una magnitud del exterior y transformarla en otra magnitud, normalmente eléctrica, que se pueda cuantificar y manipular.

La función de los sensores es detectar cambios en su entorno, vale decir, del objeto que se está censando y enviar información sobre el estado actual y cualquier cambio que pudiese presentarse; en el mercado existen diferentes tipos de sensores: en función del tipo de variable que tengan que medir o detectar, pueden ser de contacto, ópticos, térmicos, de humedad, magnéticos, infrarrojos, etc. y que actúan como los sentidos para las cosas bajo observación o control.

Los sensores de contacto se emplean para detectar el final del recorrido o la posición límite de componentes mecánicos. Por ejemplo: un sensor debe saber cuándo una puerta o cualquier otro mecanismo que se abre o se cierra automáticamente está completamente abierta o cerrada y solo entonces accionará o parará el motor que maneja dichos movimientos.

Los sensores ópticos, detectan la presencia de una persona o de un objeto que interrumpe el haz de luz que le llega al sensor. Los principales sensores ópticos son las fotorresistencias, son resistencias cuyo valor disminuye con la luz, de forma que cuando reciben un haz de luz permiten el paso de la corriente eléctrica por el circuito de control. Cuando una persona o un obstáculo interrumpen el paso de la luz, el fotosensor aumenta su resistencia e interrumpe el paso de corriente por el circuito de control.

Los sensores de temperatura o termistores son resistencias cuyo valor aumenta o disminuye con la temperatura. Los sensores de temperatura son dispositivos que transforman los cambios de temperatura en cambios de señales eléctricas, las cuales son procesadas eléctrica o electrónicamente. Luego, el termistor dependiendo de la temperatura permitirá o no el paso de la corriente por el circuito de control del sistema; la principal aplicación de los sensores térmicos es la regulación de sistemas de calefacción y aire acondicionado, además de las alarmas de protección contra incendios.

Los sensores de humedad se basan en la conductividad eléctrica del agua; un par de cables eléctricos desnudos (sin cinta aislante recubriéndolos) van a conducir una pequeña cantidad de corriente si el ambiente es húmedo; se amplifica esta corriente y se tiene un detector de humedad.

Los sensores magnéticos detectan los campos magnéticos que provocan los imanes o las corrientes eléctricas.

Los sensores Infrarrojos son sensores de luz en el espectro del infrarrojo y por lo tanto no visibles para el ojo humano, su diseño está basado en diodos capaces de emitir luz infrarroja y transistores sensibles a este tipo de ondas y que por lo tanto detectan las emisiones de los diodos; esta es la base del funcionamiento de los mandos a distancia como el control del televisor; el control a través de diodos emite infrarrojos que son recibidos por los fototransistores del aparato receptor de televisión.

Los sensores fotoeléctricos, son dispositivos electrónicos que responden al cambio de la intensidad de la luz, están diseñados especialmente para la detección, clasificación y posición de objetos; incluye la detección de formas, colores y diferencias de superficie, incluso bajo condiciones ambientales extremas.

Los sensores de movimiento son aparatos basados en la tecnología de los rayos infrarrojos o en las ondas ultrasónicas para poder captar en tiempo real los movimientos que se generan en un espacio determinado; el mayor uso se da para alarmas de seguridad y para electrodomésticos

Los sensores de sonido pueden detectar niveles de ruido, normalmente medido en decibeles (dB) o en decibeles ajustados (dBA); ajustados porque en estos sensores la sensibilidad es adaptada a la sensibilidad del oído humano. En otras palabras, se adapta a los sonidos que los oídos son capaces de escuchar.

Los sensores también pueden clasificarse según los requerimientos de energía en activos o pasivos. Activos son aquellos que requieren una fuente de potencia para poder entregar una señal de salida y los pasivos son aquellos que no requieren una fuente de energía, tales como las etiquetas RFID, los termistores y las resistencias dependientes de las temperaturas. Igualmente, con la miniaturización de componentes cada vez más irrumpen los sensores inteligentes, con electrónica "embebida" y que los convierte en sensores inteligentes.

Para elegir un sensor, debemos tener claro las características y elegir aquel que se adapte mejor a la solución que se va a implementar.

CARACTERÍSTICAS DE LOS SENSORES

En la **tabla 2.1 Características de los sensores** se definen los parámetros más importantes para la mayoría de los sensores y que se deben tener en cuenta en el momento de determinar el tipo de sensor a utilizar en las aplicaciones de internet de las cosas.

1	Sensibilidad	11	Selectividad
2	Rango	12	Condiciones ambientales
3	Precisión	13	Sobrecarga
4	Resolución	14	Banda muerta
5	Desvío (offset)	15	Vida útil
6	Linealidad	16	Formato de salida
7	Linealidad dinámica	17	Costo
8	Histéresis	18	Tamaño
9	Tiempo de respuesta	19	Peso
10	Estabilidad (corto y largo plazo)	20	Fuente de alimentación

Tabla 2.1 Características de los sensores

Con el objeto de ganar un mayor entendimiento del funcionamiento de los sensores, se realiza en seguida una descripción de cada una de estas características.

Sensibilidad, se define como la pendiente de la curva característica de salida del sensor, en palabras más simples es la entrada mínima del parámetro físico a censar que creará un cambio de salida detectable y apropiado a la respuesta esperada. En algunos sensores, la sensibilidad se define como el cambio de parámetro de entrada requerido para producir un cambio de salida estandarizado; en otros, se define como un cambio de voltaje de salida debido a un cambio dado en el parámetro de entrada. El error de sensibilidad es una desviación de la pendiente ideal de la curva característica

Rango, es el espacio de valores entre el valor máximo y el valor mínimo del parámetro aplicado que se puede medir, los rangos positivo y negativo a menudo son desiguales. Rango Dinámico: es el rango total de trabajo, desde el valor mínimo hasta el valor máximo.

Precisión, se refiere al grado de reproducibilidad de una medida. En otras palabras, si se midiera exactamente el mismo valor varias veces, un sensor ideal entregaría a su salida exactamente el mismo valor todas las veces que tenga la misma entrada. Los sensores reales generan un rango de valores distribuidos en relación con el valor ideal. Aquí surge el tema de calibración, necesaria para muchos dispositivos de medida, cuyas lecturas cambian con el tiempo.

Resolución, es el cambio incremental detectable más pequeño del parámetro de entrada que se puede detectar en la señal de salida y está estrechamente relacionado con la sensibilidad del dispositivo.

Desvío (offset) o error de desplazamiento de un transductor, se define como la salida que existirá cuando debería ser cero o, alternativamente, la diferencia entre el valor de salida real y el valor de salida esperado o ideal.

Linealidad, es una expresión de la respuesta en la cual la curva medida real de un sensor se aparta de la curva ideal esperada.

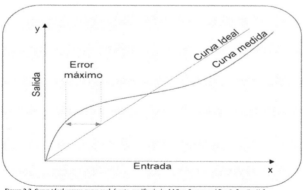

Figura 2.2. **Curva ideal versus curva real.** fuente, modificada de: J J Carr, Sensors and Circuits Prentice Hall

La **figura 2.2 Curva ideal versus curva real** muestra una relación un tanto exagerada entre la línea ideal, y la línea real medida. La linealidad a menudo se especifica en términos de porcentaje de no linealidad. La no linealidad estática a menudo está sujeta a factores ambientales, como la temperatura, la vibración, el nivel de ruido acústico, la humedad, etc. Es importante saber en qué condiciones es válida la especificación (valores ideales) y saber que las desviaciones de esas condiciones pueden producir cambios lineales o no lineales en la señal de respuesta.

Linealidad dinámica, es la medida de la capacidad del sensor para seguir cambios rápidos en el parámetro de entrada. Las características de distorsión de amplitud, de fase y de tiempo de respuesta son importantes para determinar la linealidad dinámica de un dispositivo.

Histéresis, es la tendencia de un material a conservar su estado, en ausencia del estímulo que la ha generado, es comparable con la inercia. Un transductor debe ser capaz de seguir los cambios del parámetro de entrada, independientemente de la dirección en la que se realice el cambio, o sea independiente de si la señal va aumentando o va disminuyendo; la histéresis mide la respuesta a esos cambios.

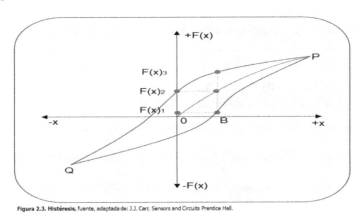

Figura 2.3. Histéresis, fuente, adaptada de: J.J. Carr, Sensors and Circuits Prentice Hall.

La **figura 2.3 Histéresis**, muestra una curva de histéresis típica. Se debe analizar que la tendencia a quedarse en el estado inicial depende del cambio que se realiza. Supongamos que se empieza de un estado de reposo, con valor cero de la señal de entrada, al ir subiendo la señal cuando llega a un valor B la respuesta es $F(x)2$ y así aumenta hasta el punto de saturación P; al disminuir la señal de entrada la señal de salida trata de mantenerse, generando la respuesta de tal manera que cuando la señal de entrada ha disminuido a B el valor de la señal de salida es F(X)3 y así va decayendo hasta llegar al punto Q, ahora sucede el proceso inverso, al ir aumentando la señal cuando la señal de entrada sea nuevamente B la respuesta va a ser F(X)1 y seguirá aumentando hasta llegar a P nuevamente. Esta es la curva de histéresis del sensor.

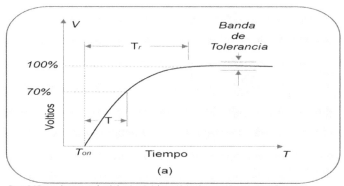

Figura 2.4 Tiempo de respuesta de subida, adaptada de fuente: J.J. Carr, Sensors and Circuits Prentice Hall.

Tiempo de respuesta, se puede definir como el tiempo requerido para que la salida de un sensor cambie de su estado anterior a un valor final establecido dentro de una banda de tolerancia del nuevo valor esperado. Los sensores no cambian el estado de salida inmediatamente cuando se produce un cambio de parámetro de entrada. Más bien, cambiará al nuevo estado durante un período de tiempo, en la **figura 2.4 Tiempo de respuesta de subida** se observa el tiempo de respuesta de subida (Tr) necesario para llegar a un valor esperado. T es el tiempo que se demora en lograr el 70% del valor esperado y puede ser el valor de inflexión para la toma de decisiones. La banda de tolerancia es el valor aceptado, alrededor del valor esperado de la señal (100%)

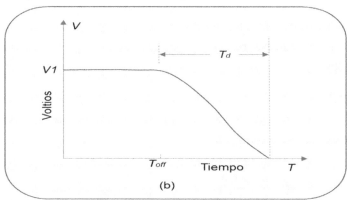

Figura 2.5 Tiempo de respuesta de bajada, adaptada de fuente: J.J. Carr, Sensors and Circuits Prentice Hall.

La forma que se muestra en curva de la **figura 2.5 Tiempo de respuesta de bajada** es la respuesta a un impulso negativo o de bajada, se habla aquí de un tiempo de decaimiento (Td) y normalmente tiene una respuesta diferente al tiempo de subida Tr, ya que no siempre son iguales), o sea la sensibilidad a los cambios es diferente si el cambio es positivo o si es negativo.

Td es el tiempo que se demora en caer a cero, partiendo del momento en que se suprime la señal de entrada del sensor

Estabilidad, es la capacidad de mantener a través del tiempo tanto los parámetros de entrada como los de salida; es importante que un sensor mantenga estable durante su vida útil sus características, o sea que no presente con el tiempo fluctuaciones en los valores de sus parámetros.

Selectividad, está muy relacionada con el rango de trabajo y define que tan selectivo es un sensor en un rango de trabajo dado, es un parámetro muy importante en el caso de trabajar con sistemas de alta precisión.

Condiciones ambientales, estas determinan las condiciones de humedad, temperatura, clima, densidad, metros sobre el nivel del mar bajo las cuales un sensor opera en condiciones normales y bajo las cuales debería mantenerse durante su vida útil. Salirse de estas especificaciones es arriesgarse a comportamientos erróneos del sistema o a dañar los sensores.

Sobrecarga, es la capacidad de soportar ciertos niveles de voltaje o de corriente, durante el diseño de la solución de IoT debe determinarse estos parámetros para definir el tipo de sensor o un actuador a instalar, dependiendo del entorno.

Banda muerta, es la banda en las cual el dispositivo o sensor no entregan salida alguna y por lo tanto no se podrá llevar a cabo ninguna medición

Vida útil, es el tiempo de duración esperado del sensor y normalmente viene definida en las especificaciones en horas de vida útil, esto bajo condiciones ambientales predeterminadas.

Formato de salida, se refiere en este caso al formato en que el dispositivo entrega la información de salida, ejemplo salida análoga o digital, en un rango de medida dado, con una velocidad determinada, en una interface de salida y demás, de tal manera que pueda procesar y transmitir dicha información a un centro de control o a una base de datos.

Costo, muy importante para calcular el costo total de la solución de IoT, entendiendo que estas soluciones pueden tener cientos o miles y de sensores y de diferente tipo. Se debe considerar igualmente la vida útil, los mantenimientos a futuro, los consumos de energía y demás.

Tamaño, la miniaturización de los componentes es la que ha hecho posible el internet de las cosas, de ahí la importancia de actualizarse con los tamaños, no solo los que maneje el mercado, si no los previstos a futuro, esto podría determinar el momento oportuno de lanzar un prototipo al mercado y cuando y como hacer ampliaciones o nuevas integraciones a la red.

Peso, al igual que el costo es determinante al momento de tomar una decisión, se debe considerar que es un parámetro que cambia constantemente debido a la miniaturización y al uso de nuevos materiales.

Fuente de alimentación, lo más importante en este caso es identificar la vida útil, el costo y el peso de las fuentes de alimentación. Caben preguntas como. ¿Es recargable? ¿Cuál es su duración? ¿Como se puede realizar el cambio y/o mantenimiento? ¿Qué tipo es el que más se adecua a la solución?

Normalmente los fabricantes entregan una tabla con las especificaciones de los sensores, de tal manera que se sabe de antemano cual es el comportamiento esperado de estos.

Los sensores se pueden clasificar en función de los datos de salida en análogos o digitales. Los sistemas digitales son mucho más fáciles de manejar debido a su propia naturaleza, mientras que los analógicos exigen conversión análoga/digital y viceversa.

EJEMPLOS DE SENSORES

La **figura 2.6 tipos de sensores** muestra algunos ejemplos de tipos de sensores a conectarse a un computador Arduino, útiles para diseños en el hogar. Hoy en día existen en el mercado infinidad de sensores para infinidad de aplicaciones, muchos de ellos con procesamiento interno, convirtiéndolos en entes inteligentes.

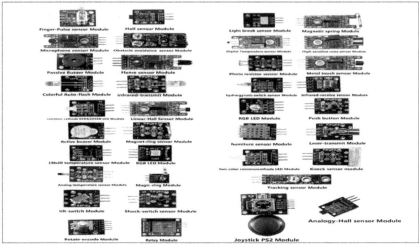

Figura 2.6 tipos de sensores, fuente: http://playground.arduino.cc/Main/InterfacingWithHardware

ACTUADORES

Como respuesta ante un determinado estado entregado por un sensor entra en juego un actuador, el cual por definición mueve o controla algo, es decir, envía una respuesta ante un estímulo y dependiendo de la aplicación implicará una acción, por ejemplo, abrir un flujo de agua, encender un equipo, iluminar un lugar, purificar un espacio, generar una alarma, en fin, generar una acción producto de un estímulo que se reciba.

Un actuador es un dispositivo capaz de transformar energía hidráulica, neumática, eléctrica, etc. en la activación de un proceso, con la finalidad de generar un efecto sobre elemento externo. Este recibe la orden de un controlador, de un regulador o desde una plataforma y en función a ella activa un elemento final de control como, por ejemplo, una válvula, un ventilador, un sistema de riego, etc.

En seguida un listado de ejemplos de tipos de actuadores:

- Electrónicos
- Hidráulicos
- Neumáticos

- Eléctricos
- Motores
- Bombas

Además de los actuadores, las soluciones de IoT necesitan normalmente de periféricos para manejar el entorno de usuario de las aplicaciones.

Periférico es la denominación genérica para designar al aparato o dispositivo auxiliar e independiente, conectado a la unidad central de procesamiento como es el caso de un Rasp Berry Pi o cualquier otro ambiente de desarrollo (*SDK, Software Development Kits*). Se consideran periféricos a las unidades o dispositivos de hardware a través de los cuales el controlador se comunica con el exterior, y también a los sistemas que almacenan o archivan la información, sirviendo de memoria auxiliar de la memoria principal.

Algunos ejemplos de periféricos:

- Pantallas LCD
- Teclados
- Memorias externas
- Grabadoras
- Gafas
- Cámaras
- Micrófonos
- Audiófonos
- Impresoras
- Pantalla táctil
- Displays numéricos
- Zumbadores
- Indicadores luminosos

Los actuadores permiten programar la ejecución de actividades, por parte de otros dispositivos que se encuentren integrados en el sistema. En procesos industriales son fundamentales, específicamente por sus aplicaciones de robotización, de mandos remotos y por la variabilidad de acciones que pueden ejecutar.

La operatividad de los actuadores dependerá del campo de acción bajo el cual se encuentren, cabe destacar que los actuadores mecánicos a través de la transformación de movimientos establecen acciones específicas dependiendo de sus propiedades; los actuadores mecánicos en función de la fuente de energía utilizada pueden ser neumáticos o hidráulicos. Los actuadores mecánicos hidráulicos basan su accionar en fluidos como aceites o grasas y los actuadores mecánicos neumáticos basan su accionar en el aire o en algún tipo de gas.

Es necesario entender que al igual que cualquier sistema abierto simplemente se tiene una entrada, un proceso y una salida, con la diferencia de que cuando se habla de procesos automatizados existirá un controlador que se encarga de activar a través de los actuadores el funcionamiento de los dispositivos finales de control; en algunos casos, una muestra de la salida es captada y monitoreada por un sensor para determinar el comportamiento del sistema y así generar procesos de retroalimentación, en estos casos el controlador iniciara un proceso con actividades de regulación y control.

En fin, los actuadores son mecanismos que garantizan el desarrollo y funcionamiento adecuado de los sistemas de control, dependerá de las características de la solución de IoT especificar qué tipo de actuador es necesario para satisfacer o ejecutar el control de las variables y de acuerdo con sus componentes encontrar la integración y adaptación a los diferentes elementos de control.

Las ventajas de uno u otro tipo de actuador están definidas por el sistema que se quiera controlar, de acuerdo a las capacidades, cualidades y funcionamiento y se pueden considerar las siguientes: alta fiabilidad, simplicidad de utilización, mínima manutención, seguridad y precisión de posicionamiento, durabilidad, respuesta en ambientes hostiles, en fin, lo importante es que a través de estas soluciones se genere valor cuantificable en el momento en que se define el modelo de negocio de internet de las cosas.

MICROCONTROLADORES O PROCESADORES (COMPUTADORES PERSONALES)

Son los dispositivos que leen los estados de los sensores, la interpretan y según su resultado emiten alguna acción a los actuadores.

A nivel de hardware una solución Internet de las cosas tiene un conjunto de sensores, que producen la entrada de los datos, un conjunto de actuadores que son la salida del sistema y un microcontrolador el cual recibe datos de los sensores, los analiza, algunos de ellos los pasa a la nube y dependiendo de la aplicación controla la operabilidad de los actuadores; lo anterior dependiendo igualmente del análisis que se haga a la información y de la integración con otras tecnologías como Inteligencia artificial, realidad virtual, etc.

Los componentes, en el Internet de las cosas, incluyen potencialmente todo: cosas vivas, cosas tan pequeñas que pueden ser microscópicas como moléculas de un gas, cosas normales del día a día, cosas muy grandes como sistemas de transporte, ciudades, planetas, en fin, cualquier cosa que quiera analizarse y controlarse.

Si los sensores son digitales, es fácil conectar con el microcontrolador mediante interfaces digitales. Si los sensores son analógicos, se necesita convertidores de análogo a digital y viceversa.

Además de los sensores y de los actuadores se tienen dispositivos inteligentes que se utilizan como entradas/salidas de las soluciones IoT tales como las *tablets* y los teléfonos inteligentes, los cuales traen sensores como acelerómetros, giroscopios, cámaras, sensores NFC, etc.

El acelerómetro se utiliza para detectar vibración, inclinación y aceleración lineal. Se utiliza para la implementación de podómetro, nivelación, alerta de vibración, antirrobo y muchas más. El giroscopio se utiliza para medir la velocidad angular.

La **tabla 2.2 Fenómenos, sensores y actuadores** describe algunos fenómenos, el tipo de sensor que normalmente se utiliza para censar estos fenómenos y los actuadores para modificar su comportamiento.

Fenómeno físico	Sensor	Actuador
Temperatura	Termocupla Termistor Termostato	Calentador Ventilador
Velocidad	Optoacoplador Sensores de efecto Doppler	Motores AD / DC Motores paso a paso Frenos
Posición	Potenciómetro Codificadores Transformadores diferenciales lineales variables	Motor Solenoide Medidores de panel
Sonido	Micrófono de carbono Cristal piezoeléctrico	Campana Zumbador Altoparlante
Fuerza / Presión	Medidor de tensión Interruptor de presión Células de carga	Ascensores y gatos Electroimán Vibración
Nivel de luz	Resistores dependientes de la luz Fotodiodos Fototransistores Celda solar	Luces y lámparas LEDs y displays

Tabla 2.2 Fenómenos, sensores y actuadores

Debido a la aparición de Internet de las cosas, la demanda de sensores se ha incrementado y se seguirá incrementando exponencialmente. Los sensores se utilizan en todos los sectores de la industria (industrias verticales), incluidos la agricultura, el sector eléctrico, la salud, la automoción, las telecomunicaciones, la instrumentación y muchos más; a manera de ejemplo algunos sensores están en nuestros cuerpos, en aviones, en teléfonos celulares, en radios, en plantas químicas, en plantas industriales y muchísimas más.

Como lo hemos expuesto, el mundo está avanzando hacia la digitalización en todas las industrias, y en general en todos los ámbitos de nuestras vidas. La automatización del hogar se basa en gran medida en sensores de diversos tipos, como sensores de proximidad o sensores de movimiento, sensores de nivel de líquidos, sensores de humo, sensores magnéticos, sensores de temperatura, sensores de luz y más; lo mismo sucede en la industria automotriz, en las fábricas, en las cadenas de suministro, en la aeronáutica, en sistemas de navegación interplanetaria y en fin en todos los campos de conocimiento.

Lo anterior ha generado una explosión en investigación y desarrollo de la industria de los sensores, cada vez más especializados, más robustos y en algunos casos con microelectrónica embebida, llegando a tener verdaderos sistemas autónomos dentro de un sensor.

Existen en el mercado plataformas de desarrollo que facilitan la creación de prototipos para soluciones IoT, así cada una de las grandes empresas tecnológicas como Google, Microsoft, Cisco, etc. ofrecen este tipo de plataformas de desarrollo que facilitan la implementación de soluciones. Igualmente existen algunas plataformas abiertas, para uso libre y que pueden utilizarse especialmente en ambientes de investigación.

A manera de ejemplo veamos un kit de desarrollo que tiene como red de comunicaciones un protocolo NB-IoT, igualmente existen soluciones para otros tipos de redes como Arduino, LoraWaN, etc.

El protocolo NB-IoT tendrá mucho impacto a futuro ya que es una de las tantas soluciones que se adapta a lo que serán las aplicaciones en 5G. En el capítulo siguiente veremos al detalle cada una de los protocolos y redes de comunicaciones más desarrolladas o con más perspectivas de desarrollo en los años venideros.

HERRAMIENTA DE DESARROLLO NB-IOT

Esta herramienta ofrece todo lo que se necesita para desarrollar y construir prototipos y productos utilizando redes NB-IoT, incluye un computador

Arduino, módulo de radio para las comunicaciones y módulos de conexión (*plug and play*) para diferentes tipos de sensores y actuadores; adicionalmente el desarrollador tiene acceso a herramientas en la nube que le facilitan la integración de los diferentes componentes.

Componentes de la herramienta de desarrollo (**ver figura 2.7 Herramienta de desarrollo NB-IoT**):

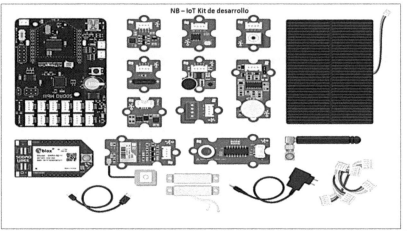

Figura 2.7 Herramienta de desarrollo NB-IoT, fuente: http://shop.allthingstalk.com/product/nb-iot-rapid-development-kit/

Un Arduino de bajo consume: SODAQ Mbili, (AT mega 1284P) with 16 kB, and 128 kB flash memory.
Un módulo de radio NB-IoT: uBlox SARA N211
Una antena
Un adaptador de potencia (Euro 220V/5V)
Un cable Mini USB
Un panel solar de 1.5W
Una batería de litio (*Lithium Polymer Battery*) de 1200 mAh
Un botón
Un sensor de luz
Un sensor de movimiento
Un sensor de temperatura-presión y humedad
Un acelerómetro digital de 3 ejes
Un sensor de sonido/ruido
Un módulo GPS
Un sensor de calidad del aire
Un sensor de cambio de inclinación (*tilt switch*)

Un Magnetic door switch & screw connector
10 cables de 5 cm y 4 Pines
5 cables de 20 cm y 4 Pines

Como se puede observar este tipo de herramientas son de mucha aplicabilidad ya que agilizan el desarrollo de las aplicaciones en internet de las cosas y permiten una rápida apropiación tecnológica.

Las plataformas IoT permiten conectar una red local de IoT a la nube y además ofrecen la integración a otras tecnologías como *Data Analytics, Machine Learning,* Inteligencia Artificial, Gestión de dispositivos, etc. ofreciendo así aplicaciones robustas con capacidad de inclusive en algunos casos sobrepasar el conocimiento humano y actuar autónomamente; permiten la implementación de aplicaciones en la nube para acceso de los usuarios desde cualquier lugar del mundo. **La figura 2.8 Plataformas IoT** describe la plataforma Watson de IBM y su capacidad de integrar los sensores, actuadores y dispositivos a la nube, de aplicar *Analytics*, gestión de dispositivos, gestión de riesgos, aplicar inteligencia artificial con datos de la nube como mapas y estado del tiempo, de integrar aplicaciones de usuarios en la web y de interconectarse con otras soluciones de internet de las cosas.

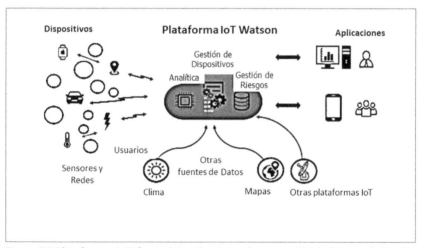

Figura 2.8 Plataformas IoT, fuente: https://marketmadhouse.com/Que-is-the-stronghold-usd-cryptocurrency/world-of-watson-integrating-ibm-watson-iot-platform-and-ibm-blockchain-8-638/

Las plataformas de IoT son una pieza central en la arquitectura de Internet de las cosas, conectan el mundo real y el virtual a través de la digitalización.

Las plataformas IoT tienen elementos modulares que varios clientes pueden usar de una manera independiente, son soluciones que permiten la conectividad de dispositivos IoT, la administración de dispositivos, la administración de datos en la nube, gestión de seguridad de los dispositivos y de otras aplicaciones, el desarrollo y habilitación de aplicaciones y análisis avanzados para los dispositivos IoT conectados.

TIPOS DE PLATAFORMAS IOT

1. Plataformas de conectividad: son un tipo de plataforma como servicio que ofrece capacidades de cobertura y soluciones para conectar los dispositivos IoT, administrar y orquestar la conectividad y aprovisionar servicios de comunicación para dispositivos IoT conectados.

2. Plataformas de administración de dispositivos: son un tipo de Plataforma como servicio (o nube de dispositivos) que se encargan de las tareas de aprovisionamiento para garantizar que los dispositivos conectados se implementen, configuren y mantengan actualizados, con actualizaciones regulares de firmware/software.

3. Plataformas de respaldo en la nube/IaaS: son un tipo de plataforma de Infraestructura como servicio, que ofrece un respaldo empresarial escalable, para la gestión de datos de aplicaciones y servicios de IoT.

4. Plataformas de habilitación de aplicaciones: son un tipo de plataforma que ofrece soluciones de software como servicio (SaaS); permiten a los desarrolladores crear, probar e implementar rápidamente una aplicación o servicio de IoT.

5. Plataformas analíticas avanzadas: son un tipo de plataforma que ofrece soluciones de software como servicio para herramientas de análisis sofisticadas que incluyen técnicas de aprendizaje automático y capacidades de análisis de transmisión para extraer información procesable de datos de IoT.

En términos generales las plataformas IoT existentes en el mercado ofrecen funcionalidades tales como:

- Registro para el reconocimiento de dispositivos.
- Kit de desarrollo de software para dispositivos
- Sombreamiento de dispositivos
- Gateway para controlar dispositivos
- Máquina de reglas para la evaluación de mensajes entrantes.

• Plataforma de intercambio entre desarrolladores para un rápido desarrollo de aplicaciones.

• Aprendizaje automático (machine learning) integrado para automatizar el análisis complejo de grandes bases de datos.

• Análisis de datos: recopila y analiza datos.

• Diseñador de aplicaciones y mercado: la aplicación incorporada permite crear sobre la marcha nuevos servicios de IoT.

Actualmente existen en el mercado muchas plataformas de IoT, empresas como Google, Microsoft y Amazon tienen plataformas muy potentes y que están siendo utilizadas especialmente por las aplicaciones de Internet Industrial de las cosas; muchas de las grandes compañías de tecnología tienen sus propias plataformas y también existen muchas abiertas y libres de costo en el mercado. En la **figura 2.9 mercado de plataformas IoT** se ve la clasificación de las plataformas en el mercado a inicios del año 2019, esto según la empresa de consultoría Analytics y en la que Microsoft, Amazon, IBM, y PTC son las plataformas IoT top del mercado, también forman parte de las primeras diez GE, SAP, Cisco Jasper, Oracle, OSIsoft y Ayala Networks.

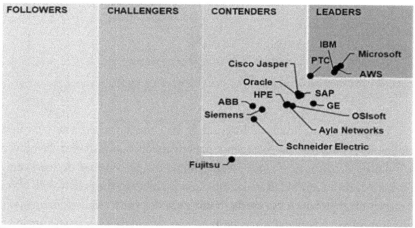

Figura 2.9 Mercado de plataformas IoT, fuente:
https://www.mwee.com/news/microsoft-amazon-ibm-and-ptc-are-top-iot-platform-providers-says-report-0

Actualmente, las empresas que buscan adoptar tecnologías de IoT dependen de un ecosistema de proveedores, los cuales se encargan de ayudarles en la compleja naturaleza de estos proyectos. Se necesita asistencia tecnológica especializada para administrar un número creciente de dispositivos y procesos conectados, manejar los grandes volúmenes de datos resultantes y luego presentar información valiosa para los negocios a través de herramientas de análisis de estos.

PLATAFORMA IOT AWS DE AMAZON

La **figura 2.10 Plataforma AWS de Amazon,** permite conectar sensores para múltiples aplicaciones, desde automóviles y turbinas hasta bombillas inteligentes para el hogar; Amazon se ha asociado con fabricantes de hardware como Intel, Texas Instruments, Broadcom y Qualcomm entre otras para crear kits compatibles con su plataforma.

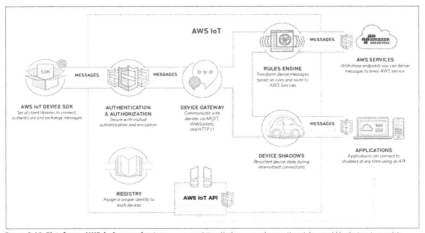

Figura 2.10 Plataforma AWS de Amazon fuente: amazon.com https://volansys.com/connecting-zigbee-and-ble-devices-to-aws-iot-platform-using-gateway-solution/

Las implementaciones de Internet de las cosas especialmente para desarrollos en la vida real, especialmente para desarrollos industriales, involucran a millones de dispositivos que tienen diferentes plataformas de hardware y protocolos de conectividad inalámbrica, implementados en cientos de ubicaciones a nivel global. A esa escala, tratar cada dispositivo individualmente es casi imposible. Las plataformas de la puerta de enlace (*gateways*) funcionan como los bloques de construcción centrales para hacer que sus dispositivos IoT se conecten de manera segura a los servicios en la nube, lo más fácil posible, para que las empresas puedan concentrarse en agregar valor real a sus aplicaciones de IoT. Los *gateways* desempeñan un papel clave en todas las facetas de la solución IoT, desde la gestión de la conectividad del dispositivo, la seguridad, la interoperabilidad, la escalabilidad, la informática de vanguardia hasta la integración en la nube.

Algunas funcionalidades de AWS IoT Core:

• *AWS IoT Device SDK*, permite que los dispositivos se conecten, autentiquen e intercambien mensajes con AWS IoT Core, utilizando los protocolos MQTT, HTTP o *WebSockets*.

• El servicio *AWS Device Gateway*, mantiene conexiones bidireccionales, permitiendo que estos dispositivos envíen y reciban mensajes en cualquier momento y con baja latencia.

• El servicio *Message Broker*, admite patrones de mensajería que van desde los mensajes de comando y control uno a uno, hasta los sistemas de notificación de difusión (*broadcasting*) de uno a muchos (millones) y todos los matices de mensajería que puedan presentarse entre estos.

• El servicio de autenticación y autorización, se basa en certificados X.509 y la autenticación *token-based* creada por el cliente (a través de autorizadores personalizados). Puede crear, implementar y administrar certificados y políticas para los dispositivos desde la consola o utilizando APIs. Esos certificados de dispositivo pueden aprovisionarse, activarse y asociarse con las políticas de IoT relevantes, que se configuran mediante *AWS IoT Core*. Esto le permite revocar instantáneamente el acceso a un dispositivo individual si es necesario.

• El servicio de registro, establece una identidad única para los dispositivos y rastrea los metadatos, como los atributos y capacidades de los dispositivos.

• El servicio de *Device Shadow*, mantiene el último estado informado y un estado futuro deseado de cada dispositivo, incluso cuando el dispositivo está fuera de línea. Puede recuperar el último estado informado de un dispositivo o establecer un estado futuro deseado a través de la API o utilizando el motor de reglas. La sombra de un dispositivo es un documento JSON (*JavaScript Object Notation*) que se utiliza para almacenar y recuperar información de estado actual de un dispositivo. El servicio de sombra de un dispositivo mantiene una sombra para cada dispositivo que se conecta a AWS IoT.

• El servicio de *Rules Engine*, hace posible la creación de aplicaciones de IoT que recopilan, procesan, analizan y actúan sobre los datos generados por los dispositivos conectados a escala global, sin tener que administrar ninguna infraestructura. Enruta los mensajes a los puntos finales de AWS de múltiples aplicaciones y/o módulos de procesamiento de información.

PLATAFORMA IOT AZURE DE MICROSOFT

La **figura 2.11 Plataforma IoT Azure de Microsoft,** orientada para crear soluciones de IoT aprovechando las aplicaciones SaaS (*Software as a Service with Azure IoT Central*), PaaS (*Plataform as a Service,* aceleradores de soluciones de Azure IoT) o IaaS (*Infrastructure as a Service,* utilizando la pila OSS)**.**

IoT Central es una solución global de SaaS (software como servicio) de IoT totalmente administrada que facilita la conexión, el monitoreo y la administración de sus activos de IoT a gran escala.

Azure IoT Edge actúa como el borde inteligente para expandir el conjunto de dispositivos conectados que reúnen telemetría, generan información y toman medidas basadas en información cercana al mundo físico. Azure IoT Edge ayuda a entregar la inteligencia en la nube localmente al implementar y ejecutar los servicios de Azure de forma segura en dispositivos IoT conectados o desconectados.

El procesamiento en el borde permite manejo información en tiempo real pasando a la nube solo información que no exige respuesta inmediata y que puede manejarse por lotes.

Los sistemas de registro y monitoreo ayudan a comprender si la solución, los dispositivos relacionados y los sistemas funcionan para satisfacer las expectativas de los negocios y los clientes. *Azure Operations Management Suite* (OMS) ayuda a los administradores a administrar sus entornos de borde y nube inteligentes de manera más eficiente al brindarles una mayor visibilidad de su infraestructura operativa.

Para procesar la enorme cantidad de información generada por los sensores, la suite Azure IoT viene con Azure *Stream Analytics* para procesar grandes cantidades de información en tiempo real.

Los dispositivos pueden registrarse de forma segura en la nube; algunos dispositivos pueden ser dispositivos de borde que realizan algún procesamiento de datos en el propio dispositivo o en una puerta de enlace de campo (*gateway*).

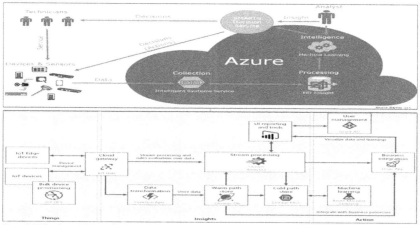

Figura 2.11 Plataforma IoT Azure de Microsoft, fuentes:
https://www.mariner-usa.com/blog/solve-iots-biggest-bottleneck-using-azure-smarts/
https://docs.microsoft.com/en-us/azure/architecture/reference-architectures/iot/

Pasarela de nube (*Gateway cloud*), proporciona un concentrador en la nube para que los dispositivos se conecten de forma segura a la nube y envíen datos. También proporciona administración de dispositivos, capacidades, incluido el comando y control de dispositivos. IoT Hub es un servicio en la nube alojado que capta eventos de dispositivos, actuando como un intermediario de mensajes entre dispositivos y servicios *backend*. Realiza el aprovisionamiento de dispositivos, para registrar y conectar grandes conjuntos de dispositivos.

Procesamiento del flujo, analiza grandes flujos de registros de datos y evalúa las reglas para esos flujos. Para el procesamiento de secuencias, se usa *Azure Stream Analytics*. *Stream Analytics* puede ejecutar análisis complejos a escala, mediante el uso de funciones de ventana de tiempo, agregaciones de flujos y uniones de origen de datos externos.

El aprendizaje automático (*Machine Learning*) permite que los algoritmos predictivos se ejecuten sobre datos de telemetría históricos, lo que habilita el manejo de escenarios como el mantenimiento predictivo, tema que se ampliará en el capítulo 6.

La integración de procesos de negocios (*Business process Integration*) realiza acciones basadas en información de los datos del dispositivo. Esto podría incluir almacenar mensajes informativos, activar alarmas, enviar correos electrónicos o mensajes SMS, o integrarse con CRM (*Customer Relationship Management*).

La administración de usuarios (*user management*) restringe qué usuarios o grupos pueden realizar acciones en los dispositivos, como actualizar el firmware, también define capacidades para usuarios en aplicaciones.

Una aplicación de IoT debe construirse como servicios discretos que pueden escalarse de manera independiente, se deben considerar los siguientes puntos de escalabilidad:

• La máxima cuota diaria de mensajes en el Hub IoT.
• La cuota de dispositivos conectados en una instancia de IoT Hub.
• Rendimiento de la ingestión: la rapidez con la que IoT Hub puede ingerir mensajes.
• Rendimiento de procesamiento: la rapidez con la que se procesan los mensajes entrantes.

Cada concentrador de IoT está provisto de un cierto número de unidades en un nivel específico. El nivel y la cantidad de unidades determinan la cuota diaria máxima de mensajes que los dispositivos pueden enviar al concentrador.

Los trabajos de *Stream Analytics* se escalan mejor si son paralelos en todos los puntos del canal de *Stream Analytics*, desde la entrada hasta la consulta y la salida. Un trabajo completamente paralelo le permite a *Stream Analytics* dividir el trabajo en múltiples nodos de cómputo. De lo contrario, *Stream Analytics* combinará   los datos de transmisión en un solo lugar; la escalabilidad se da en módulos de *Analytics* y en procesamiento por lotes.

PLATAFORMA IOT DE GOOGLE

La **figura 2.12 Plataforma IoT de Google** la conforman soluciones para manejo de dispositivos y servicios como *Cloud IoT Edge, Edge IoT Core, Cloud IoT Core, Cloud Machine Learning, Data Studio*, etc.

Los dispositivos pueden funcionar en tiempo real, gestionando los datos de los sensores a nivel local, Incluye el manejo de módulos de inteligencia artificial (AI) en el borde con alta eficiencia.

Es posible el procesamiento en el borde local de imágenes, videos, gestos, sonidos y movimientos; se envía a la nube datos ya procesados y se elimina la necesidad de enviar grandes cantidades de datos potencialmente confidenciales.

La autenticación de dispositivos perimetrales mediante JSON Web Token, más eficiente que la autenticación mutua de pila TLS.

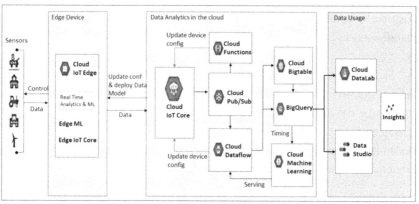

Figura 2.12 Plataforma IoT de Google, fuente: https://habr.com/en/post/442710/

Con la creciente necesidad de dispositivos interconectados que requieren confidencialidad, baja latencia y alta capacidad, el lanzamiento de modelos de AI en dispositivos de borde se está convirtiendo en algo común. Edge TPU es perfecto para eso, ya que proporciona una alta eficiencia con un bajo consumo de recursos físicos y energía.

De esta manera se puede crear una plataforma inteligente, que controla miles de componentes, mejorando la eficiencia en la fabricación en tiempo real.

Cloud IoT Core, es un servicio completamente gestionable que permite conectar, configurar y recibir datos de una gran cantidad de dispositivos de forma rápida y segura. Si se combina con otros servicios de Google Cloud IoT, este permite una solución compleja para recopilar, analizar y visualizar datos de IoT en tiempo real. Esto, a su vez, permite crear modelos multifuncionales que optimizan o predicen datos valiosos para los negocios.

Cloud IoT Core recopila datos publicados en Cloud Pub/Sub para análisis más profundos y específicos. Utiliza Google *BigQuery* para realizar un análisis específico o *Cloud Machine Learning Engine* para aplicar el aprendizaje automático. Después de eso, puede visualizar los resultados utilizando una variedad de informes y paneles informativos en Google Data Studio.

En resumen, hemos visto los componentes físicos de Internet de las cosas, los sensores, los actuadores, los dispositivos, los microcontroladores, los periféricos, las herramientas de desarrollo para interconectar sensores, dispositivos y actuadores a la red y la existencia en el mercado de múltiples Plataformas IoT.

Si se quisiera comparar estas plataformas en soluciones como las aplicaciones de IoT, las conexiones en la nube de los dispositivos, la mensajería en la nube del dispositivo, la seguridad IoT, el almacenamiento de datos de sensores y la visualización de datos en tiempo real mediante el uso de funciones en la nube podríamos decir en términos generales que son muy pocas las diferencias y que todo se reduce al caso de uso a aplicar.

Los puntos fuertes de cada plataforma dependen mucho de la razón de ser de cada plataforma; por ejemplo, Google es muy buena en aplicaciones que tiene que ver con ubicación de dispositivos y manejos en tiempo real.

Todas estas plataformas utilizan los protocolos MQTT y HTTP. En general se puede decir y por ahora que AWS es mejor en la recopilación de datos cuando desea usar grandes bases de datos, Google tiene ventajas en el uso y análisis de datos y Azure es mejor en informática y visualización de datos; todo esto cambiante a medida que cada uno de estos jugadores entrega nuevas actualizaciones para adecuarse a los requerimientos del mercado.

En la mayoría de los casos, no se puede equivocar al elegir a alguno de estos proveedores. Amazon tiene la mayor cuota de mercado, Azure tiene muchas herramientas, Google tiene estabilidad. Para las aplicaciones de IoT, podemos decir que Google tiene un poco más de camino recorrido para ser competitivo frente a Amazon y Microsoft. Sin embargo, siempre es importante encontrar "lo mejor" para sus necesidades especiales de acuerdo con su proyecto de internet de las cosas.

Con el objeto de afianzar los conceptos por favor defina los términos de la **tabla 2.3 Definición de términos capítulo 2.**

Sensor	
Actuador	
Termistor	
LED	
Microcontrolador	
Internet	
IPV6	
Precisión	
Sensibilidad	
Plataforma IoT	

Tabla 2.3 Definición de términos capítulo 2

Referencias:

Terminología de los sensores
http://www.ni.com/en-us/innovations/white-papers/13/sensor-terminology.html#toc8
Sensores y actuadores
http://www.tuataratech.com/2015/06/sensores-sensors-vs-actuadores-actuators_8.html
http://www.dis.uia.mx/taller_industrial/blog/wp-content/uploads/2013/10/ACTUADORES.pdf
https://tv.uvigo.es/uploads/material/Video/1709/ISAD_Tema7_2.pdf
https://aprendiendoarduino.wordpress.com/2016/12/18/sensores-y-actuadores/
https://www.i-scoop.eu/internet-of-things-guide/iot-technology-stack-devices-gateways-platforms/
https://uk.rs-online.com/web/
SARA N2 Data sheet
https://www.u-blox.com/sites/default/files/SARA-N2_DataSheet_(UBX-15025564).pdf
Análisis de transporte de datos
https://software.intel.com/en-us/articles/iot-reference-implementation-the-making-of-a-connected-transportation-solution

https://github.com/intel-iot-devkit/path-to-product/tree/master/transportation/java

Intel for developers

https://software.intel.com/en-us/iot/home

http://playground.arduino.cc/Main/InterfacingWithHardware

Tutoriales para conectar Arduino con diversos dispositivos

http://playground.arduino.cc/Learning/Tutorials

Ejemplos de Actuadores y periféricos

http://real2electronics.blogspot.com.es/2010/11/libreria-tvout.html https://www.seeedstudio.com/s/display.html

https://www.sparkfun.com/categories/76

https://aprendiendoarduino.wordpress.com/2016/07/04/motores/

https://marketmadhouse.com/what-is-the-stronghold-usd-cryptocurrency/world-of-watson-integrating-ibm-watson-iot-platform-and-ibm-blockchain-8-638/

Rules engine

http://www.jbug.jp/trans/jboss-rules3.0.2/ja/html/ch01.html

http://www.jbug.jp/trans/jboss-rules3.0.2/ja/html/bk01-toc.html

JSON

https://support.brightcove.com/es/concepts-introducing-json

Tipos de plataformas para ioT

https://iot-analytics.com/wp/wp-content/uploads/2018/07/IoT-Platforms-Market-Report-2018-2023-June-2018-SAMPLE-NEW-vf2.pdf

Mercado de plataformas IoT

https://www.mwee.com/news/microsoft-amazon-ibm-and-ptc-are-top-iot-platform-providers-says-report-0

Análisis de plataformas

https://www.navigantresearch.com/reports/navigant-research-leaderboard-iot-platform-vendors

Azure

https://azure.microsoft.com/en-us/services/iot-central/

https://azure.microsoft.com/en-us/services/iot-edge/

https://azure.microsoft.com/en-us/resources/videos/operations-management-suite-oms-overview/

https://azure.microsoft.com/en-us/services/time-series-insights/

https://www.azureiotsolutions.com/Accelerators

https://www.azureiotsolutions.com/Accelerators

https://azure.microsoft.com/en-us/blog/azure-iot-reference-architecture-2-1-release/

http://aka.ms/iotrefarchitecture

Google
https://indeema.com/blog/google-cloud
Otras plataformas IoT
https://www.ptc.com/-/media/Files/PDFs/ThingWorx/ThingWorx_Platform-Product-Brief_2018.pdf
https://www.ibm.com/support/knowledgecenter/SSQP8H/iot/overview/architecture.html
https://www.ibm.com/support/knowledgecenter/SSQP8H/iot/overview/architecture.html
https://internetofthingswiki.com/top-20-iot-platforms/634/
https://www.postscapes.com/internet-of-things-platforms/#site-cloud-platforms/?view_834_page=1
https://www.g2.com/categories/iot-platforms
https://www.thingforward.io/techblog/2018-11-07-cloud-providers-comparison-for-iot-applications-amazon-vs-microsoft-vs-google.html

Figuras:

Figura 2.1 Internet de las cosas, fuente: https://retina.elpais.com/retina/2017/04/18/tendencias/1492524242_451861.html, consultado marzo 27 de 2019

Figura 2.2. Curva ideal versus curva real, fuente modificada de: J J Carr, Sensors and Circuits Prentice Hall

Figura 2.3 Histéresis, fuente adaptada de: J.J. Carr, Sensors and Circuits Prentice Hall.

Figura 2.4 Tiempo de respuesta de subida, fuente adaptada de: J.J. Carr, Sensors and Circuits Prentice Hall.

Figura 2.5 Tiempo de respuesta de bajada, fuente adaptada de: J.J. Carr, Sensors and Circuits Prentice Hall.

Figura 2.6 tipos de sensores, fuente: http://playground.arduino.cc/Main/InterfacingWithHardware

Figura 2.7 Herramienta de desarrollo NB-IoT, fuente: http://shop.allthingstalk.com/product/nb-iot-rapid-development-kit/

Figura 2.8 Plataformas IoT, fuente: https://marketmadhouse.com/what-is-the-stronghold-usd-cryptocurrency/world-of-watson-integrating-ibm-watson-iot-platform-and-ibm-blockchain-8-638/

Figura 2.9 Mercado de plataformas IoT, fuente: https://www.mwee.com/news/microsoft-amazon-ibm-and-ptc-are-top-iot-platform-providers-says-report-0

Figura 2.10 Plataforma AWS de Amazon, fuente: amazon.com https://vo-lansys.com/connecting-zigbee-and-ble-devices-to-aws-iot-platform-using-ga-teway-solution/

Figura 2.11 Plataforma IoT Azure de Microsoft, fuentes:

https://www.mariner-usa.com/blog/solve-iots-biggest-bottleneck-using-azu-re-smarts/

https://docs.microsoft.com/en-us/azure/architecture/reference-architectures/iot/

Figura 2.12 Plataforma IoT de Google, fuente: https://habr.com/en/post/442710/

CAPÍTULO 3
REDES Y PROTOCOLOS EN
INTERNET DE LAS COSAS

TIPOS DE REDES POR COBERTURA

Iniciamos este capítulo con la descripción de los diferentes tipos de redes de datos en función de su área de cobertura, esto nos permite ganar entendimiento del tipo de red y los protocolos que la definen y del tipo de red que se debería utilizar para conectar los diferentes sensores, actuadores o dispositivos en una solución de internet de las cosas. Al inicio de este capítulo haremos una descripción de cada uno de estos tipos de redes, luego describiremos las tecnologías existentes en el mercado que soportan este tipo de redes, y al final veremos los lenguajes de programación y sus aplicaciones.

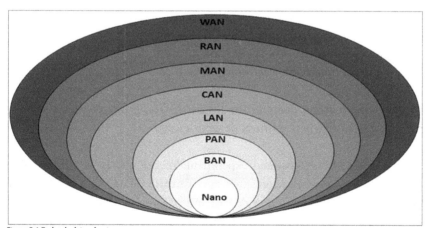

Figura 3.1 Redes de datos, fuente:
https://upload.wikimedia.org/wikipedia/commons/7/70/Data_Networks_classification_by_spatial_scope.png

Vamos a describir la **figura 3.1 Redes de datos,** de adentro hacia afuera, empezando por las redes muy diminutas que nos llevan a una nueva definición, la de internet de las nano-cosas (IonT), pasando por las redes muy conocidas a nivel global como las redes Bluetooth, WiFi, Celulares hasta las redes de área amplia (WAN) cuyo principal exponente es internet y hasta llegar a las redes Interplanetarias, de uso en los viajes de las sondas interplanetarias.

Nanonetwork o red a nano-escala es un conjunto de nanomáquinas interconectadas (dispositivos desde unos cientos de nanómetros a máximo unos micrómetros de tamaño), que pueden realizar tareas como la conmutación, el almacenamiento de datos, la detección y el accionamiento de algún mecanismo según sea necesario. Este tipo de redes formará parte de los desarrollos de la nanotecnología en un futuro cercano.

IEEE, 2017[4] *"Las comunicaciones a nano-escala es un nuevo paradigma que abarca todas las preocupaciones relacionadas con el intercambio de información entre dispositivos a escala nanométrica. Se prevé una infraestructura de red que consiste en una gran cantidad de nano dispositivos para garantizar una transmisión de datos robusta, confiable y coordinada. Esto permitirá una gran cantidad de aplicaciones y servicios futuros en muchos campos de investigación diferentes, como medicina personalizada, biología sintética, ciencia ambiental, procesos industriales, lo que conducirá a avances sobresalientes y sin precedentes. El estándar IEEE P1906.1 proporciona un marco conceptual y general para establecer el punto de partida para futuros desarrollos en redes de comunicación a nano-escala."*

Las dos alternativas principales para la comunicación en nano escala se basan en la comunicación electromagnética o en la comunicación molecular.

Por el momento, se han previsto dos alternativas principales para la comunicación electromagnética a nivel de nano-escala:

Primero, se ha demostrado experimentalmente que es posible recibir y demodular una onda electromagnética por medio de un nano-radio, esto se logra a través de un nanotubo de carbono con resonancia electromecánica, que es capaz de decodificar una amplitud o una frecuencia modulada.

---

4 Traducido de: https://ieeexplore.ieee.org/abstract/document/8247001, consultado el 01/04/2019

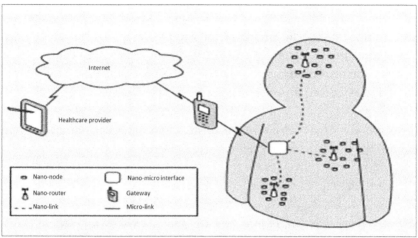

Figura 3.2 Redes a nano-escala, fuente: https://bwn.ece.gatech.edu/surveys/nanothings.pdf

Segundo, las nano-antenas basadas en grafeno han sido analizadas como posibles radiadores electromagnéticos, en la banda de los Terahertz. En la **figura 3.2. Redes a nano-escala** un ejemplo de este tipo de redes para Internet de las nano-cosas.

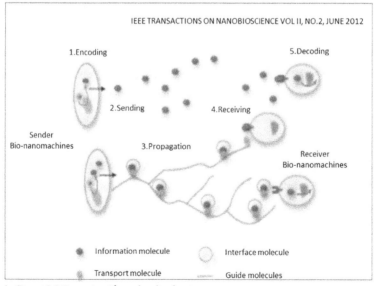

La Figura 3.3 Comunicación molecular, fuente:
http://phys.xmu.edu.cn/shuaiweb/ShuaiPub/IEEETN11_135.pdf

La comunicación molecular se define como la transmisión y recepción de información por medio de moléculas. La **figura 3.3 Comunicación molecular**, describe un modelo con bio-nanomáquinas como sistemas transmisores y receptores a nivel molecular, esto siguiendo una semejanza a cómo opera el cuerpo humano. Como es de imaginarse este es un campo muy prometedor y que aún se encuentra en etapas tempranas de investigación.

¿Qué nos depara el futuro? Estos desarrollos son tan impactantes que quizá están más allá de lo esperado por la Industria 4.0.

IEEE 2019 [5], *"Como resultado de los recientes avances en MEMS/NEMS y la biología de sistemas, así como el surgimiento de bacterias sintéticas y técnicas de laboratorio/proceso en un chip, ahora es posible diseñar "circuitos" químicos, organismos personalizados, enjambres de dispositivos a nano-escala y una gran cantidad de otros sistemas nuevos en escalas de longitud pequeña y en múltiples escalas (por ejemplo, micro a macro). Este éxito abre una nueva frontera para las técnicas de señalización interdisciplinaria que utilizan la química, la biología, la nueva transferencia de electrones y otros principios no examinados previamente"*

Esto demuestra como día a día aparecen nuevas tecnologías en los diferentes campos, medico, industrial, etc.

Continuando con la descripción de la gráfica de la **figura 3.1. Redes de datos** seguimos con las redes BAN.

Una red de área del cuerpo (*BAN=Body Area Network),* también conocida como red de área del cuerpo inalámbrica (WBAN) o una red de sensores del cuerpo (*BSN=Body Sensors Network*), es una red inalámbrica de dispositivos informáticos portátiles. Los dispositivos BAN pueden estar integrados dentro del cuerpo; los implantes, pueden montarse en la superficie del cuerpo, o pueden ser dispositivos acompañados que los humanos pueden llevar en diferentes posiciones, en bolsillos de la ropa, sujetados al cuerpo, en etiquetas adheridas a la piel, sujetadas a la mano o en bolsas. Si bien hay una tendencia hacia la miniaturización de dispositivos, en particular, las redes consisten en varias unidades de sensores del cuerpo miniaturizados (*BSU=Body sensor units*) junto con una unidad central del cuerpo (*BCU=Body central unit*).

---

5 **IEEE Transactions on Molecular, Biological, and Multi-Scale Communications** https://www.comsoc.org/publications/journals/ieee-tmbmc

Los dispositivos inteligentes de tamaño de algunos centímetros (como rebordes y almohadillas), actúan como un centro de control, o una pasarela de datos (*Gateway*) y proporciona una interfaz de usuario para administrar localmente aplicaciones BAN. Un sistema WBAN puede usar tecnologías inalámbricas WPAN como puertas de enlace (*gateways*) para alcanzar otras redes de mayor alcance como internet; así por ejemplo, los profesionales médicos pueden acceder a los datos del paciente en línea a través de Internet, independiente de la ubicación del paciente. El campo de la red del área del cuerpo es un área interdisciplinaria que puede permitir un monitoreo de salud económico y continuo, con actualizaciones en tiempo real de registros médicos a través de Internet. Se pueden integrar una serie de sensores fisiológicos inteligentes en una red de área corporal inalámbrica, que se puede usar para la rehabilitación asistida por computadora o la detección temprana de afecciones en el cuerpo. Esta área incluye la posibilidad de implantar biosensores muy pequeños dentro del cuerpo humano, que sean cómodos y que no afecten las actividades normales. Los sensores implantados en el cuerpo humano recopilarán diversos cambios fisiológicos para controlar el estado de salud del paciente sin importar su ubicación. Estos dispositivos transmitirán instantáneamente la información en tiempo real a los médicos a cualquier lugar donde se encuentren. Si se detecta una emergencia, los médicos informarán inmediatamente al paciente a través del sistema informático mediante el envío de mensajes o alarmas correspondientes.

Actualmente, el nivel de información proporcionada y los recursos energéticos capaces de alimentar los sensores son limitantes, se está investigando ampliamente y se espera que sea un avance importante en la atención médica. Una red BAN instalada en un paciente puede alertar al hospital a través de la medición de los cambios en sus signos vitales, incluso antes de tener un ataque cardíaco; una red BAN en un paciente diabético podría auto inyectarle insulina a través de una bomba, tan pronto como el nivel de insulina disminuya.

Aplicaciones de esta tecnología incluyen entre otras el uso en animales como el cuidado de mascotas y otras actividades del ser humano como el control de deportistas, militares o agentes de seguridad. La extensión de la tecnología a nuevas áreas también podría ayudar a la comunicación mediante intercambios de información entre individuos o entre individuos y máquinas.

La red de área del cuerpo inalámbrica (WBAN) junto con la nanotecnología tienen un gran potencial para revolucionar el futuro de la tecnología de la salud. La IEEE 802 estableció un Grupo de tareas denominado IEEE 802.15.6 para la estandarización de WBAN. La selección de las bandas de frecuencia es uno de los temas más importantes. En general, las frecuencias disponibles para WBAN están reguladas por las autoridades de comunicación en diferentes países. La banda del Servicio de Comunicaciones de Implantes Médicos (MICS) es una banda con licencia, utilizada para la comunicación de implantes y tiene el mismo rango de frecuencia (402-405 MHz) en la mayoría de los países. *Wireless Medical Telemetry Services* (WMTS) es una banda con licencia, utilizada para el sistema de telemetría médica.

Ambos anchos de banda de MICS y WMTS no admiten aplicaciones de alta velocidad de datos. La banda industrial, científica y médica (ISM) admite aplicaciones de alta velocidad de datos y está disponible en todo el mundo, sin embargo, existen altas posibilidades de interferencia ya que muchos dispositivos inalámbricos, incluidos IEEE 802.1 e IEEE 802.15.4, funcionan en la banda ISM. El estándar IEEE 802.15.6 define tres tipos de capa física: de banda estrecha (NB), de banda ultra ancha (UWB) y comunicaciones del cuerpo humano (HBC); la selección de cada una de las anteriores bandas de frecuencia depende de los requisitos de la aplicación. En el protocolo de control (*MAC= Media Access Control*) los datos se manejan en una serie de supertramas. Las supertramas están limitadas por períodos de igual longitud. Para garantizar la seguridad de alto nivel, el estándar define tres niveles: 1) nivel 0: comunicación no segura, 2) nivel: solo autenticación, 3) nivel 2: autenticación y encriptación.

Los últimos avances relacionados con esta tecnología a hoy (año 2019) los podemos ver en el siguiente texto:

"*BrainNet*: una interfaz multi-persona cerebro-cerebro para la colaboración directa entre cerebros."[6]

Linxing Preston Jiang, Andrea Stocco, Darby M. Losey, Justin A. Abernethy, Chantel S. Prat, Rajesh P. N. Rao

---

6 Traducido de: https://arxiv.org/abs/1809.08632, consultado el 3 de abril de 2019

(Presentado el 23 de septiembre de 2018 (v1), última revisión 21 de marzo de 2019 (esta versión, v2))

Presentamos BrainNet que, a nuestro entender, es la primera interfaz no invasiva de cerebro a cerebro de varias personas para la resolución de problemas en colaboración. La interfaz combina la electroencefalografía (EEG) para registrar las señales cerebrales y la estimulación magnética transcraneal (TMS) para entregar información no invasiva al cerebro. La interfaz permite que tres sujetos humanos colaboren y resuelvan una tarea utilizando la comunicación directa de cerebro a cerebro. Dos de los tres sujetos son "Remitentes" cuyas señales cerebrales se decodifican utilizando el análisis de datos EEG en tiempo real, para extraer decisiones sobre si rotar un bloque en un juego similar al Tetris antes de que se elimine para llenar una línea. Las decisiones de los remitentes se transmiten a través de Internet al cerebro de un tercer sujeto, el "Receptor", que no puede ver la pantalla del juego. Las decisiones se envían al cerebro del receptor mediante la estimulación magnética de la corteza occipital. El Receptor integra la información recibida y toma una decisión utilizando una interfaz EEG para girar el bloque o mantenerlo en la misma posición. Una segunda ronda del juego le da a los Remitentes una oportunidad más para validar y brindar retroalimentación a la acción del Receptor. Evaluamos el rendimiento de BrainNet en términos de (1) rendimiento a nivel de grupo durante el juego; (2) Tasas verdaderas/falsas positivas de las decisiones de los sujetos; (3) Información mutua entre sujetos. Cinco grupos de tres sujetos utilizaron con éxito BrainNet para realizar la tarea de Tetris, con una precisión promedio de 81,3%. Además, al variar la confiabilidad de la información de los remitentes mediante la inyección artificial de ruido en la señal de un remitente, encontramos que los receptores pueden saber qué remitente es más confiable basándose únicamente en la información transmitida a sus cerebros. Nuestros resultados aumentan la posibilidad de futuras interfaces de cerebro a cerebro que permitan la resolución cooperativa de problemas por parte de los humanos utilizando una "red social" de cerebros conectados"

Una red de área personal (*PAN=Personal Area Network*) es una red de computadores para interconectar dispositivos centrados en el área de trabajo de una persona. Una PAN proporciona transmisión de datos entre dispositivos como computadoras, teléfonos inteligentes, tabletas y asistentes digitales personales. Los PAN se pueden usar para la comunicación entre los dispositivos personales o para conectarse a una red de nivel superior como Internet.

Una red de área personal inalámbrica (WPAN) es una PAN que se transmite a través de una tecnología de red inalámbrica de corta distancia y poca potencia, como IrDA (*Infrared Data Association*), USB inalámbrico, Bluetooth o ZigBee. El alcance de una WPAN varía desde unos pocos centímetros hasta unos cuantos metros.

El estándar IEEE 802.15 ha producido estándares para varios tipos de PAN que operan en la banda ISM, incluido Bluetooth.

La Asociación de Datos Infrarrojos (IrDA) usa luz infrarroja, tiene una frecuencia por debajo de la sensibilidad del ojo humano. El infrarrojo en general se utiliza, por ejemplo, en controles remotos. Los dispositivos WPAN típicos que usan IrDA incluyen impresoras, teclados y otras interfaces de comunicación serial.

Una red de área cercana a mí (*NAN=Near-me Area Network*) es una red de comunicación que se enfoca en la comunicación inalámbrica entre dispositivos cercanos. A diferencia de las redes de área local (LAN), donde los dispositivos están en el mismo segmento de red y comparten el mismo dominio, los dispositivos en una NAN pueden pertenecer a diferentes infraestructuras de red (por ejemplo, diferentes operadores móviles). Si dos dispositivos están cerca geográficamente, la ruta de comunicación entre ellos podría, de hecho, atravesar una larga distancia, pasando de una LAN, a través de Internet y a otra LAN. Las aplicaciones NAN se centran en las comunicaciones bidireccionales entre dispositivos que se encuentran a cierta distancia entre sí, pero generalmente no se preocupan por la ubicación exacta de los dispositivos.

Algunos servicios son significativos solo para un grupo de personas que están muy cerca, lo que ha generado la necesidad de las NAN. Los siguientes escenarios muestran algunos ejemplos de aplicaciones NAN:

Juan va su supermercado preferido a comprar una botella de vino tinto. El supermercado ofrece un descuento de 2X3, por lo que envía un mensaje a otros clientes para ver si les gustaría comprar las otras dos botellas y repartir el costo equitativamente.

Sofía compró una boleta de teatro hace media hora, se le presenta un inconveniente y no puede entrar a la función. Envía mensajes a personas cercanas al teatro para ver si alguien comprará su boleta con un 60 por ciento de descuento.

Pedro trabaja en un centro comercial y le gustaría encontrar a alguien con quien cenar. Revisa su lista de amigos para ver quién está más cerca del lugar en ese momento e invita a ese amigo a cenar.

María acaba de envolatarse de su hermana en una excursión, por lo que envía una foto, desde su dispositivo móvil, a los transeúntes para ver si pueden encontrarla.

Una red de área local (*LAN= Local Area network*) es una red de computadoras que interconecta computadoras dentro de un área limitada, como una residencia, escuela, laboratorio, campus universitario o edificio de oficinas. Ethernet y WiFi son las dos tecnologías más comunes en uso para este tipo de redes. Muchas LAN utilizan tecnologías inalámbricas integradas en teléfonos inteligentes, tabletas y computadoras portátiles. En una red de área local inalámbrica, los usuarios pueden moverse sin restricciones en el área de cobertura. Las redes inalámbricas se han vuelto populares en residencias y pequeñas empresas, debido a su facilidad de instalación.

Una LAN puede incluir una amplia variedad de otros dispositivos de red, como firewalls, balanceadores de carga y detección de intrusos en la red. Las LAN avanzadas se caracterizan por su uso de enlaces redundantes con conmutadores que utilizan el protocolo de árbol de expansión para evitar los bucles, su capacidad para gestionar diferentes tipos de tráfico a través de la calidad de servicio (QoS) y su capacidad para segregar el tráfico con VLAN. Las LAN pueden mantener conexiones con otras LAN a través de líneas arrendadas, servicios arrendados o a través de Internet, utilizando tecnologías de redes privadas virtuales.

Una red de campus, red de área de campus, red de área corporativa o (*CAN=Corporate Area Network)* es una red de computadoras compuesta por una interconexión de redes de área local (LAN) dentro de un área geográfica limitada. Los equipos de red (conmutadores, enrutadores) y los medios de transmisión (fibra óptica, planta de cobre, cableado estructurado, etc.) son propiedad casi en su totalidad del inquilino/propietario del campus: puede ser una empresa, una universidad, entidades del gobierno, etc. El rango de las redes CAN está normalmente entre 1 km a 5 km. Las redes CAN se utilizan principalmente para campus corporativos, por lo que el enlace de datos será de alta velocidad. El *backbone* es una parte de la red de computadoras que interconecta varias partes de la red, proporcionando una ruta para el intercambio de información entre diferentes LAN o subredes. Una red troncal puede unir diversas redes en el mismo edificio, en diferentes edificios en el entorno de un campus o en áreas amplias. Normalmente, la capacidad de la red troncal es mayor que las redes conectadas a ella.

La red de área metropolitana (*MAN=Metropolitan Area Network*) es una red de computadoras que interconecta a los usuarios con recursos de computadora en un área geográfica o región más grande que la que cubre una red de área local (LAN) pero más pequeña que el área cubierta por una red de área amplia (WAN). El término MAN se aplica a la interconexión de redes en una ciudad y que puede ofrecer una conexión eficiente a una red de área amplia. El término también se usa para describir la interconexión de varias redes de área local en un área metropolitana mediante el uso de conexiones punto a punto entre ellas. Tiene un alcance entre 5 a 50 kilómetros.

Una red de área amplia (*WAN=Wide Area Network*) es una red de telecomunicaciones o una red de computadoras que se extiende sobre una gran distancia/lugar geográfico. Las redes de área amplia a menudo se establecen con circuitos de telecomunicaciones arrendados. Las entidades comerciales, educativas y gubernamentales utilizan redes de área amplia para transmitir datos al personal, estudiantes, clientes, compradores y proveedores de diversos lugares del mundo. En esencia, este modo de telecomunicación permite a una empresa llevar a cabo efectivamente su función diaria, independientemente de su ubicación. Internet puede ser considerada una red WAN.

La definición de una WAN es una red de computadoras que abarca regiones, países o incluso el mundo entero como es el caso de internet. Sin embargo, en términos de la aplicación de protocolos y conceptos de redes de computadoras, puede ser mejor ver las WAN como tecnologías de redes de computadoras usadas para transmitir datos a través de largas distancias, y entre diferentes LAN, MAN y otras arquitecturas de redes de computadoras localizadas. Esta distinción se debe al hecho de que las tecnologías de redes LAN comunes, que operan en capas inferiores del modelo OSI (como las Ethernet o WiFi) a menudo están diseñadas para redes físicamente próximas y, por lo tanto, no pueden transmitir datos a través de decenas, cientos o incluso miles de kilómetros.

Las WAN se utilizan para conectar redes LAN y otros tipos de redes para que los usuarios y las computadoras en una ubicación dada puedan comunicarse con los usuarios y las computadoras en otras ubicaciones. Muchas WAN están diseñadas para una organización en particular y son privadas. Otros, creados por proveedores de servicios de Internet, proporcionan conexiones desde la LAN de una organización a Internet. Las WAN se construyen a menudo utilizando líneas arrendadas. En cada extremo de la línea arrendada, un enrutador conecta la LAN en un lado con un segundo enrutador dentro de la LAN en el otro. En lugar de usar líneas arrendadas, las WAN también pueden construirse utilizando métodos de conmutación de circuitos o de paquetes menos costosos. Los protocolos de red que incluyen TCP/IP entregan funciones de transporte y direccionamiento.

Muchas tecnologías están disponibles para enlaces de red de área amplia. Los ejemplos incluyen líneas telefónicas con conmutación de circuitos, transmisión de ondas de radio y fibra óptica. Los nuevos desarrollos en tecnologías han incrementado sucesivamente las tasas de transmisión llegando a velocidades de cientos de Gigabits.

"AT&T realizó pruebas en el año 2017 para que las empresas usaran 400 gigabit Ethernet. Los investigadores Robert Maher, Alex Alvarado, Domaniç Lavery y Polina Bayvel del University College London pudieron aumentar la velocidad de las redes a 1,125 terabits por segundo. Christos Santis, el estudiante graduado Scott Steger, Amnon Yariv, Martin y Eileen Summerfield desarrollaron un nuevo láser que cuadruplica las velocidades de transferencia sobre el cableado de fibra óptica. Si estas dos tecnologías se combinaran, entonces podría lograrse una velocidad de transferencia de hasta 4.5 terabits por segundo"

La red de área de Internet (*IAN=Internet Area Network*), es considerada por los proponentes como el modelo de red del futuro, una IAN conecta de manera segura los puntos finales a través de la Internet pública, para que puedan comunicarse e intercambiar información y datos sin estar atados a una ubicación física. A diferencia de una LAN, que interconecta computadoras en un área limitada, como un hogar, escuela, laboratorio de computadoras o edificio de oficinas, o una WAN, que es una red que cubre un área amplia, como cualquier red de telecomunicaciones que se conecta a través de áreas metropolitanas, regionales, utilizando transportes de redes públicas o privadas, una red IAN elimina un perfil geográfico de la red completamente, porque las aplicaciones y los servicios de comunicaciones se virtualizan. Los puntos finales solo necesitan conectarse a través de una conexión de banda ancha a través de Internet.

Alojada en la nube por un proveedor de servicios, una plataforma IAN ofrece a los usuarios acceso seguro a la información desde cualquier lugar, en cualquier momento, a través de una conexión a Internet. Los usuarios también tienen acceso a servicios de telefonía, correo de voz, correo electrónico y fax desde cualquier punto final conectado. Para las empresas, el modelo reduce los gastos de TI y de comunicaciones, protege contra la pérdida de datos y el tiempo de inactividad por desastre, al tiempo que obtiene un mayor rendimiento de sus recursos invertidos mediante el aumento de la productividad de los empleados y la reducción de los costos de telecomunicaciones

En la década de 1990, las compañías de telecomunicaciones que anteriormente ofrecían principalmente circuitos de datos dedicados punto a punto comenzaron a ofrecer servicios de red privada virtual (*VPN=Virtual Private Network*) con una calidad de servicio comparable, pero a un costo mucho menor. El símbolo de la nube se usó para denotar el punto de demarcación entre lo que era responsabilidad del proveedor y lo que era responsabilidad de los usuarios. La computación en la nube extiende este límite para cubrir los servidores y la infraestructura de red.

Después de la burbuja punto .com, Amazon desempeñó un papel clave en el desarrollo de la computación en la nube mediante la modernización de sus centros de datos, que, como la mayoría de las redes de computadoras, usaban tan solo el 10% de su capacidad en un momento dado, solo para dejar espacio para picos ocasionales.

A mediados de 2008, Gartner vio una oportunidad para la computación en la nube "para configurar la relación entre los consumidores de servicios de TI y los que los venden" y observó que las organizaciones están cambiando los activos de software y hardware propiedad de la empresa a los modelos basados en servicio por uso; esto desencadenó un cambio en las infraestructuras de red y hoy en día de habla de servicios tales como SaaS (*Software as a Service*), IaaS (*Infraestructura as a Service*) o PaaS (*Platform as a Service*) entre otros.

Ahora, la disponibilidad omnipresente de redes de alta capacidad, computadoras y dispositivos de almacenamiento de bajo costo, así como la adopción generalizada de virtualización de hardware, arquitectura orientada a servicios, autonomía y computación de utilidad han llevado a un tremendo crecimiento de la computación en nube. Los mundos virtuales y las arquitecturas *peer-to-peer* han allanado el camino para el concepto de una IAN.

Internet (contracción de la red interconectada) es el sistema global de redes informáticas interconectadas que utilizan el conjunto de protocolos de Internet (TCP/IP) para vincular dispositivos en todo el mundo. Es una red de redes que consta de redes privadas, públicas, académicas, empresariales y gubernamentales de alcance local a global, unidas por una amplia gama de tecnologías de redes electrónicas, inalámbricas y ópticas. Internet lleva una amplia gama de recursos y servicios de información, tales como los documentos de hipertexto interconectados y aplicaciones del uso compartido de archivos *World Wide Web* (WWW), el correo electrónico, la telefonía y transferencia de archivos entre otros.

La mayoría de los medios de comunicación tradicionales, incluidos la telefonía, la radio, la televisión, el correo en papel y los periódicos, se reforman, se redefinen o incluso se omiten debido a Internet, lo que da lugar a nuevos servicios como el correo electrónico, la telefonía por Internet, la televisión por Internet, la música en línea, los periódicos digitales y sitios web de video *streaming*. Los periódicos, libros y otras publicaciones impresas se adaptan a la tecnología de sitios web, o se transforman en blogs, fuentes web y difusores de noticias en línea.

Internet ha habilitado y acelerado nuevas formas de interacción personal a través de la mensajería instantánea, los videos, los foros de Internet y las redes sociales. Las compras en línea han crecido de manera exponencial tanto para los principales minoristas como para las pequeñas empresas y empresarios, ya que les permite a las empresas extender su presencia, para atender a un mercado más grande o incluso vender productos y servicios completamente en línea. Los servicios de empresa a empresa y los servicios financieros en Internet afectan a las cadenas de suministro en todas las industrias.

Internet no tiene un gobierno centralizado ni en la implementación tecnológica ni en las políticas de acceso y uso; Cada red constituyente establece sus propias políticas. Solo las definiciones de extensión de los dos espacios de nombres principales en Internet, el espacio de dirección de Protocolo de Internet (dirección IP) y el Sistema de Nombres de Dominio (DNS) están dirigidos por una organización mantenedora, la Corporación de Internet para Nombres y Números Asignados (ICANN). El apuntalamiento técnico y la estandarización de los protocolos centrales es una actividad del Grupo de Trabajo de Ingeniería de Internet (IETF), una organización sin fines de lucro de participantes internacionales. En noviembre de 2006, Internet se incluyó en la lista de *New Seven Wonders* de *USA Today*.

Los términos Internet y *World Wide Web* a menudo se usan indistintamente en el habla cotidiana; es común hablar de "conectarse a Internet" cuando se utiliza un navegador web para ver páginas web. Sin embargo, la *World Wide Web* o la Web son solo uno de los muchos servicios de Internet. La Web es una colección de documentos interconectados (páginas web) y otros recursos web, vinculados por hipervínculos y URL. Como otro punto de comparación, el Protocolo de transferencia de hipertexto, o HTTP, es el lenguaje utilizado en la Web para la transferencia de información, igualmente, es solo uno de los muchos lenguajes o protocolos que se pueden utilizar para la comunicación en Internet.

Los métodos comunes de acceso a Internet por parte de los usuarios incluyen acceso telefónico con un módem de computadora a través de circuitos telefónicos, banda ancha sobre cable coaxial, fibra óptica o cables de cobre, WiFi, satélite y tecnologías de teléfono celular (por ejemplo, 3G, 4G, 5G). Wi-Fi proporciona acceso inalámbrico a Internet a través de redes locales de computadoras; los puntos de acceso que brindan dicho acceso incluyen hoteles, restaurantes, negocios, cafés con WiFi, donde los usuarios deben tener sus propios dispositivos inalámbricos, como una computadora portátil, una PDA o un celular. Estos servicios pueden ser gratuitos para todos, gratuitos solo para los clientes o pagos en algunos casos.

Si bien los componentes de hardware en la infraestructura de Internet a menudo se pueden usar para soportar otros sistemas de software, es el diseño y el proceso de estandarización del software lo que caracteriza a Internet y proporciona la base para su escalabilidad y éxito. La responsabilidad del diseño arquitectónico de los sistemas de software de Internet ha sido asumida por el Grupo de trabajo de ingeniería de Internet (IETF). El IETF lleva a cabo grupos de trabajo de establecimiento de normas, abiertos a cualquier persona, sobre los diversos aspectos de la arquitectura de Internet. Las contribuciones y estándares resultantes se publican como documentos de Solicitud de Comentarios (RFC) en el sitio web de la IETF. Los principales métodos de conexión en red que permiten la conexión a Internet están contenidos en la RFC y constituyen los Estándares de Internet. Los estándares de Internet describen un marco conocido como el conjunto de protocolos de Internet. Esta es una arquitectura modelo que divide los métodos en un sistema de protocolos en capas, documentado originalmente en RFC 1122 y RFC 1123.

Las capas corresponden al entorno o ámbito en el que operan sus servicios. En la parte superior se encuentra la capa de aplicación, espacio para los métodos de red específicos de la aplicación y utilizados en las aplicaciones de software. Por ejemplo, un programa de navegador web utiliza el modelo de aplicación cliente-servidor y un protocolo específico de interacción entre servidores y clientes.

Debajo de esta capa superior, la capa de transporte conecta aplicaciones en diferentes hosts con un canal lógico a través de la red y con métodos de intercambio de datos adecuados; debajo de esta capa se encuentra la capa de red que interconecta redes e intercambia tráfico entre ellas. Internet permite a las computadoras ("hosts") identificarse entre sí a través de las direcciones de Protocolo de Internet (IP) y enrutar su tráfico entre sí a través de cualquier red intermedia (de tránsito).

En la parte inferior de la arquitectura se encuentra la capa de enlace, que proporciona conectividad lógica entre los hosts en el mismo enlace de red, como una red de área local (LAN) o una conexión de acceso telefónico.

El modelo, también conocido como TCP/IP, está diseñado para ser independiente del hardware subyacente utilizado para las conexiones físicas y para las que el modelo no se ocupa de ningún detalle.

El componente más destacado del modelo de Internet es el Protocolo de Internet (IP), que proporciona sistemas de direccionamiento, incluidas direcciones IP, para computadoras en la red. La IP permite la interconexión de redes y, en esencia, establece la propia Internet. El Protocolo de Internet Versión 4 (IPv4) es la versión inicial utilizada en la primera generación de Internet y aún se encuentra en uso dominante. Fue diseñado para atender hasta aproximadamente 4,3 mil millones de hosts. Sin embargo, el crecimiento explosivo de Internet ha llevado al agotamiento de las direcciones IPv4, que entraron en su etapa final en el año 2011, cuando se agotó el grupo de asignación de direcciones global. Una nueva versión del protocolo, IPv6, ofrece capacidades de direccionamiento mucho más amplias y un enrutamiento más eficiente del tráfico de Internet. Actualmente, IPv6 se está implementando cada vez más en todo el mundo, ya que los registros de direcciones de Internet (RIR) comenzaron a instar a todos los administradores de recursos a planificar una rápida adopción y conversión.

IPv6 no es directamente interoperable por diseño con IPv4. En esencia, establece una versión paralela de Internet a la que no se puede acceder directamente con el software IPv4. Por lo tanto, deben existir servicios de traducción para la interconexión de redes a los nodos, los cuales deben tener software de red duplicado para ambas redes. Esencialmente, todos los sistemas operativos de computadoras modernos soportan ambas versiones del Protocolo de Internet. IPv6 es por defecto la red que soportará las redes de internet de las cosas, pues como lo hemos visto son billones y billones de dispositivos los que se conectan a internet.

La Internet interplanetaria (IPN=Interplanetary Network), también llamada InterPlaNet es una red de computadoras concebida para realizar misiones espaciales, consiste en un conjunto de nodos de red que pueden comunicarse entre sí. Las grandes distancias interplanetarias retrasarían enormemente la comunicación, por lo que la IPN necesita un nuevo conjunto de protocolos y tecnologías que sean tolerantes a grandes retrasos y errores. La tecnología de comunicación espacial ha evolucionado constantemente desde costosas arquitecturas punto a punto, al desarrollo de protocolos estándar acordados por las agencias espaciales de muchos países, esta última fase ha continuado desde 1982 a través de los esfuerzos del Comité Consultivo para Sistemas de Datos Espaciales (CCSDS, por sus siglas en inglés), un organismo compuesto por las principales agencias espaciales del mundo. Cuenta con agencias miembros, agencias observadoras y muchos asociados industriales.

El concepto de "región" es un factor arquitectónico natural de Internet interplanetario. Una "región" es un área donde las características de la comunicación son similares. Las características de la región incluyen comunicaciones, seguridad, mantenimiento de recursos, quizá propiedad y otros factores. La Internet Interplanetaria es una "red de redes regionales". Lo que se necesita entonces es una forma estándar de lograr una comunicación de extremo a extremo a través de múltiples regiones, en un entorno desconectado y con demoras variables y que utiliza un conjunto de protocolos generalizados. Los ejemplos de regiones podrían incluir la Internet terrestre como una región, una región en la superficie de la Luna o Marte, o una región de tierra a órbita.

La red tolerante al retardo (DTN=Delay Tolerant Network) fue diseñada para permitir comunicaciones estandarizadas a través de largas distancias y por lo tanto con demoras considerables. En su núcleo se encuentra algo llamado el Protocolo de paquetes (BP=Bundle Protocol), que es similar al Protocolo de Internet o IP, la gran diferencia entre el Protocolo de Internet (IP) regular y el Protocolo de Paquetes es que IP asume una ruta de datos completa de extremo a extremo, mientras que BP está diseñada para dar cuenta de errores y desconexiones, fallas que generalmente afectan a las comunicaciones del espacio profundo en las exploraciones espaciales.

El estándar de telemetría de paquetes del Comité Consultivo para Sistemas de Datos Espaciales (CCSDS= Consultative Committee for Space Data Systems) define el protocolo utilizado para la transmisión de datos de instrumentos de naves espaciales a través del canal de propagación del espacio profundo. Bajo esta norma, una imagen u otros datos enviados desde un instrumento de una nave espacial se transmiten utilizando uno o más paquetes. DTN tiene varios ámbitos de aplicación importantes, además de Internet interplanetario, incluye redes de sensores, comunicaciones militares, recuperación de desastres, entornos hostiles, dispositivos móviles y puestos remotos. Como ejemplo de un puesto de avanzada remoto, imagine una aldea aislada del Ártico, o una isla lejana sin electricidad, una o más computadoras, pero sin conectividad de comunicación. Con la adición de un punto de acceso inalámbrico simple en la aldea, además de dispositivos habilitados para DTN en, digamos, trineos tirados por perros o botes de pesca, un residente podría revisar su correo electrónico o hacer clic en un artículo de Wikipedia y recibir sus solicitudes a la ubicación en red más cercana, en la próxima visita del trineo o bote, y obtener las respuestas a su regreso.

La órbita de la Tierra está lo suficientemente cerca como para que se puedan usar protocolos convencionales. Por ejemplo, la Estación Espacial Internacional ha estado conectada a Internet terrestre normal desde el 22 de enero de 2010, cuando se publicó el primer tweet. Sin embargo, la estación espacial también sirve como una plataforma útil para desarrollar, experimentar e implementar sistemas que conforman la Internet interplanetaria. La NASA y la Agencia Espacial Europea (ESA) han utilizado una versión experimental de Internet interplanetaria, para controlar desde la Estación Espacial Internacional un vehículo educativo, ubicado en el Centro Europeo de Operaciones Espaciales en Darmstadt, Alemania. El experimento utilizó el protocolo DTN para demostrar la tecnología que algún día podría habilitar comunicaciones similares a Internet, que puedan soportar hábitats o infraestructura en otro planeta.

TIPOS DE REDES POR CONFIGURACIÓN

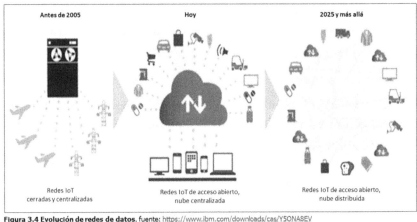

Figura 3.4 Evolución de redes de datos, fuente: https://www.ibm.com/downloads/cas/Y5ONA8EV

Por su configuración las redes se pueden clasificar en redes centralizadas o en redes distribuidas, actualmente las redes centralizadas (configuración en estrella) son las más implementadas; a futuro con el advenimiento de aplicaciones de tecnologías como el blockchain y la implementación de la computación en el borde o fog computing se espera un mayor auge de las redes distribuidas. En la **figura 3.4 Evolución de redes de datos** se puede ver la evolución de las redes a través de su historia y la proyección al año 2025 y más allá, partiendo antes del año 2005 de redes totalmente centralizadas a redes distribuidas pero manejadas por un centro de computación tal como operan la mayor parte de redes del día de hoy hasta llegar a las esperadas redes del futuro totalmente distribuidas.

Una red de internet de las cosas además de los sensores y actuadores se compone de varios componentes clave necesarios para la operación de los procesos o servicios bajo su dominio y se pueden clasificar en dispositivos, medios y servicios, veamos sus definiciones:

Dispositivos: incluye celulares, tabletas, impresoras, conmutadores, enrutadores y servidores. Los dispositivos finales son el origen o el destino de los datos que pasan por la red y que, a través de protocolos de comunicaciones, con ciertos parámetros como tiempos de transmisión, eficiencia en el transporte, calidad del transporte, almacenamiento de la información, etc. logran que la comunicación extremo a extremo sea confiable y se ajuste a los requerimientos de la aplicación.

Se debe tener presente que en las redes de comunicaciones hay dispositivos intermediarios, cuya función es interconectar dispositivos finales; la cantidad de dispositivos intermedios incluirán redes intermedias que solo sirven como su nombre lo dice de intermediarias para conectarse a un host final donde se va a almacenar la información o donde está almacenada la información. Los dispositivos intermediarios también administran los datos a través de la red, asegurando que la información llegue a su destino, actúan como el "jefe de correos" en los escenarios de entrega de correo.

Estos dispositivos toman la dirección del host de destino y combinan esto con información sobre la conexión de la red para decidir la ruta que los mensajes deben toman a través de la red. Por lo tanto, los dispositivos intermediarios deben mantener la información de la red (actualizar con frecuencia el mapa de la red) y también pueden notificar errores a otros dispositivos. Esto les permite elegir rutas alternativas, o retransmitir datos, o incluso negar el flujo de datos según la configuración de seguridad; aclaremos esto con un ejemplo:

Para una mayor claridad si desde el computador se accede al prompt de comandos mediante CMD y estando en este prompt se edita tracer facebook.com el despliegue será como el de la **figura 3.5 Rutas de conexión en Internet**, en la cual se puede ver como desde el computador se pasa por diferentes dispositivos y redes intermedias hasta llegar al host de la empresa Facebook. Aquí se puede ver las direcciones IP de los dispositivos intermedios y las redes .net intermedias.

```
Command Prompt                                                        —   □   ×

C:\Users\osqui>tracert facebook.com

Tracing route to facebook.com [157.240.14.35]
over a maximum of 30 hops:

  1     83 ms      1 ms      2 ms  192.168.0.1
  2     12 ms     23 ms     31 ms  5.232.64.1
  3     15 ms     15 ms     15 ms  172.21.16.190
  4     32 ms     35 ms     39 ms  10.14.18.25
  5     71 ms     72 ms     72 ms  ix-et-10-0-5-0.tcore1.mln-miami.as6453.net [66.110.9.197]
  6     72 ms     77 ms     77 ms  xe-9-1-1.edge3.Amsterdam.Level3.net [4.68.70.5]
  7     72 ms     69 ms     94 ms  4.15.158.42
  8     70 ms     71 ms     72 ms  po106.psw04.mia3.tfbnw.net [157.240.43.255]
  9     80 ms     74 ms     72 ms  157.240.36.139
 10     78 ms     72 ms     70 ms  edge-star-mini-shv-02-mia3.facebook.com [157.240.14.35]

Trace complete.

C:\Users\osqui>
```

Figura 3.5 Rutas de conexión en Internet, Oswaldo Quiñonez

En otras palabras, lo que se describe aquí es la ruta que se ha establecido desde mi computador a través de la red de internet, hasta llegar a los servidores de Facebook para esta conexión en específico.

Medios: incluye el cableado que puede ser par trenzado, cable coaxial, fibra óptica como los normalmente usados o conexiones inalámbricas con diferentes tecnologías y tipos de radios de microondas, cada uno manejando diferentes protocolos y que se utilizarán de acuerdo con la solución de internet de las cosas.

Los diferentes medios tienen diferentes características, lo que hace que cada uno se adapte mejor a diferentes circunstancias, lo anterior teniendo en cuenta factores tales como:

- La distancia que necesita una señal para viajar, así como hay soluciones que exigen comunicación entre dispositivos de solo unos centímetros de separación también puede haber soluciones que exigen cientos o miles de kilómetros de distancia.
- El entorno o entornos por los cuales viaja la información, ver vi gracia, ambientes industriales, hospitales, agricultura, ganadería, minería todos

ellos presentan diferentes entornos que exigen por lo tanto diferentes tipos de transporte de la información.

• La cantidad y velocidad de los datos, así como se presentan soluciones con muy pocos datos y donde la velocidad no es crítica tales como el lector de una etiqueta de RFID, también se presentan soluciones críticas como la telemedicina donde la cantidad y la velocidad debe ser bastante grande.

• El coste de los medios y su instalación, la velocidad y la calidad de la información son críticas, pensemos por un instante en una cirugía remota donde un especialista está guiando remotamente un robot, los protocolos exigen manejo en tiempo real del transporte con calidad y eficiencia de grandes volúmenes de información incluyendo videos y graficas.

Por otro lado, una solución de internet de las cosas compleja puede incluir, dependiendo de la fase del servicio diferentes distancias, diferentes entornos, diferentes velocidades de datos y por lo tanto diferentes medios de transmisión, imaginémonos por ejemplo la trazabilidad de un producto que sale de algún país latinoamericano donde se produce y que llega a la China donde finalmente se consume.

Servicios: incluye el software, con diferentes aplicaciones, que admite operaciones como el procesamiento de información, el alojamiento de correo electrónico y demás servicios que una solución pudiese demandar.

Dijimos anteriormente que los servidores y los dispositivos intermediarios se comunican unos con otros a través de un direccionamiento con el protocolo de Internet (*IP = Internet Protocol*) veamos al detalle este protocolo.

PROTOCOLO DE INTERNET (IP = INTERNET PROTOCOL)

Las direcciones de Protocolo de Internet (IP) son uno de los muchos protocolos que operan dentro de Internet. La combinación de "cosas" y aplicaciones de Internet de las cosas aumenta el número de protocolos requeridos.

TCP / IP: es un conjunto de reglas que rigen la conexión de los sistemas informáticos a Internet

Un protocolo es un conjunto de reglas acordadas (o aceptadas) para un procedimiento. Por ejemplo, existen muchos protocolos en todo el mundo que ayudan a determinar cómo las personas interactúan entre sí. La **figura 3.6 Protocolos de comunicación en los humanos**, describe lo que es un protocolo de comunicaciones en el mundo real y manejado por las comunicaciones entre los seres humanos, en este caso fuertemente influenciado por la cultura.

De la misma manera, Internet tiene muchos protocolos para garantizar que las computadoras ubicadas en cualquier parte del mundo puedan interactuar entre sí de una manera estándar y acordada.

Para hacer más claro este tema vamos a hacer una analogía con los seres humanos, en su función de ir al trabajo. Podemos dividir esta acción en diferentes etapas que se suceden secuencialmente en el tiempo, cada una depende de la anterior y hace que la siguiente sea posible. ¡Cada etapa tiene un procedimiento que se debe seguir para un viaje al trabajo exitoso!

Figura 3.6 Protocolos de comunicación en los humanos, tomado de curso *Online, Curtin University, Australia.*

1. Se levanta y se prepara para salir, lo que incluye bañarse, vestirse y desayunar.

2. Se sale de la casa; debe recordar llevar las llaves del carro, las tarjetas de acceso a la oficina, la billetera y seguramente un computador portátil.

3. Se toma el transporte hacia (y desde) la oficina: debe encontrar el transporte público correcto o seguir las leyes de tránsito mientras conduce y encontrar un lugar de estacionamiento en su parqueadero cerca de la oficina.

4. En la oficina, sigue una agenda para desarrollar su trabajo del día a día, atiende conferencias, atiende reuniones, responde emails, organiza reportes, etc.

5. En la tarde regresas a casa, en este caso el proceso sigue pasos que te llevan de la oficina a la casa y por lo tanto el proceso es contrario al de la mañana: Organiza su puesto de trabajo, define si lleva el portátil a casa, guarda documentos antes de salir al parqueadero o al sistema de transporte público.

Hay un conjunto de "reglas" para cada etapa que deben seguirse para que pueda completar con éxito su viaje al trabajo. No llevar la tarjeta de acceso al edificio o no encontrar un lugar de estacionamiento, por ejemplo, puede resultar en un viaje con complicaciones que le pueden generar pérdidas de tiempo. El robo del computador llegando a la oficina sería un evento crítico, igual sucede al sufrir un ataque cibernético en una aplicación de internet de las cosas.

Al igual que los seres humanos definimos diferentes protocolos para comunicarnos y hacer significativa la comunicación entre un transmisor y un receptor, los equipos comunicados a través de las redes se basan en protocolos, en seguida se describe como los Protocolos de Internet de las cosas, con sus diversas propiedades, los hacen adecuados para los diferentes tipos de aplicaciones.

Conectar cosas que antes no estaban conectadas es una tarea compleja y variada, que requiere múltiples opciones. El internet de las cosas podría aplicarse a una estructura importante como un edificio en la NASA o la casa blanca o a una criatura viviente como a una planta en crecimiento. Podría estar controlando una operación de exploración petrolera o un envío de equipos de telecomunicaciones de la China a América Latina.

Conectar cosas cotidianas, grandes o pequeñas, sencillas o complejas, pesadas o livianas, de ambientes normales u hostiles, cercanas o lejanas a Internet trae consigo una gran cantidad de situaciones diferentes que son más variadas, complejas y problemáticas que conectar una computadora en un escritorio, o incluso un teléfono inteligente en movimiento. Para abordar estas complejidades, las soluciones de internet de las cosas necesitan usar varios protocolos, dependiendo de la situación. La mayoría de los casos de IoT requieren conexiones inalámbricas, y hay muchos aspectos a considerar al elegir un protocolo, por ejemplo:

¿Es la conexión a una distancia muy corta, de unos pocos centímetros?, o por el contrario son sensores de una nave espacial explorando Plutón? ¿Cuál es el volumen de datos que se envían? ¿Es enorme, como archivos de video, o pequeño de unos cuantos bits? Igualmente pueden presentarse soluciones de alcance global, con diversos tipos de redes de acceso, sea el ejemplo una solución para hacer el seguimiento a una mercancía desde que se produce en una fábrica en el extranjero, hasta que se entrega en un pueblo remoto.

¿La velocidad y la frecuencia son rápidas y continuas (la información debe recibirse en tiempo real) ?, o son solo ocasionalmente, ahorrando energía mediante el «encendido» de los dispositivos solo durante cortos espacios de tiempo.

El grupo de trabajo de ingeniería de Internet (IETF), el principal organismo de estándares de Internet define el modelo TCP / IP (Protocolo de control de transmisión/Protocolo de Internet), es un conjunto de reglas que rigen la conexión de los sistemas informáticos a Internet.

Es útil recordar que la comunicación entre máquinas y la comunicación entre personas se ajustan al mismo modelo como lo hemos explicado anteriormente. El internet opera sobre una estructura en niveles o capas. Cuando los datos se envían de un lugar a otro, los datos pasan a través de diferentes capas. Cada capa tiene uno o varios protocolos los cuales determinan qué y cómo pasa la información a una capa superior o a una capa inferior dependiendo del sentido que vaya la información.

En una red de comunicaciones cada dispositivo tiene definida una dirección de Protocolo de Internet (IP) única, que lo distingue de todos los demás dispositivos en un momento específico en el tiempo. Al enviar un mensaje, la dirección IP destino se usa para especificar a dónde se envía el mensaje, de manera similar a como se coloca una dirección impresa en el sobre de una carta.

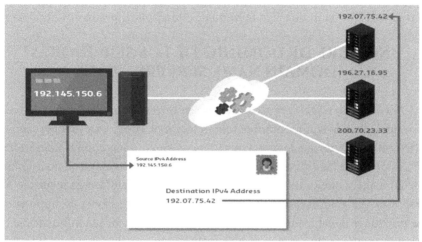

Figura 3.7 Direccionamiento IP, tomado de curso *Online, Curtin University, Australia.*

Las direcciones utilizadas para enviar datos a través de la red se denominan direcciones de protocolo internet (IP addresses) y típicamente tenemos Ipv4 (ver **figura 3.7 Direccionamiento IP**) y la versión que empieza a implementarse a nivel global es la IPV6, la que permitirá la implementación de internet de las cosas, dada la capacidad tan grande que tiene para interconectar dispositivos a la red de internet.

La versión Ipv4 consiste en cuatro conjuntos de números separados por puntos y cada número con un rango de valores entre 0 - 255. Por ejemplo, las dos direcciones siguientes son direcciones validas en IPV4:

10.10.3.4 puede identificar un equipo y 233.67.151.3 puede identificar otro.

El protocolo de comunicaciones de internet Ipv6, se desarrolla utilizando 6 conjuntos de números, comas y en numeración hexadecimal, habilitando de esta manera muchos más direccionamientos, además adiciona funcionalidades para mejorar el enrutamiento, la seguridad y el flujo de datos.

El protocolo Ipv4 tiene una capacidad para alrededor de 4 billones de direcciones IP, mientras que el protocolo Ipv6 tiene una capacidad para alrededor de 340 X 10 elevado a la 36 direcciones IP, esto es 340,000,000,000,000,00 0,000,000,000,000,000,000,000,000; o sea 340 seguido de 36 ceros. Como se puede observar solo estamos utilizando unos pocos billones con internet de las sosas lo que equivale a algo mínimo de este amplio espectro de direcciones.

NOMBRE DE DOMINIO DE LOS SERVIDORES (DOMAIN NAME SERVERS = DNS)

El dominio o DNS, es el equivalente en Internet a un directorio telefónico, que coincide con un nombre (como facebook.com) a un número (como 157.240.8.35); ya que los seres humanos prefieren tratar con los nombres, a los números de las direcciones de internet las correlacionamos con un nombre de tal manera que su tratamiento en la vida real sea más fácil de manejar. El DNS es una gran base de datos de nombres y sus direcciones de Internet, y se distribuye de tal manera que ningún servidor tenga toda la información.

Si un equipo solicita un nombre de dominio (DNS) y el servidor no lo tiene, reenvía la petición a otro servidor y así sucesivamente hasta llegar al destino. El servicio de nombres de dominio tiene una estructura jerárquica, por lo que las solicitudes se envían de abajo hacia arriba.

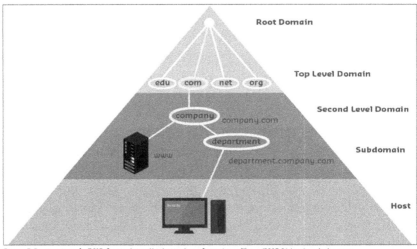

Figura 3.8 estructura de DNS, fuente: https://technet.microsoft.com/en us/library/2005.01.howitworksdns.aspx

Como se puede ver en la **figura 3.8 Estructura DNS**, en la parte superior de la jerarquía se encuentran las raíces de dominio más familiares: .com, .org, .gov, etc. Así se baja al siguiente nivel que sería el de la compañía, luego al siguiente nivel de un departamento, que se denomina usualmente como subdominio de red y así hasta llegar a la dirección del host de destino.

Al configurar una conexión de Internet en una computadora, es habitual asignar un servidor DNS primario y uno o más servidores secundarios. Esta información generalmente es proporcionada por el proveedor de servicios de internet (ISP, Internet Services Provider).

Muchas tecnologías de comunicación son bien conocidas, como WiFi, Bluetooth, ZigBee y celulares 2G, 3G, 4G y la tecnología 5G en estado de pruebas; también hay varias opciones de redes emergentes, como LoRaWAN, Thread, SigFox, etc. alternativas para aplicaciones de automatización del hogar y ambientes outdoor, para aplicaciones que aceptan trabajar en bandas no licenciadas, especialmente en la banda ISM, y que se implementan actualmente en las grandes ciudades. Dependiendo de la aplicación, factores como el rango, los volúmenes de datos, la velocidad, la seguridad, las demandas de energía y la duración de la batería determinarán la elección de una o u otra forma de combinación de tecnologías. Estas son algunas de las principales tecnologías de comunicación que se ofrecen a los desarrolladores y que vamos a profundizar en este capítulo.

Las tecnologías de Internet de las cosas permiten que las cosas, o dispositivos que no son computadoras, actúen de manera inteligente y tomen decisiones de colaboración, que sean beneficiosas para ciertas aplicaciones. Permiten que las cosas "escuchen, vean, piensen o actúen autónomamente", al permitirles comunicarse y coordinarse con otras cosas para tomar decisiones. Transforman "cosas" de ser computadores pasivos y tomar decisiones individuales a comunicarse y colaborar de forma activa y ubicua, para tomar decisiones críticas y actuar inteligentemente. Las tecnologías subyacentes de la computación ubicua, los sensores integrados, la comunicación liviana y los protocolos de Internet permiten que internet de las cosas juegue un rol muy importante; sin embargo, impone muchos desafíos e introduce la necesidad de estándares especializados y protocolos de comunicación específicos.

Para interrelacionar el concepto de los protocolos en Internet de las cosas con los conceptos de redes de datos que hemos visto en este capítulo empecemos por definir un marco de referencia de lo que es Internet de las cosas.

ECOSISTEMA IOT

Antes de entrar en detalle en lo que es un ecosistema de internet de las cosas y los diferentes protocolos de uso, analicemos la **figura 3.9 Protocolos Internet versus IoT**, se muestra aquí lo que es el protocolo ya muy conocido de internet con lo que sería un modelo de IoT.

PROTOCOLOS DE INTERNET ACTUALES		PROTOCOLOS ESPERADOS PARA IOT
HTTP, FTP, SMTP, IMAP	Aplicación	MQTT, COAP, AMQP
TCP y UDP	Transporte	UDP y TCP
IPV4 y IPV6	Red	**IPV6** y IPV4
Ethernet, WiFi, GSM	Enlace de datos	Ethernet, WiFi, GSM, LoRa, LTE-M, SigFox, 5G

Capas de Protocolos
Modelo TCP/IP

Figura 3.9 Protocolos Internet versus IoT, adaptada de: http://www.steves-internet-guide.com/iot-messaging-protocols/

A nivel de enlaces de datos para internet tenemos los protocolos Ethernet, WiFi, GSM, para IoT se adicionan protocolos de bajo consumo de potencia y de banda angosta como LTE-M, LoRa, SigFox y NB-IoT.

A nivel de red (networking) IPV6 toma más preponderancia en IoT debido a los billones de dispositivos por conectar a la red.

A nivel de transporte UDP, protocolo no orientado a conexión se sobrepone a TCP en IoT, esto debido a la simplicidad del overhead.

A nivel de aplicación y con foco en la seguridad, aparecen nuevos protocolos como MQTT, COAP y AMQP, protocolos equivalentes a HTTP, SMTP e IMAP de internet.

La **figura 3.10 Ecosistema IoT**, muestra un modelo de 7 capas del ecosistema de Internet de las cosas, modelo tomado de un borrador de trabajo de la ISO_IEC_30141. En la capa inferior se encuentra el dominio del mercado de la solución, que puede ser una red inteligente, un hogar conectado, salud inteligente, en fin, cualquier modelo de negocio de internet de las cosas. La segunda capa consta de sensores y actuadores que permiten la solución, tales como sensores de temperatura, sensores de humedad, medidores de servicios eléctricos, cámaras, etc. La tercera capa consiste en una capa de interconexión que permite que los datos generados por los sensores se comuniquen, generalmente a una instalación informática, un centro de datos o una nube o al sistema de conmutación de borde.

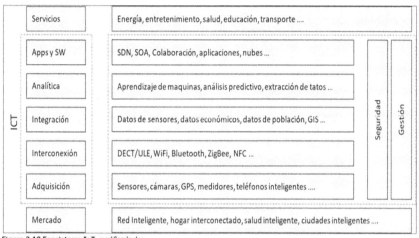

Figura 3.10 Ecosistema IoT, modificada de:
https://www.w3.org/WoT/IG/wiki/images/9/9a/10N0536_CD_text_of_ISO_IEC_30141.pdf

Para el caso de aplicaciones en la nube o plataformas de IoT los datos se agregan con otros conjuntos de datos conocidos, como datos geográficos, datos de población o datos económicos. Luego, los datos combinados se analizan utilizando técnicas de aprendizaje automático (machine learning) y/o extracción de datos. Para habilitar aplicaciones distribuidas muy grandes, también se necesita software de colaboración y comunicación a nivel de aplicación, como, por ejemplo, redes definidas por software (SDN=Software Defined Networks), arquitectura orientada a servicios (SOA= Service oriented architecture), etc. Finalmente, la capa superior consiste en servicios que permiten atender al mercado y puede incluir administración de energía, administración de salud, educación, transporte, etc. Además de estas 7 capas que se construyen una encima de la otra, hay aplicaciones de seguridad y administración que se requieren para cada una de las capas y, por lo tanto, se muestran en el lado derecho, impactando las capas de la 2 a la 6 de manera transversal, igual sucede en la interacción humana, hay tópicos como la seguridad que se aplica en general en todos los entornos pero con alguna especificidad dependiendo del nivel o capa que se esté operando.

En este capítulo, nos concentramos en la capa de interconexión. Esta capa en sí puede mostrarse en una pila de múltiples sub-capas como se muestra en la **figura 3.11 Capas de Interconexión**. Se describen las capas de enlace de datos, red y transporte/sesión. La capa de enlace de datos conecta dos elementos de IoT que generalmente pueden ser los sensores y el gateway (puerta de acceso) que conecta estos sensores a Internet.

Se analizan los diferentes estándares ofrecidos por los organismos internacionales como la IEEE, IETF e ITU, para permitir que las tecnologías coincidan con el rápido crecimiento de IoT. Estas normas incluyen las capas de enlace de datos, de red (enrutamiento y encapsulado) y sesión para las redes que actualmente se están desarrollando, con el objeto de satisfacer los requisitos de IoT, incluyendo protocolos de gestión y seguridad, transversal a las capas anteriores.

Normalmente múltiples sensores se comunican y agregan información antes de ingresar a Internet.

Protocolos especializados se han diseñado para enrutar entre sensores y forman parte de la capa de enrutamiento.

Sesión		MQTT, SMQTT, CoRE, DDS, AMQP, XMPP, CoAP...	Seguridad	Gestión
Red	Encapsulado	6LowPAN, 6TiSCH, 6Lo, Thread, ...	TCG, Oath 2.0 SMACK, SASL, ISASecure, Ace, DTLS, Dice, ...	IEEE 1905, IEEE 1451, ...
	Enrutamiento	RPL, CORPL, CARP...		
Enlace de Datos		WiFi, Bluetooth Low Energy, Zwave, ZigBee, DECT/ULE, 4G/LTE, NFC, Weightless, Home Plug GP, 802.11 ah, 802.15.4e, G9959, WirelessHART, DASH7, ANT+, LTE-A, LoRaWAN, SigFox ...		

Figura 3.11 Capa de Interconexión, modificada de:
https://www.w3.org/WoT/IG/wiki/images/9/9a/10N0536_CD_text_of_ISO_IEC_30141.pdf

Los protocolos de la capa de sesión permiten la mensajería entre varios elementos del subsistema de comunicación de IoT. También se han desarrollado varios protocolos de seguridad y gestión para IoT como se muestra en el lado derecho de la **figura 3.11 Capa de Interconexión.**

CAPA DE ENLACE DE DATOS – PROTOCOLOS EN IOT

En seguida se definirán los diferentes protocolos que incluyen la capa física (PHY) y la capa de control (MAC), las cuales se combinan en la mayoría de los estándares.

IEEE 802.15.4

IEEE 802.15.4, es el estándar IoT más utilizado para MAC. Define un formato de trama, con encabezados incluyendo las direcciones de origen y destino y cómo los nodos pueden comunicarse entre sí. Los formatos de trama utilizados en las redes tradicionales no son adecuados para redes de IoT de baja potencia y multisalto debido al tamaño de su encabezado.

En 2008, IEEE802.15.4e fue creado para ampliar IEEE802.15.4 y soportar la comunicación en sistemas de baja potencia. Este utiliza sincronización en el tiempo y salto de frecuencia para permitir una alta confiabilidad, bajo costo y cumplir con los requisitos de comunicaciones de internet de las cosas.

Las características específicas de la MAC se pueden resumir de la siguiente manera:

• Estructura de trama en ranuras: es conformada por un grupo de ranuras las cuales se repiten secuencialmente en el tiempo. Cada nodo sigue una programación la cual le dice a este que hacer en cada ranura. Para cada una de las ranuras activas, la programación indica con qué vecino transmitir o recibir, y a qué canal (frecuencia) se desplaza. La estructura de trama en la IEEE 802.15.4e está diseñada para la programación (scheduling) en el tiempo, diciéndole a cada nodo qué hacer dependiendo de su estado. Un nodo puede dormir, transmitir o recibir información. En el modo de dormir, el nodo apaga su radio para ahorrar energía y almacena todos los mensajes que necesita para enviar en la próxima oportunidad de transmisión. En el modo de transmitir envía sus datos y espera por un reconocimiento. En el modo de recibir, el nodo enciende su radio antes de la hora programada para el tiempo de recepción, recibe los datos, envía un acuse de recibo, apaga su radio, entrega los datos a las capas superiores y vuelve al estado de dormir.

• Programación (scheduling): el estándar no define cómo se realiza la programación, pero debe ser construida cuidadosamente para que maneje escenarios de movilidad. Puede ser centralizado por un nodo gestor que será el responsable de construir la programación, informando a otros sobre el horario y los otros nodos solo seguirán el horario programado.

• Sincronización: la sincronización es necesaria para mantener la conectividad de los nodos con sus vecinos y con los puntos de acceso. Se pueden utilizar dos enfoques: sincronización basada en el reconocimiento o sincronización basada en tramas. En el modo basado en el reconocimiento, los nodos permanecen en comunicación y envían reconocimiento para garantizar la fiabilidad, por lo que puede ser utilizada para mantener la conectividad también. En el modo basado en tramas, los nodos no se comunican si no que envían una trama vacía a intervalos predefinidos (alrededor de 30 segundos típicamente).

• Salto de canal (frecuencia): IEEE802.15.4e introduce el salto de canal para el acceso programado al medio inalámbrico. El salto de canal requiere cambiar el canal de frecuencia usando una secuencia pseudoaleatoria. Este además introduce diversidad de frecuencia y reduce el efecto de la interferencia y el desvanecimiento por caminos múltiples. Dieciséis canales (portadores) están disponibles en total para la capacidad de la red, así como dos tramas a través del mismo enlace; se puede transmitir en diferentes canales de frecuencia al mismo tiempo.

• Formación de la red: la formación de la red incluye anuncios y componentes de unión. Un nuevo dispositivo debe escuchar los comandos de publicidad y al recibir al menos uno de estos comandos, puede enviar una solicitud de unión al dispositivo que envió la publicidad. En un sistema centralizado, la solicitud de unión se enruta al nodo gestor y allí se procesa, mientras que, en los sistemas distribuidos, se procesa localmente. Una vez que un dispositivo se une a la red y está completamente funcional, la formación se desactiva y se activará nuevamente solo si recibe otra solicitud de unión.

IEEE 802.11ah (HaLow)

HaLow IEEE 802.11ah: hoy en día el hogar promedio ya tiene una red de comunicación WiFi que conecta computadores, impresoras y otros dispositivos entre sí y con Internet. Si bien en principio el protocolo WiFi IEEE 802.11 b/g/n podría usarse para propósitos de Internet de las cosas, no es adecuado para las características de Internet de las cosas de baja potencia, baja velocidad de datos y un gran número de dispositivos conectados. El rango también está restringido debido a la frecuencia de operación de 2.4 GHz. Estos problemas se han abordado en el estándar IEEE 802.11ah, que la WiFi Alliance ha incorporado en un protocolo llamado HaLow. Al igual que Bluetooth BLE, HaLow está diseñado para funcionar con dispositivos típicos de Internet de las cosas; adicionalmente se ha dado un paso más para cambiar la frecuencia de la portadora a la banda de sub-1GHz, lo que la hace adecuada para aplicaciones de mayor alcance en exteriores. Debido a que HaLow está basado en IP, tiene el potencial de proporcionar una comunicación perfecta entre los dispositivos y "la nube", lo que elimina la necesidad de una gran cantidad de hardware de puentes y de pasarelas (*bridges/gateways*).

El protocolo IEEE 802.11ah es una versión liviana (de bajo consumo de energía), del estándar de acceso a medios inalámbrico original IEEE 802.11 (WiFi). Es un diseño menos costoso especial para cumplir con los requisitos de IoT. Los estándares IEEE 802.11 (también conocidos como WiFi) son los estándares inalámbricos más utilizados. Actualmente, el estándar WiFi 802.11n es el más utilizado en hogares y muchas empresas ya que ofrece un rendimiento importante en el rango de cientos de megabits por segundo, lo que está bien para las transferencias de archivos, pero podría consumir mucha energía para muchos de los usuarios de Internet de las cosas; ha sido ampliamente utilizado y adoptado para muchos dispositivos digitales, incluyendo computadoras portátiles, teléfonos móviles, tabletas y televisores digitales; sin embargo, los estándares WiFi originales no son adecuados para aplicaciones de IoT debido a la sobrecarga (*overhead*) de su trama y al alto consumo de energía. Por lo anterior, el grupo de trabajo IEEE 802.11 estandariza 802.11ah, para desarrollar un estándar que admita una comunicación de bajo costo y potencia adecuada para sensores y pequeños dispositivos.

Las características básicas de la capa 802.11ah de la MAC incluyen:

Trama de sincronización: un nodo no puede transmitir a menos que tenga información del medio válida, que le permita conectarse al medio y detener el intercambio de paquetes por parte de otros nodos por este medio. Puede conocer dicha información si recibe la duración del paquete de campo correctamente. Si no lo recibe correctamente, debe esperar una duración llamada prueba de retardo (*Delay Probe*). La prueba de retardo se puede configurar por los puntos de acceso en 802.11ah y se anunciará mediante la transmisión de una trama de sincronización al comienzo del intervalo de tiempo.

Mediante un intercambio de paquetes bidireccional eficiente permite que el dispositivo sensor ahorre energía, al habilitar la comunicación tanto de enlace ascendente como de enlace descendente, entre el punto de acceso y el sensor y aceptando que este se duerma en cuanto finalice la comunicación. El protocolo 802.11ah está diseñado para sensores de baja potencia y, por lo tanto, usa un largo período de reposo y se despierta con poca frecuencia para intercambiar datos solamente.

La trama IEEE 802.11 normal es de 30 bytes, demasiado grande para las aplicaciones IoT. IEEE 802.11ah mitiga este problema definiendo una trama MAC corta de aproximadamente 12 bytes. En IEEE 802.11 tanto las tramas de control, como las tramas de acuse de recibo (*ACK*), tienen aproximadamente 14 bytes y no tienen datos, lo que agrega una gran cantidad de sobrecarga, IEEE 802.11ah mitiga este problema al reemplazar la trama ACK con una pequeña señal de preámbulo.

WirelessHART

WirelessHART, es un protocolo de enlace de datos que opera en la parte superior de IEEE 802.15.4 PHY y adopta Acceso Múltiple por División de Tiempo (TDMA) en su capa MAC.

En la capa física son claves el consumo bajo de energía y la robustez en contra de la interferencia. Los nodos deben ser autónomos y usan baterías de larga duración, trabaja en la banda de Sub 1 Ghz (ISM, *Industrial Scientific, Medical Band*). Opera en licencia libre y los rangos de comunicación pueden variar. Es un protocolo MAC seguro y confiable que utiliza cifrado avanzado para cifrar los mensajes y calcular la integridad con el fin de ofrecer mayor confiabilidad. La arquitectura, consiste en un administrador de red, un administrador de seguridad, un punto de acceso para conectar la red inalámbrica a las redes cableadas, dispositivos inalámbricos como dispositivos de campo, puntos de acceso, enrutadores y adaptadores. El estándar ofrece seguridad punta a punta, por salto o mecanismos de seguridad de igual a igual (*peer to peer*). Los mecanismos de seguridad de punta a punta imponen la seguridad desde las fuentes a los destinos, mientras que los mecanismos por salto aseguran solo al siguiente salto.

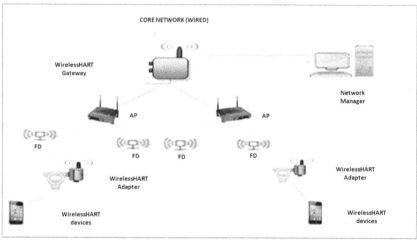

Figura 3.12 Arquitectura de WirelessHART, fuente: https://www.cse.wustl.edu/~jain/cse570-15/ftp/iot_prot/index.html

La **figura 3.12 Arquitectura de WirelessHART** muestra una red tipo y sus componentes con este protocolo.

Aquí se puede ver como los dispositivos WirelessHART a través de adaptadores de protocolo se conectan a puntos de acceso con mecanismos de protección de la información como diversidad de frecuencia. Los puntos de acceso se conectan mediante un *gateway* a una red central, una red LAN por ejemplo. La red incluye como lo dijimos antes su gestor de red.

Z-WAVE

Z-Wave, es una tecnología de comunicaciones de RF de baja potencia diseñada principalmente para la automatización del hogar y pequeños centros comerciales, para productos como controladores de lámparas y sensores, entre otros. Optimizado para la comunicación confiable, de baja latencia y de pequeños paquetes de datos, con velocidades de datos de hasta 100 kbit/s, opera en la banda sub-1GHz; es impermeable a la interferencia de WiFi y otras tecnologías inalámbricas en el rango de 2.4 GHz, como Bluetooth o ZigBee. Admite redes en malla sin la necesidad de un nodo coordinador y es muy escalable, lo que permite el control de hasta 232 dispositivos. Z-Wave utiliza un protocolo más simple que otros, lo que la habilita para un desarrollo y escalabilidad más rápido y sencillo, la desventaja es que maneja solo un único fabricante de chips *Sigma Designs* en comparación con múltiples fuentes para otras tecnologías inalámbricas como ZigBee.

Características físicas de Z-Wave:

• Estándar: Z-Wave Alliance ZAD12837 / ITU-T G.9959
• Frecuencia: 900MHz (ISM)
• Alcance: 30m.
• Velocidad: 9.6 / 40 / 100 kbit/s

Z-Wave en su protocolo MAC Utiliza CSMA/CA para detección de colisiones y mensajes ACK para una transmisión confiable. Sigue configuraciones maestro/esclavo, arquitectura en la que el maestro controla a los esclavos, les envía comandos y manejo de programación de toda la red.

BLUETOOTH DE BAJA ENERGÍA (BLE)

Bluetooth de baja energía (BLE) o Bluetooth inteligente es un protocolo de comunicación de corto alcance, con capas física y MAC ampliamente utilizada para redes en vehículos. Su consumo de energía puede ser diez veces menos que el clásico Bluetooth mientras que su latencia puede reducir hasta 15 veces. Su control de acceso utiliza una MAC sin contención (*contentionless*) con baja latencia y rápida transmisión. Sigue la arquitectura maestro/esclavo y ofrece dos tipos de tramas: de publicidad y trama de datos.

La trama de publicidad se utiliza para el descubrimiento y es enviado por esclavos en uno o más de los canales de publicidad dedicados. Los nodos maestros censan los canales de publicidad para encontrar esclavos y conectarlos. Después de la conexión, el maestro le dice al esclavo su ciclo de vigilia y secuencia planeada. Los nodos usualmente están despiertos solo cuando se comunican y de lo contrario se van a dormir para ahorrar energía.

Sin embargo, Smart BLE no está realmente diseñado para la transferencia de archivos y es más adecuado para pequeños fragmentos de datos. Sin duda, tiene una gran ventaja en un contexto de sensores de baja transmisión de datos y dispositivos personales, dada su amplia integración en los teléfonos inteligentes y muchos otros dispositivos móviles. Actualmente se encuentra integrado en la mayoría de los teléfonos inteligentes con Bluetooth, incluidos los modelos basados en iOS, Android y Windows.

Los dispositivos que emplean las características de Bluetooth Smart incorporan la versión 5.0 de la especificación básica de Bluetooth (lanzada al mercado en el año 2017), con una configuración de velocidad de datos básica y núcleo de baja energía para un transceptor de RF, banda base y pila de protocolos. Es importante destacar que la versión 5.0 a través de su perfil de soporte de protocolo de Internet permitirá que los sensores Bluetooth inteligentes accedan a Internet directamente a través de la conectividad 6LoWPAN.

Características físicas Bluetooth Estándar 5.0:

• Frecuencia: 2.4GHz (ISM)
• Rango: 50-150m (Smart/BLE)
• Tasas de datos: 1 Mbps – 2 Mbps

ZIGBEE SMART ENERGY

 ZigBee *smart energy* está diseñado para una gran variedad de aplicaciones de IoT, incluyendo hogares inteligentes, controles remotos y sistemas de salud y seguridad. Es compatible con una amplia gama de topologías de red, incluyendo estrella, igual a igual (*peer-to-peer*) o topología en árbol. Un coordinador controla la red y es el nodo central en una conexión de igual a igual (peer to peer). El estándar ZigBee define dos perfiles de pila: ZigBee y ZigBee Pro. Estos perfiles de pila soportan redes de malla completa y trabajan con diferentes aplicaciones permitiendo implementaciones con poca memoria y poca potencia de procesamiento. ZigBee Pro ofrece más funciones, incluida la seguridad usando intercambio de claves simétricas, escalabilidad mediante la asignación de direcciones estocásticas, y mejor rendimiento utilizando mecanismos de enrutamiento eficientes de muchos a uno. Al igual que Bluetooth, tiene una gran base de operaciones instalada, aunque quizá sea más tradicional en entornos industriales. ZigBee PRO y ZigBee Remote Control (RF4CE), entre otros perfiles disponibles de ZigBee, se basan en el protocolo IEEE802.15.4, que es una tecnología de red inalámbrica estándar de la industria que opera en aplicaciones de focalización de 2,4 GHz, que requieren intercambios de datos relativamente poco frecuentes y baja información, adecuados para despliegues en áreas restringidas y dentro de un rango de 100 m, como en una casa o en un edificio. ZigBee/RF4CE tiene algunas ventajas significativas en sistemas complejos, ya que ofrece operación de baja potencia, alta seguridad, robustez y alta escalabilidad; está bien posicionado para aprovechar el control inalámbrico y las redes de sensores en aplicaciones *machine to machine* e Internet de las cosas. Un producto y kit de ejemplo para el desarrollo de ZigBee son el sistema de chip en circuito CC2538SF53RTQT de TI y el kit de desarrollo de ZigBee CC2538 de TI cuyas especificaciones se pueden hallar en la página de la compañía RS. Algunas características de la capa física:

- Estándar: ZigBee 3.0 basado en IEEE802.15.4
- Frecuencia: 2.4 GHz
- Rango: 10-100 metros
- Tasas de datos: 250 Kbps

DASH7

DASH7 es un protocolo de comunicación inalámbrica para RFID activo, que funciona a nivel mundial, en la banda *Industrial Scientific Medical* (ISM), es adecuado para los requisitos de IoT. Es principalmente diseñado para una cobertura exterior escalable y de largo alcance, con mayor velocidad de datos.

Es una solución de bajo costo que admite el cifrado y el direccionamiento IPv6. Es compatible con la arquitectura maestro/esclavo, está diseñada para manejar ráfagas de datos, de peso ligero y asíncrono.

Las características de la capa MAC se pueden resumir de la siguiente manera:

• **Filtrado:** las tramas entrantes se filtran utilizando tres procesos: verificación de redundancia cíclica, validación (CRC), una máscara de subred de 4 bits y evaluación de la calidad del enlace. Sólo las tramas que pasan los tres chequeos continúan con su procesamiento.

• **Direccionamiento:** DASH7 utiliza dos tipos de direcciones: el identificador único que es el EUI- 64 ID y el identificador de red dinámico que es una dirección de 16 bits especificada por el administrador de la red.

• **Formato de trama:** La trama MAC tiene una longitud variable de 255 bytes como máximo e incluye direcciones, subredes, potencia estimada de transmisión y algunos otros campos opcionales.

HOMEPLUG

HomePlug Green PHY (HomePlug GP) es otro protocolo desarrollado por HomePlug Powerline Alliance que se utiliza en aplicaciones de automatización del hogar.

HomePlug suite cubre ambas Capas PHY y MAC y tiene tres versiones: HomePlug-AV, HomePlug-AV2, y Home Plug GP.

HomePlug-AV es el protocolo básico de comunicación por línea eléctrica, utiliza TDMA y CSMA/CA como protocolo de capa MAC, admite la carga de bits adaptativa, lo que le permite cambiar su capacidad de canal (velocidad de bits por segundo, dependiendo del nivel de ruido y utiliza Multiplexación por División de Frecuencia Ortogonal (OFDM).

Home Plug GP está diseñado para IoT en general y específicamente para domótica y aplicaciones de redes inteligentes , HomePlug GP está diseñado para reducir el costo y el consumo de energía; mejorar su interoperabilidad, fiabilidad y cobertura; utiliza OFDM, como en HomePlug AV. Además, HomePlug GP usa codificación OFDM robusta para soportar transmisión de baja velocidad y alta confiabilidad.

HomePlug-AV usa solo CSMA como capa MAC mientras que HomePlug GP usa tanto CSMA como TDMA. Además, HomePlug GP tiene un modo de ahorro de energía que permite a los nodos dormir mucho más que Home

Plug AV, esto lo logra mediante la sincronización de su tiempo de sueño y de despertarse solo cuando sea necesario.

G.9959

G.9959, es un protocolo de capa MAC de la ITU, diseñado para ancho de banda angosta y bajo costo, comunicación inalámbrica fiable *half-duplex*. Está diseñado para aplicaciones en tiempo real donde el tiempo es realmente crítico, la confiabilidad es importante y se requiere un bajo consumo de energía. Las características de la capa MAC incluyen: identificadores de red únicos que permiten que 232 nodos se unan a una red, con mecanismos de prevención de colisiones, tiempo de espera en caso de colisión, retransmisión automática que garantiza confiabilidad, un patrón de reactivación dedicado que permite a los nodos dormir cuando están fuera de servicio, logrando por lo tanto ahorro de energía. Las características de la capa G.9959 MAC incluyen un canal único de acceso, validación de trama, acuses de recibo y retransmisión.

LTE-A (LTE-M)

Long Term Evolution – Advanced (LTE-A) es un conjunto de estándares diseñados para adaptarse a comunicaciones *machine to machine* (*M2M*) y aplicaciones IoT en redes celulares de cuarta generación. LTE-A es un producto escalable y un protocolo de menor costo en comparación con otros protocolos para celulares. LTE-A utiliza OFDMA (*Orthogonal Frequency Division Multiple Access*) como una tecnología de acceso de capa MAC, divide la banda en múltiples frecuencias y cada una puede ser usada por separado. La arquitectura de LTE-A consiste en una red central (CN, Core Network), una red de acceso de radio (*RAN, Radio Access Network*) y los nodos móviles.

La red central (*CN*) es responsable de controlar dispositivos móviles y realizar un seguimiento de sus direcciones IP. La red de acceso (*RAN*) es responsable de establecer el control y los planos de datos y el manejo de la conectividad inalámbrica y el control de acceso por radio. RAN y CN se comunican mediante el enlace S1; La RAN consta de los nodos eNB a los cuales los móviles (usuarios) están conectados de forma inalámbrica.

Cualquier aplicación de Internet de las cosas de respuestas críticas, que requiera operación en distancias muy largas puede aprovechar las capacidades de comunicación celular GSM, 3G, 4G y 5G

Si bien las redes celulares son claramente capaces de manejar grandes cantidades de datos, especialmente para 4G y 5G, el costo y el consumo de energía son demasiado altos para muchas aplicaciones, pero son ideales para soluciones de respuesta crítica y pueden manejar sensores con anchos de banda variables, especiales para internet industrial de las cosas.

Algunas características:

- Estándar: LTE (4G)
- Frecuencias: 900/1800/1900 / 2100 MHz
- Rango: 35 km máximo para GSM; 200 km máximo para HSPA
- Tasas de datos (descarga típica): 35-170 kbps (GPRS), 120-384 kbps (EDGE), 384 Kbps-2 Mbps (UMTS), 600 kbps-10 Mbps (HSPA), 3-10 Mbps (LTE)

LTE CAT-M1 Y LTE CAT-M2 (NB-IoT)

El Proyecto de Asociación de Tercera Generación (3GPP) es un cuerpo técnico que desarrolla estándares para las comunicaciones de teléfonos celulares. Los operadores móviles con grandes inversiones en el hardware de la red celular decidieron que querían una parte del mercado de Internet de las cosas y están impulsando los nuevos estándares 3GPP LTE Cat-M1 y LTE Cat-M2.

Este último también se conoce como *Narrowband-Internet* de las cosas o NB-IoT. Cat-M1 es un protocolo de ancho de banda reducida / baja velocidad de datos / baja potencia que se puede implementar en los espectros de las redes celulares actuales. El Cat-M2 es aún más reducido, pero no es compatible con las redes LTE actuales y requeriría que se le asignen trozos de ancho de banda de los espectros de GSM.

5G y redes IIoT

La tecnología 5G está nominada a ser la tecnología que dominará el Internet Industrial de las cosas, las aplicaciones críticas que exigen grandes volúmenes de información y latencias mínimas encontrarán en 5G la tecnología ideal para sus aplicaciones. 5G hará una integración de las rede 4G optimizadas más una densificación de redes de micro células con grandes anchos de banda, haciendo uso de las bandas milimétricas, llegando a utilizar frecuencias de lasta 300 Ghz. Las redes 5G se encuentran en fase de prueba y se esperan grandes despliegues del año 2020 en adelante, habilitando implementaciones en masa de aplicaciones especialmente de Internet industrial de las cosas. El concepto de slicing propio de las redes 5G habilitará a estas redes a diferenciar los tipos de servicios y dadas las particularidades de IoT su aplicabilidad está asegurada.

LoRaWAN

LoRa LoRaWAN, es una nueva tecnología inalámbrica diseñada para redes WAN de baja potencia, bajo costo, de banda estrecha, bajo consumo de energía, movilidad, seguridad y comunicación bidireccional para aplicaciones *machine to machine* e Internet de las cosas. LoRa es un tipo de tecnología RF de banda estrecha. Las tecnologías de RF de banda estrecha funcionan en distancias más largas y en niveles de potencia más bajos, pero su compromiso es que solo ofrecen conectividad de ancho de banda más pequeño, limitando su uso a aplicaciones de poco ancho de banda y datos restringidos. La principal ventaja de las tecnologías de RF de banda estrecha es que son de bajo costo para configurar y operar, y los dispositivos utilizan una potencia mínima. Esto significa que pueden ser operados de manera autónoma y por largos períodos de tiempo.

Similar en algunos aspectos a SigFox y Neul, LoRaWAN apunta a aplicaciones de red de área amplia (WAN) y está diseñado para proporcionar WAN de baja potencia, con características específicamente necesarias para soportar comunicaciones bidireccionales, seguras y de bajo costo en Internet de las cosas, soluciones M2M y aplicaciones de ciudades inteligentes y aplicaciones en entornos industriales.

Optimizadas para un bajo consumo de energía y que admiten redes grandes, con millones y millones de dispositivos, las velocidades de datos varían de 0,3 kbps hasta 50 kbps.

Estándar LoRaWAN:

- Frecuencia: Varios
- Rango: 2-5 km (entorno urbano), 15 km (entorno suburbano)
- Tasas de datos: 0.3-50 kbps.

Una red LoRaWAN simple tiene una topología en estrella con una cantidad de 'Dispositivos finales' o 'nodos' vinculados a un puerto de enlace (*Gateway*). Los nodos no pueden comunicarse entre sí directamente como en un sistema basado en malla y esto ahorra energía ya que no hay ningún requisito de "reenvío" de mensajes. La expansión de la red consiste en crear más estrellas y unir los puertos de enlace para formar topologías de estrella a estrella. Cada *gateway* se conecta a Internet de alta velocidad, la "nube", y actúa como un "concentrador" para miles de nodos de LoRaWAN.

Hay un problema de tráfico potencial si todos los nodos intentan hablar con un gateway al mismo tiempo. El caos se evita gracias a que la red Cloud Server gestiona la velocidad de datos y la salida de RF para cada nodo individualmente. El protocolo LoRa proporciona múltiples canales de ancho de banda variable, con factores de difusión y tasas de datos variables. Una característica poderosa de la modulación de espectro ensanchado (*Chirp spectrum*) es que las señales con diferentes factores de propagación pueden coexistir en el mismo canal. Por supuesto, esto significa que una puerta de enlace (*gateway*) contendrá varios módems, cada uno "sintonizado" a un factor de difusión diferente. Sin embargo, esta complejidad permite que el dispositivo final sea móvil.

Afortunadamente, en muchas soluciones, la naturaleza del funcionamiento del sensor de Internet de las cosas significa que se envía pequeñas cantidades de datos a un nodo, a intervalos muy espaciados y rara vez necesita recibir dato alguno. Las regulaciones europeas para la banda de RF principal utilizada por LoRa (865-868MHz) estipulan una transmisión máxima 'Ciclo de trabajo' del 1%, en otras palabras, un sensor solo puede encender su transmisor por hasta 36 segundos en una hora. La especificación LoRaWAN define tres clases de nodo, A, B y C, dependiendo de lo atento que esté a las transmisiones desde el Gateway:

Clase A: utiliza la menor potencia, ya que solo escucha al puerto de enlace durante dos breves períodos de tiempo, después de que ha transmitido algunos datos. Es ideal para sensores alimentados por batería.

Clase B: Funciona como para la Clase A, pero también abrirá las ventanas de recepción programadas en respuesta a una señal de baliza del gateway. Esta clase es ideal para los actuadores que funcionan con baterías, pero consume un poco más de energía que la Clase A.

Clase C: estos dispositivos tienden a ser alimentados por la red y siempre están escuchando, excepto durante la transmisión.

En resumen, LoRaWAN ha sido diseñado para el concepto clásico de red de Internet de las Cosas, donde los sensores remotos, de baja potencia, envían pequeños paquetes de datos, ocasionales, a una aplicación en la Nube de Internet. Bajo el control de un servidor central, utiliza tasas de datos adaptables (ADR) para garantizar una comunicación confiable, con varios miles de dispositivos finales, con alimentación de batería o de recolección de energía. El enlace de comunicación es simétricamente bidireccional, por lo que los dispositivos finales pueden ser sensores, actuadores o ambos.

DECT/ULE

DECT (*Digital Enhanced Cordless Telecommunications*) es una norma universal europea para teléfonos inalámbricos. En su última extensión DECT/ULE (*Ultra Low Energy*), ha especificado tecnología de interfaz aérea de bajo consumo y bajo costo que se puede utilizar para aplicaciones IoT. Debido a su asignación de canal dedicado, DECT no sufre de congestión e interferencia. DECT/ULE es compatible con FDMA y TDMA, protocolos que no fueron compatibles en el protocolo original de DECT

NFC

NFC (*Near Field Communication*) es una tecnología que permite interacciones bidireccionales simples y seguras entre dispositivos electrónicos, y especialmente aplicable para teléfonos inteligentes, permitiendo a los consumidores realizar transacciones de pago sin contacto, acceder a contenido digital y conectar dispositivos electrónicos. Esencialmente, amplía la capacidad de la tecnología de tarjetas sin contacto y permite que los dispositivos compartan información a una distancia de menos de 4 centímetros.

Los dispositivos NFC se utilizan en sistemas de pago sin contacto, similares a los que se usan en tarjetas de crédito y tarjetas inteligentes de boletos electrónicos y permiten que los pagos móviles reemplacen o complementen estos sistemas. En el próximo capítulo se hace un análisis detallado de la capa física de este protocolo; NFC ofrece una conexión de baja velocidad con una configuración simple, que puede utilizarse para interconectar con conexiones inalámbricas más robustas. Cada dispositivo NFC completo puede funcionar en tres modos:

Emulación de tarjeta NFC: permite que los dispositivos habilitados para NFC, como los teléfonos inteligentes, actúen como tarjetas inteligentes, permitiendo a los usuarios realizar transacciones como el pago o la emisión de boletos.

Lector/escritor NFC: permite a los dispositivos habilitados para NFC leer información almacenada en etiquetas NFC de bajo costo, incrustadas en etiquetas o carteles inteligentes.

NFC *peer-to-peer*: permite que dos dispositivos habilitados para NFC se comuniquen entre sí para intercambiar información de manera predeterminada.

Las etiquetas NFC son almacenes de datos pasivos que se pueden leer y, en algunas circunstancias, escribir en un dispositivo NFC. Por lo general, contienen datos (entre 96 y 8.192 bytes) y son de solo lectura en uso normal, pero pueden ser re-escribibles. Las aplicaciones incluyen el almacenamiento seguro de datos personales (por ejemplo, información de tarjetas de débito o crédito, datos del programa de fidelización, números de identificación personal (PIN), contactos, etc.). Las etiquetas NFC pueden ser codificadas a medida por sus fabricantes o utilizar las especificaciones de la industria.

Al igual que con la tecnología de tarjetas de proximidad, la comunicación de campo cercano utiliza la inducción electromagnética entre dos antenas de bucle, ubicadas dentro del campo cercano una de la otra, formando efectivamente un transformador de núcleo de aire. Opera dentro de la banda ISM de frecuencia de radio de 13.56 MHz y sin licencia a nivel mundial.

NFC está estandarizado en ECMA-340 e ISO/IEC 18092. Estas normas especifican los esquemas de modulación, codificación, velocidades de transferencia y formato de trama de la interfaz RF de los dispositivos NFC, así como los esquemas de inicialización y las condiciones requeridas para el control de colisión de datos durante la inicialización, para los modos NFC tanto pasivos como activos. También definen el protocolo de transporte, incluidos los métodos de activación de protocolo e intercambio de datos.

- Estándar: ISO/IEC 18000-3
- Frecuencia: 13.56 MHz (ISM)
- Rango: hasta 10 cm
- Tasas de datos: 100 a 420 kbps

SigFox

SigFox, es una tecnología alternativa de rango amplio, en términos de alcance se encuentra entre WiFi y celular. Utiliza las bandas ISM, las cuales se pueden usar sin necesidad de adquirir licencias, para transmitir datos a través de un espectro muy estrecho, hacia y desde los objetos conectados. La idea de SigFox es utilizarlo para muchas aplicaciones *machine to machine* o internet de las cosas, que se ejecutan con una batería pequeña y solo requieren bajos niveles de transferencia de datos, para los que el alcance de WiFi es demasiado corto, mientras que el celular es demasiado caro y consume demasiada energía.

SigFox utiliza una tecnología llamada banda ultra estrecha (*ultra-narrow band, UNB*) y solo está diseñada para manejar bajas velocidades de transferencia de datos de 10 a 1,000 bits por segundo. Solo consume alrededor de 50 micro vatios en comparación con los cerca de 5.000 micro vatios para la comunicación celular, o puede ofrecer un tiempo de carga típico para baterías con 20 años o más de duración.

Ya implementada en decenas de miles de objetos conectados, la red se está desplegando actualmente en las principales ciudades de Europa. La red ofrece una red robusta, eficiente en el uso de la energía y es escalable, puede comunicarse con millones de dispositivos que funcionan con baterías, en áreas de varios kilómetros cuadrados, lo que la hace adecuada para varias aplicaciones *machine to machine*, donde se espera que incluyan medidores inteligentes, monitores de pacientes, dispositivos de seguridad, alumbrado público y sensores ambientales entre otros.

La tecnología inalámbrica SigFox se basa en esquemas de modulación probados y logra sensibilidades de receptor y rendimiento de rango similares a LoRa mediante el uso de canales de banda ultra-estrecha (UNB), en contraste con la técnica de espectro ensanchado de banda ancha de LoRa. El modelo de negocio también es diferente, ya que los dispositivos finales deben tener la certificación SIGFOX y operar a través de redes afiliadas a SIGFOX.

SIGFOX funciona como las redes telefónicas celulares existentes, pero con sus propias torres de estaciones base. El hardware de la estación base es, por lo tanto, considerablemente más costoso que un Gateway de LoRaWAN. El ancho de banda del canal estrecho permite una gran cantidad de canales dentro de la banda de frecuencia ISM elegida, con modulación BPSK y salto de frecuencia (FHSS).

La desventaja de un canal estrecho es la velocidad de datos severamente reducida: 100 bps de enlace ascendente con una carga útil de mensajes de 12 bytes. Además, la restricción del 1% en el ciclo de trabajo en la banda de 868 MHz lo restringe a menos de 140 mensajes/nodo/día. También se proporciona un enlace descendente que opera en una frecuencia de portadora ligeramente diferente, a una velocidad de 600 bps, con modulación GFSK.

Con SigFox es posible la operación bidireccional simultánea (Full-Duplex). De manera realista, Sigfox está dirigido a aplicaciones simples, de comunicación en una sola vía, tales como los sistemas de lectura de medidores y de alarma básica. No hay una función de confirmación de "mensaje recibido" de "escuchar antes de transmitir" para evitar colisiones, por lo que por seguridad los mensajes generalmente se envían tres veces. La ventaja de la banda ultra-estrecha es que la sensibilidad del receptor mejora drásticamente.

- Estándar: SigFox
- Frecuencia: 900 MHz
- Rango: 30 – 50 km (entornos rurales), 3 – 10 km (entornos urbanos)
- Tasas de datos: 10-1000 bps

En resumen, igual que LoRaWAN, SIGFOX se desarrolló pensando en el Internet de las cosas, para soluciones de baja capacidad, transmisiones esporádicas y proporciona el enlace esencial para una gran cantidad de sensores de muy baja potencia que ocasionalmente envían pequeñas cantidades de datos a la nube.

Weightless

Weightless, es otra tecnología inalámbrica WAN para aplicaciones IoT diseñada por *Weightless Special Interest Group* (SIG), una organización global sin fines de lucro. Tiene dos conjuntos de normas: *Weightless-N* y *Weightless-W.*

Weightless-N se desarrolló por primera vez para soportar bajo costo y baja potencia en la comunicación *machine to machine,* utilizando el acceso múltiple por división de tiempo, con salto de frecuencia para minimizar la interferencia. Utiliza bandas ultra estrechas en la banda de frecuencia ISM (por debajo de 1 GHz). Por otro lado, *Weightless-W,* proporciona las mismas características pero utiliza las frecuencias de la banda de televisión.

Con un concepto similar al de SigFox y que opera en la banda sub-1GHz, Weightless aprovecha segmentos muy pequeños del espectro del espacio en blanco de la TV para brindar alta escalabilidad, alta cobertura, baja potencia y redes inalámbricas de bajo costo. Los sistemas se basan en el chip Iceni, que se comunica utilizando las radiofrecuencias de espacios en blanco de la TV para acceder al espectro UHF de alta calidad, espectro ahora disponible debido a la transición de la televisión analógica a la digital.

Las velocidades de datos pueden ser desde unos pocos bits por segundo hasta 100 kbps, en el mismo enlace único; y los dispositivos pueden consumir tan poco como 20 a 30 mA de baterías 2A, lo que significa 10 a 15 años en campo.

- Estándar: Neul
- Frecuencia: 900 MHz (ISM), 458 MHz (UK), 470 - 790 MHz (espacio de TV en blanco)
- Alcance: 10 km.
- Tasas de datos: pocos bps hasta 100 kbps

Se discutieron en esta sección diferentes protocolos de enlace de datos, presentando sus principales diferencias y uso en *machine to machine* y en internet de las cosas. IEEE 802.11ah es el más fácil de usar debido a la existencia de Infraestructura ampliamente utilizada de IEEE 802.11. Sin embargo, algunos proveedores buscaran tecnologías con protocolos más fiables y seguros como *HomePlug* para conectividad LAN; LoRaWAN y SigFox aparecen muy prometedores para bajas velocidades, sensores de poco consumo de potencia debido al manejo de banda estrecha y de otro lado las tecnologías 4G y 5G para aplicaciones críticas de Internet Industrial de las cosas que requieren altas tasas de datos y/o latencias muy pequeñas.

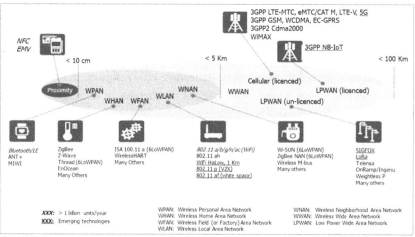

Figura 3.13 Cobertura de redes de datos y tecnologías, fuente:
https://www.cyient.com/enabler/market/bluetooth-a-smart-communication-protocol-for-the-internet-of-things.php

La **figura 3.13 Cobertura de redes de datos y tecnologías** y la **figura 3.14 Redes de datos, usos y tecnologías** resumen gráficamente lo visto hasta este punto en lo relacionado con las diferentes redes de datos, las tecnologías que los soportan y sus aplicaciones, incluyendo los principales protocolos de capa física, a excepción de las redes de 5G que no hacen referencia pero que forman parte de las redes celulares licenciadas y que serán un pilar importante en los despliegues de soluciones críticas de internet industrial de las cosas, especialmente para soluciones que exigen altas velocidades y respuesta en tiempo real.

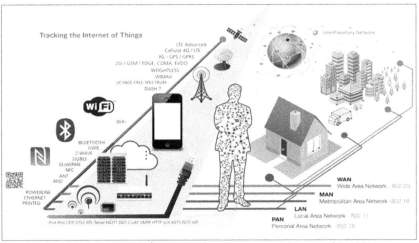

Figura 3.14 Redes de datos, usos y tecnologías, fuente: https://drrajivdesaimd.com/2016/07/19/internet-of-things-iot/

Siguiendo con los protocolos definidos en la **figura 3.11 Capa de Interconexión** vamos a profundizar en los protocolos de la capa de red, para los protocolos de enrutamiento y de encapsulamiento.

CAPA DE RED - PROTOCOLOS DE ENRUTAMIENTO

En esta sección, analizamos algunos protocolos estándar y no estándar que se utilizan para enrutar en aplicaciones de IoT. Cabe señalar que se ha dividido la capa de red en dos subcapas: capa de enrutamiento que maneja la transferencia de los paquetes desde el origen al destino, y una capa de encapsulamiento que forma los paquetes.

RPL

El Protocolo de enrutamiento para redes de baja potencia y con pérdidas (RPL = *Routing Protocol for Low-Power and Lossy Networks),* es un protocolo de vector de distancia, que puede admitir una variedad de protocolos de enlace de datos, incluidos todos los descritos en la sección anterior. Crea un Gráfico Acíclico Dirigido Orientado a Destino (DODAG, *Destination-Oriented Directed Acyclic Graph*) que tiene solo una ruta desde cada nodo, a la raíz a la que se enrutará todo el tráfico del nodo.

Al principio, cada nodo envía un objeto de información DODAG (DIO) que se anuncia a sí mismo como la raíz. Este mensaje se propaga en la red y todo el DODAG se construye gradualmente. Cuando se comunica, el nodo envía un objeto de anuncio de destino (DAO) a sus padres, el DAO se propaga a la raíz y la raíz decide dónde enviarlo según el destino.

Cuando un nuevo nodo desea unirse a la red, envía una solicitud de información (DIS) de DODAG para unirse a la red y la raíz responderá con un acuse de recibo de DAO (DAO-ACK) confirmando la unión.

Los nodos RPL pueden ser sin estado, que es lo más común, o con estado. Un nodo sin estado mantiene un registro de sus padres solamente. Sólo la raíz tiene el conocimiento completo de todo el DODAG. Por lo tanto, todas las comunicaciones pasan por la raíz en cada caso. Un nodo con estado realiza un seguimiento de sus hijos y padres y, por lo tanto, cuando se comunica dentro de un subárbol del DODAG, no tiene que pasar por la raíz.

CORPL

Una extensión de RPL es CORPL, o RPL cognitiva, está diseñado para redes cognitivas y utiliza la generación de topología DODAG pero con dos nuevas modificaciones a RPL. CORPL utiliza el reenvío oportunista para enviar los paquetes al elegir varios reenviadores (conjunto de reenviadores) y utilizando coordenadas entre los nodos para elegir el mejor salto siguiente para reenviar el paquete. El DODAG está construido de la misma manera que en RPL. Cada nodo mantiene un conjunto de reenvío en lugar de su solo padre y actualiza a su vecino con sus cambios usando mensajes DIO. Sobre la base de la información actualizada, cada nodo actualiza dinámicamente sus prioridades vecinas.

El enrutamiento oportunista es un área de investigación emergente en *Wireless Mesh Networks* (WMN), explota la naturaleza de transmisión de las redes inalámbricas para encontrar la solución de enrutamiento óptima, que maximice el rendimiento y minimice la pérdida de paquetes. El enrutamiento oportunista es un nuevo paradigma en el enrutamiento para la red de sensores inalámbricos que elige el nodo más cercano al nodo objetivo para reenviar los datos.

CARP

Channel-Aware Routing Protocol (CARP), es un protocolo de enrutamiento distribuido diseñado para comunicaciones bajo el agua. Se puede usar para IoT debido a que son paquetes livianos. Considera la calidad del enlace, que se calcula en función de la transmisión de datos histórica exitosa, obtenida de sensores vecinos, para seleccionar los nodos de reenvío. Hay dos escenarios: inicialización de red y reenvío de datos. En la inicialización de la red, se transmite un paquete HELLO desde el receptor a todos los demás nodos de las redes. En el reenvío de datos, el paquete se enruta desde el sensor hasta el extremo opuesto de salto por salto; cada siguiente salto se determina de forma independiente. El principal problema con CARP es que no admite la reutilización de los datos recopilados anteriormente. En otras palabras, si la aplicación requiere datos del sensor solo cuando cambia significativamente, entonces el reenvío de datos CARP no es beneficioso para esa aplicación específica. Se realizó una mejora de CARP en E-CARP permitiendo que el nodo receptor guardara los datos sensoriales recibidos previamente. Cuando se necesitan nuevos datos, E-CARP envía un paquete *ping* que se responde con los datos de los nodos de los sensores. Por lo tanto, E-CARP reduce drásticamente la sobrecarga de comunicación.

Tres protocolos de enrutamiento IoT en la capa de red fueron discutidos en esta sección, RPL es el más utilizado, es un protocolo de vector de distancia diseñado por IETF en 2012. CORPL es una extensión no estándar de RPL que está diseñada para redes cognitivas y utiliza el reenvío oportunista para reenviar paquetes en cada salto. Por otro lado, CARP es el único protocolo de enrutamiento basado en salto distribuido que está diseñado para aplicaciones de red de sensores IoT. CARP se utiliza principalmente para comunicaciones bajo el agua.

CAPA DE RED - PROTOCOLOS DE ENCAPSULAMIENTO

Un problema en las aplicaciones de IoT es que las direcciones IPv6 son demasiado largas y no caben en la mayoría de las tramas de enlace de datos de los protocolos de IoT, las cuales son relativamente mucho más pequeñas. Por lo tanto, IETF está desarrollando un conjunto de estándares para encapsular los datagramas de IPv6 en diferentes tramas de la capa de enlace de datos para su uso en aplicaciones de IoT. En esta sección, repasamos estos mecanismos brevemente.

6LoWPAN

6LoWPAN, es un protocolo de red que define los mecanismos de encapsulación y compresión de encabezados. El estándar tiene la libertad de banda de frecuencia y capa física y también se puede utilizar en múltiples plataformas de comunicaciones, incluidas Ethernet, WiFi, 802.15.4 e ISM por debajo de 1 GHz. Un atributo clave es la pila de IPv6 (Protocolo de Internet versión 6), que ha sido una introducción muy importante en los últimos años para habilitar Internet de las cosas. IPv6 es el sucesor de IPv4 y ofrece una capacidad tan grande de direcciones que el internet de las cosas con sus billones de dispositivos son apenas una pequeña parte del rango de direcciones de IPv6, lo que permite que cualquier objeto o dispositivo incorporado en el mundo tenga su propia dirección IP única y se conecte a Internet.

Especialmente diseñado para la automatización de casas o edificios, por ejemplo, IPv6 proporciona un mecanismo de transporte básico para producir sistemas de control complejos y para comunicarse con dispositivos de manera eficiente a través de una red inalámbrica de bajo consumo.

La red de área personal inalámbrica IPv6 de baja potencia (6LoWPAN) es el primer y más utilizado estándar en esta categoría. Encapsula eficientemente los encabezados largos de IPv6 en paquetes pequeños IEEE802.15.4, los cuales no pueden exceder los 128 bytes.

La especificación admite direcciones de diferentes longitudes, ancho de banda bajo, topologías diferentes que incluyen estrella o malla, bajo consumo de energía, bajo costo, redes escalables, movilidad, confiabilidad y tiempo de reposo prolongado. El estándar proporciona compresión de encabezado para reducir la sobrecarga de la transmisión, la fragmentación para cumplir con la longitud máxima de trama de 128 bytes en IEEE802.15.4 y la compatibilidad con la entrega de múltiples saltos. Las tramas en 6LoWPAN usan cuatro tipos de encabezados: No encabezado 6loWPAN (*no header*) (00), encabezados de envió (*dispatch header*) (01), encabezados en malla (*mesh header*) (10) y encabezados de fragmentación (*fragmentation header)* (11).

En el caso del no encabezado 6loWPAN, cualquier trama que no siga las especificaciones de 6loWPAN se descarta. Los encabezados de envío se utilizan para la multidifusión y las compresiones de encabezado de IPv6. Los encabezados en malla se utilizan para la difusión; mientras que los encabezados de fragmentación se utilizan para romper el encabezado largo deIPv6 para que se ajuste a fragmentos de una longitud máxima de 128 bytes.

Diseñado para enviar paquetes IPv6 a través de redes basadas en IEEE802.15.4 e implementar estándares IP abiertos que incluyen TCP, UDP, HTTP, COAP, MQTT y *websockets*, el estándar ofrece nodos direccionables de extremo a extremo, lo que permite que un enrutador conecte la red a IP 6LowPAN en una red de malla robusta, escalable y autocurativa. Los dispositivos de enrutador de malla pueden enrutar datos destinados a otros dispositivos, mientras que los hosts pueden dormir durante largos períodos de tiempo.

- Estándar: RFC6282
- Frecuencia: (adaptada y utilizada en una variedad de otros medios de red, incluyendo *Bluetooth Smart* (2.4 GHz) o ZigBee o RF de baja potencia (sub-1 GHz)

6TiSCH

El grupo de trabajo 6TiSCH de la IETF está desarrollando estándares para permitir que IPv6 pase a través del modo *Time Slotted Channel Hopping* (TSCH) de los enlaces de datos IEEE 802.15.4e. Define una matriz, en columnas la distribución de canales que consta de las frecuencias disponibles y en filas los intervalos de tiempo disponibles para las operaciones de programación de red. Esta matriz se divide en porciones donde cada parte contiene tiempo y frecuencias y es conocida globalmente por todos los nodos de la red.

Los nodos dentro del mismo dominio de interferencia negocian su programación para que cada nodo pueda transmitir en una parte dentro de su dominio de interferencia. La programación se convierte en un problema de optimización, donde los intervalos de tiempo se asignan a un grupo de nodos vecinos que comparten la misma aplicación. El estándar no especifica cómo se puede hacer la programación y deja que sea un problema específico de la aplicación, esto para permitir la máxima flexibilidad para diferentes aplicaciones de IoT. La programación se puede centralizar o distribuir según la aplicación o la topología utilizada en los protocolos de la capa MAC.

6Lo

El grupo de trabajo IPv6 sobre redes de nodos (6Lo) de la IETF está desarrollando un conjunto de estándares sobre la transmisión de tramas IPv6 en varios enlaces de datos. Aunque 6LowPAN y 6TiSCH, que cubren IEEE 802.15.4 y IEEE 802.15.4e, fueron desarrollados por diferentes grupos de trabajo, quedó claro que hay muchos más enlaces de datos por cubrir y, por lo tanto, se formó el grupo de trabajo 6Lo.

Por ejemplo, se están desarrollando IPV6 sobre redes de malla de baja energía Bluetooth, IPv6 sobre IEEE 485 (*Master-Slave/Token Passing, MS/TP*), IPV6 sobre DECT/ULE, IPV6 sobre NFC, IPv6 sobre IEEE 802.11ah e IPv6 sobre redes inalámbricas para los proyectos de automatización en los procesos de automatización industrial (WIA-PA). Se están desarrollando estos protocolos para especificar cómo transmitir los datagramas de IPv6 a través de sus respectivos enlaces de datos. Dos de estas especificaciones 6Lo "IPv6 sobre G.9959" e "IPv6 sobre Bluetooth de baja energía" han sido aprobadas como RFC y se describen a continuación.

IPv6 sobre G.9959

La norma RFC 7428 define el formato de trama para transmitir paquetes IPv6 en redes ITU-T G.9959. G.9959 define un identificador único de red doméstica de 32 bits, que es asignado por el controlador y el identificador de host de 8 bits, que se asigna para cada nodo. Una dirección local de enlace IPv6 debe ser construida por el identificador de host de 8 bits derivado de la capa de enlace para que pueda comprimirse en la trama G.9959.

Además, aquí se utiliza la misma compresión de encabezado que en 6LoWPAN para ajustar un paquete IPv6 en las tramas G.9959. La RFC 7428 también proporciona un nivel de seguridad mediante una clave de red compartida que se utiliza para el cifrado. Sin embargo, las aplicaciones con un nivel más alto de requisitos de seguridad deben manejar su encriptación y autenticación de extremo a extremo utilizando sus propios mecanismos de seguridad de capa superior.

IPv6 *SOBRE BLUETOOTH LOW ENERGY*

Bluetooth Low Energy también se conoce como *Bluetooth Smart* y se introdujo en Bluetooth V4.0 y se mejoró en la versión 4.1. de la RFC, especifica IPv6 sobre Bluetooth LE, reutiliza la mayoría de las técnicas de compresión 6LowPAN. Sin embargo, dado que la subcapa del Protocolo de Enlace y Adaptación de Enlace Lógico (L2CAP) en Bluetooth ya proporciona segmentación y reensamblado de cargas útiles, más grandes en paquetes de 27 bytes L2CAP, no se utilizan las características de fragmentación de los estándares 6LowPAN. Otra diferencia significativa es que Bluetooth Low Energy no admite actualmente la formación de redes de múltiples saltos en la capa de enlace. En su lugar, un nodo central actúa como un enrutador entre los nodos periféricos de menor potencia.

THREAD

Un nuevo protocolo de red IPv6, dirigido al entorno de automatización del hogar es *Thread*. Basado en 6LowPAN; desde el punto de vista de la aplicación, está diseñado principalmente como un complemento de WiFi, ya que reconoce que aunque WiFi es bueno para muchos dispositivos de consumo, tiene limitaciones para su uso en una configuración de automatización del hogar.

Lanzado a mediados de 2014 por *Thread Group*, el protocolo se basa en varios estándares, incluido IEEE802.15.4 (como el protocolo de interfaz de aire inalámbrico), IPv6 y 6LoWPAN. Diseñado para funcionar con el protocolo inalámbrico IEEE802.15.4 existente de proveedores de *chips* como *Freescale y Silicon Labs*, Thread es compatible con una red de malla que utiliza transceptores de radio IEEE802.15.4 y es capaz de manejar hasta 250 nodos con altos niveles de autenticación y cifrado. Una actualización de software relativamente simple permite a los usuarios ejecutar subprocesos en dispositivos habilitados para IEEE802.15.4 existentes.

- Estándar: Hilo, basado en IEEE802.15.4 y 6LowPAN
- Frecuencia: 2.4 GHz (ISM)

En esta sección, se discutieron los protocolos de encapsulamiento para IPv6 en la capa de red; primero, se discutieron dos estándares para IPv6 sobre

802.15.4 y 802.15.4e. Tales protocolos son importantes, ya que 802.15.4e es el marco de encapsulación de uso más amplio diseñado para IoT. A continuación, las especificaciones de 6Lo se discutieron de manera amplia, solo para presentar su existencia en los estándares de la IETF. La importancia de presentar estos estándares es resaltar el desafío de la interoperabilidad entre los diferentes estándares de MAC, que aún es un reto debido a la diversidad de protocolos.

CAPA DE SESIÓN - PROTOCOLOS

Continuando con las capas definidas en la **figura 3.11 Capa de Interconexión** vamos a profundizar en los protocolos de la capa de sesión. Se revisan los estándares y protocolos, para el paso de mensajes en la capa de sesión de IoT, propuesta por diferentes organizaciones de estandarización. La mayoría de las aplicaciones IP, incluidas las aplicaciones IoT, utilizan TCP o UDP para el transporte. Sin embargo, hay varias funciones de distribución de mensajes que son comunes entre muchas aplicaciones de IoT; Es deseable que estas funciones sean implementadas de manera estándar e interoperable por diferentes aplicaciones. Estos son los llamados protocolos de "Capa de sesión"

MQTT

El transporte de telemetría de la cola de mensajes (*MQTT, Message Queuing Telemetry Transport*) fue introducido por IBM en el año 1999 y estandarizado por OASIS en el año 2013. OASIS es un organismo de estandarización como IEEE o IEFT que aboga por estándares abiertos y el cual se analiza en un apartado del capítulo 5, seguridad y privacidad en IoT. MQTT está diseñado para proporcionar conectividad embebida entre aplicaciones y middleware en un lado y redes y comunicaciones en el otro. Sigue una arquitectura de publicación/suscripción, como se muestra en la **figura 3.15 Arquitectura MQTT**, donde el sistema consta de tres componentes principales: editores, suscriptores y un agente intermediario. Desde el punto de vista de IoT, los editores son básicamente los sensores que se conectan al agente intermediario para enviar sus datos y volver a dormir siempre que sea posible. Los suscriptores son aplicaciones que están interesadas en un tema determinado, o datos sensoriales, por lo que se conectan con agentes intermediarios para informarse cada vez que se reciben datos nuevos. Los agentes intermediarios clasifican los datos sensoriales en temas y los envían a los suscriptores interesados en los temas.

SMQTT

Una extensión de MQTT es *Secure* MQTT (SMQTT), utiliza el cifrado basado en atributos livianos. La principal ventaja de usar dicho cifrado es la función de cifrado de difusión, en la que un mensaje se cifra y se entrega a varios otros nodos, lo cual es bastante común en las aplicaciones de IoT. En general, el algoritmo consta de cuatro etapas principales: configuración, cifrado, publicación y descifrado. En la fase de configuración, los suscriptores y editores se registran en el agente intermediario y obtienen una clave secreta maestra de acuerdo con el algoritmo de generación de claves elegido por su desarrollador. Luego, cuando los datos se publican, se cifran, los publica el agente intermediario que los envía a los suscriptores y finalmente los descifra en los suscriptores que tienen la misma clave secreta maestra. La generación de claves y los algoritmos de encriptación no están estandarizados. SMQTT se propone solo para mejorar la característica de seguridad de MQTT.

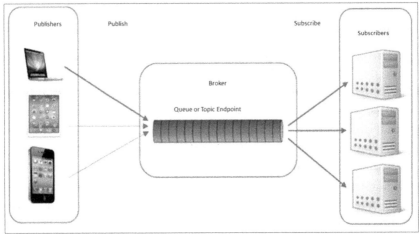

Figura 3.15 Arquitectura MQTT, fuente: https://www.cse.wustl.edu/~jain/cse570-15/ftp/iot_prot/index.html

AMQT

El Protocolo Avanzado de *Message Queue Server* (*AMQP, Advanced Message Queuing Protocol*) fue diseñado para la industria financiera. Se ejecuta sobre TCP y proporciona una arquitectura de publicación/suscripción que es similar a la de MQTT, la diferencia es que el intermediario se divide en dos componentes principales: intercambio y colas, como se muestra en la **figura 3.16 Arquitectura AMQP.** El intercambio es responsable de recibir los mensajes de los editores (sensores) y distribuirlos a las colas según los roles y condiciones predefinidos. Las colas representan básicamente los temas y los suscriptores que obtendrán los datos sensoriales siempre que estén disponibles en dicha cola.

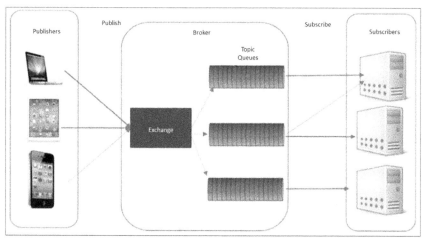

Figura 3.16 Arquitectura AMQP, fuente: https://www.cse.wustl.edu/~jain/cse570-15/ftp/iot_prot/index.html

CoAP

El Protocolo de aplicación restringido (*CoAP, Constrained Application Protocol*), es otro protocolo de capa de sesión diseñado por el grupo de trabajo de Entorno RESTful Restringido (Core) de IETF, con el objeto de proporcionar una interface RESTful (HTTP) liviana.

Representational State Transfer (*REST*), es la interface estándar entre el cliente HTTP y los servidores. Sin embargo, para aplicaciones livianas como IoT, REST puede generar una sobrecarga y un consumo de energía significativos. CoAP está diseñado para permitir que los sensores de baja potencia utilicen los servicios RESTful al mismo tiempo que cumplen con sus limitaciones de energía. Se construye sobre UDP, en lugar de TCP comúnmente utilizado en HTTP y tiene un mecanismo ligero para proporcionar confiabilidad. La arquitectura de CoAP se divide en dos subcapas principales: mensajería y solicitud/respuesta. La subcapa de mensajería es responsable de la confiabilidad y la duplicación de mensajes, mientras que la subcapa de solicitud/respuesta es responsable de la comunicación.

CoAP tiene cuatro modos de mensajería: confirmable, no confirmable, *piggyback* y separado. Los modos confirmables y no confirmables representan las transmisiones confiables y no confiables, respectivamente, mientras que los otros modos se utilizan para solicitud/respuesta. *Piggyback* se utiliza para la comunicación directa cliente/servidor donde el servidor envía su respuesta directamente después de recibir el mensaje, es decir, dentro del mensaje de confirmación. Por otro lado, el modo separado se usa cuando la respuesta del servidor aparece en un mensaje separado del acuse de recibo, y el servidor puede tardar un poco en enviarlo. Al igual que en HTTP, CoAP utiliza los mensajes GET, PUT, PUSH, DELETE para recuperar, crear, actualizar y eliminar, respectivamente.

XMPP

El protocolo extensible de mensajería y presencia (*XMPP, Extensible Messaging and Presence Protocol*), es un protocolo de mensajería que fue diseñado originalmente para chatear e intercambiar mensajes y que fue estandarizado por la IETF, es bien conocido y ha demostrado ser altamente eficiente en Internet. Recientemente se ha reutilizado para aplicaciones de Internet de las cosas, así como para SDN (*Software-Defined Networking*). Esta reutilización del mismo estándar se debe a su uso de XML, que lo hace fácilmente extensible. XMPP es compatible con la arquitectura de publicación/suscripción y solicitud/respuesta y depende del desarrollador de la aplicación elegir qué arquitectura usar. Está diseñado para aplicaciones en tiempo cuasi real y, por lo tanto, es compatible con mensajes pequeños de baja latencia. No proporciona ninguna garantía de calidad de servicio y, por lo tanto, no es práctico para las comunicaciones *machine to machine*.

Además, los mensajes XML generan una sobrecarga adicional debido a la gran cantidad de encabezados y formatos de etiquetas que aumentan el consumo de energía, lo que es crítico y desventajoso para las aplicaciones IoT, sin embargo, ha ganado cierto interés por mejorar su arquitectura para manejar este tipo de soluciones.

DDS

El servicio de distribución de datos (*DDS, Data Distribution Service*), es otro protocolo de publicación/suscripción diseñado por el OMG (*Object Management Group*) para las comunicaciones *machine to machine*. El beneficio básico de este protocolo es la excelente calidad de los niveles de servicio y las garantías de confiabilidad, ya que se basa en una arquitectura sin agentes intermediarios, que se adapta a la comunicación IoT y M2M. Ofrece 23 niveles de calidad de servicio los que le permiten ofrecer una variedad de criterios de calidad que incluyen: seguridad, urgencia, prioridad, durabilidad, confiabilidad, etc. Define dos subcapas: subcapa de publicación centrada en datos y subcapa de reconstrucción local de datos. El primero, o sea el de la publicación, asume la responsabilidad de la entrega de mensajes a los suscriptores, mientras que el segundo, de reconstrucción, es opcional y permite una integración simple de DDS en la capa de aplicación. La capa de editor es la responsable de la distribución de datos sensoriales. El escritor de datos interactúa con los editores para acordar los datos y los cambios que se enviarán a los suscriptores. Los suscriptores son los receptores de datos sensoriales que se entregarán a la aplicación IoT. Los lectores de datos básicamente leen los datos publicados y se los entregan a los suscriptores, y los temas son básicamente los datos que se publican. En otras palabras, los escritores de datos y los lectores de datos asumen las responsabilidades del agente intermediario, en las arquitecturas basadas en agentes intermediarios.

En resumen, IoT tiene muchos protocolos de capa de sesión estandarizados y que se describieron en esta sección. Estos protocolos de capa de sesión dependen de la aplicación y la elección de ellos es muy específica de la aplicación. Se debe tener en cuenta que MQTT es el más utilizado en IoT debido a sus bajos gastos de encabezamiento (*overhead*) y bajo consumo de energía. Es un tema del negocio y de las aplicaciones específicamente para elegir entre estos estándares. Por ejemplo, si una aplicación ya se ha creado con XML y, por lo tanto, puede aceptar un poco de *overhead*, XMPP podría ser la mejor opción para elegir entre los protocolos de capa de sesión. Por otro lado, si la aplicación es realmente sensible al *overhead* y sensible al consumo de energía, entonces elegir MQTT sería la mejor opción, aunque viene con la implementación del agente intermediario adicional. Si la aplicación requiere la funcionalidad REST, ya que estará basada en HTTP, entonces CoAP sería la mejor opción, si no la única.

CAPA DE GESTIÓN - PROTOCOLOS PARA IOT

En esta sección se analizan dos estándares de gestión principales para IoT, los cuales proporcionan una comunicación heterogénea, es decir la comunicación entre diferentes enlaces de datos. Los protocolos de gestión desempeñan un papel importante en IoT debido a la diversidad de protocolos y estándares en la capa de red.

La necesidad de una comunicación heterogénea y fácil entre diferentes protocolos en la misma o diferentes capas es crítica para las aplicaciones de IoT.

Los estándares existentes facilitan principalmente la comunicación entre protocolos en la misma capa; sin embargo, sigue siendo un desafío facilitar la comunicación en diferentes capas en IoT.

Como los entornos de IoT dependen de muchos y diferentes protocolos MAC, la interoperabilidad entre todas estas tecnologías se enfrenta a un desafío que debe ser superado.

IEEE 1905

El estándar IEEE 1905.1 ofrece la interoperabilidad requerida, al proporcionar una capa de abstracción que se construye en la parte superior de todos los protocolos MAC heterogéneos. Esta abstracción oculta la diversidad de los diferentes protocolos sin requerir ningún cambio en el diseño de cada MAC. La idea básica detrás de este protocolo es la capa de abstracción que se utiliza para intercambiar mensajes, llamada Unidad de datos de mensajes de control (CMDU) entre todos los dispositivos de estándares compatibles. Todos los dispositivos que cumplen con la norma IEEE 1905.1 comprenden un protocolo común "Entidad de Administración de Capa de Abstracción (*Abstraction Layer Management Entity, ALME*), este ofrece diferentes servicios entre los que se incluyen: descubrimiento de vecinos, intercambio de topología, notificación de cambio de topología, intercambio de estadísticas de tráfico medido, reglas de reenvío de flujo y asociaciones de seguridad

IEEE 1451

El estándar IEEE 1451, es un conjunto de estándares desarrollados para permitir la gestión de diferentes transductores y sensores analógicos. La idea básica de este estándar es el uso de la identificación de plug and play utilizando hojas de datos electrónicos de transductores estandarizados (*Transducer electronic data sheets, TEDS*). Cada transductor contiene un TEDS que incluye toda la información que necesita el sistema de medición, incluida la identificación del dispositivo, las características y la interfaz junto a los datos provenientes de los sensores. Las hojas de datos se almacenan en la memoria incorporada dentro del transductor o el sensor y tienen un mecanismo de codificación definido, para comprender un gran número de aplicaciones y tipos de sensores. El uso de la memoria se minimiza al utilizar los pequeños mensajes basados en XML los cuales son entendidos por diferentes fabricantes y diferentes aplicaciones.

CAPA DE SEGURIDAD - PROTOCOLOS EN IOT

La seguridad es otro aspecto de las aplicaciones de IoT que es fundamental y se puede encontrar en casi todas las capas de los protocolos de IoT. Existen amenazas en todas las capas, incluidas las capas de enlace de datos, red, sesión y aplicación. En esta sección, revisaremos brevemente los mecanismos de seguridad incorporados en los protocolos de IoT para las capas que ya hemos analizado.

MAC 802.15.4

La MAC 802.15.4 ofrece diferentes modos de seguridad, utilizando el "Bit de seguridad habilitada" en el campo de la trama de control, en el encabezado. Los requisitos de seguridad incluyen confidencialidad, autenticidad, integridad, mecanismos de control de acceso y comunicaciones seguras sincronizadas en el tiempo.

6LoWPAN

6LoWPAN por sí mismo no ofrece ningún mecanismo de seguridad. Sin embargo, los documentos relevantes incluyen discusión sobre amenazas de seguridad, requisitos y enfoque a considerar en la capa de red de IoT. Por ejemplo, la norma RFC 4944 discute la posibilidad de direcciones de interfaz EUI-64 duplicadas que se supone que son únicas. La norma RFC 6282 analiza los problemas de seguridad que surgen debido a los problemas introducidos en la norma RFC 4944. La norma RFC 6568 aborda los posibles mecanismos para adoptar la seguridad dentro de dispositivos con sensores inalámbricos restringidos. Además, algunos borradores recientes en 6Lo discuten los mecanismos para lograr seguridad en 6loWPAN.

RPL

El protocolo RPL (*Routing Protocol for Low-Power and Lossy Networks*) ofrece diferentes niveles de seguridad utilizando un campo de "Seguridad" después del encabezado del mensaje ICMPv6 de 4 bytes. La información en este campo indica el nivel de seguridad y el algoritmo de criptografía usado para cifrar el mensaje. RPL ofrece soporte para autenticidad de datos, seguridad semántica, protección contra ataques de reproducción, confidencialidad y administración de claves. Los niveles de seguridad en RPL incluyen sin garantía (*unsecured*), preinstalado y autentificado.

CAPA DE APLICACIÓN

Las aplicaciones pueden proporcionar un nivel adicional de seguridad utilizando los protocolos de seguridad *Transport Layer Security* (TLS) o *Secure Socket Layer* (SSL). Además, los algoritmos de autenticación y cifrado de extremo a extremo se pueden utilizar para manejar diferentes niveles de seguridad según sea necesario. Cabe señalar que para esta capa también se están desarrollando una serie de nuevos enfoques de seguridad, de tal manera que sean adecuados para los dispositivos IoT con recursos limitados.

Se ha realizado un bosquejo de los diferentes protocolos utilizados en las diferentes capas, lo que permite al lector tener una idea de cómo las diferentes organizaciones de investigación están trabajando en la estandarización de los protocolos necesarios en cada una de las capas del ecosistema de internet de las cosas.

LENGUAJES DE PROGRAMACIÓN

En la **tabla 3.1 Lenguajes de Programación**, se presenta un resumen de los lenguajes más utilizados en soluciones de internet de las cosas, debe ser claro que una solución puede incluir uno o varios de estos lenguajes, dependiendo de la complejidad de la solución y de lo que se necesite programar en cada una de las etapas de la aplicación.

Siguiendo con el ejemplo del uso de internet de las cosas para realizar el seguimiento de un producto orgánico cultivado en Latinoamérica y que se consume en la China. Se podría necesitar una programación de bajo nivel para los sensores y los actuadores del cultivo o para etiquetas del producto, mientras que un lenguaje de alto nivel podría ser utilizado para las bases de datos que manejen el seguimiento del producto durante el transporte internacional, igualmente el uso de una plataforma de IoT que maneje *blockchain* seguramente debería también considerarse.

Lenguaje	Funcionalidad Clave
Python	Lenguaje fácil de entender, actualmente con bastante uso en IoT.
Java	Se escribe una vez, corre en cualquier lugar, muy buena portabilidad
Javascript	Omnipresente en aplicaciones Web y en sitios Web.
C	Útil para dispositivos embebidos, con poca memoria
C++	Requerido cuando se necesita potencia en procesamiento.
Ensamblador	Útil para aplicaciones compactas, lenguaje de bajo nivel
B#	Usado en aplicaciones pequeñas.
Go	Permite a los dispositivos trabajar conjuntamente para enviar y recibir datos simultáneamente en varios canales. Lenguaje de google.
Parasail	Útil para procesamiento en paralelo
PHP	Utilizado para programar microservicios en el servidor
Rust	Puede compartir información automáticamente entre diferentes canales. Buen uso de seguridad de memoria
Swift	Lenguaje común con el desarrollo de iOS de (Apple).

Tabla 3.1 Lenguajes de Programación para soluciones IoT, Oswaldo Quiñonez

Tabla 3.1 Lenguajes de Programación para soluciones IoT

Nuevamente, con el objeto de profundizar en la conceptualización de IoT, defina los términos de la **tabla 3.2 Definición de términos capítulo 3**

LAN	
WAN	
LoRa	
SigFox	
NB-IoT	
LTE	
5G	
Ecosistema IoT	
AMQT	
RPL	

Tabla 3.2 Definición de términos capítulo 3

Referencias:

Redes de Datos

https://en.wikipedia.org/wiki/Wide-area_network#/media/File:Data_Networks_classification_by_spatial_scope.png

https://en.wikipedia.org/wiki/Computer_network

https://standards.ieee.org/project/1906_1_1.html

Hwaiyu Geng John Wiley & Sons, Internet of Things and Data Analytics Handbook

https://books.google.com.co/books?id=CFvEDQAAQBAJ&printsec=frontcover&hl=es&source=gbs_ge_summary_r&cad=0#v=onepage&q&f=false
IPv6

https://datatracker.ietf.org/wg/6lo/documents/

O. Cetinkaya and O. Akan, "A dash7-based power metering system," in 12th Annual IEEE Consumer Communications and Networking Conference (CCNC)

http://ieeexplore.ieee.org/xpl/articleDetails.jsp?reload=true&arnumber=7158010

Object Management Group, "Data Distribution Service V1.4," April 2015, http://www.omg.org/spec/DDS/1.4

D. Dujovne, T. Watteyne, X. Vilajosana, and P. Thubert, "6TiSCH: Deterministic IP-enabled industrial internet (of things)," IEEE Communications Magazine, vol. 52, no. 12, pp. 36-41, December 2014, http://ieeexplore.ieee.org/xpl/articleDetails.jsp?arnumber=6979984

A. Al-Fuqaha, M. Guizani, M. Mohammadi, M. Aledhari, and M. Ayyash, "Internet of things: A survey on enabling technologies, protocols and applications," IEEE Communications Surveys Tutorials, vol. PP, no. 99, 2015,
http://ieeexplore.ieee.org/xpl/articleDetails.jsp?tp=&arnumber=7123563

Gartner, "Gartner's 2014 hype cycle for emerging technologies maps the journey to digital business,", August 2014,
http://www.gartner.com/newsroom/id/2819918

C. Gomez, J. Oller, and J. Paradells, "Overview and evaluation of Bluetooth low energy: An emerging low-power wireless technology," Sensors, vol. 12, no. 9, pp. 11734-11753, 2012,
http://www.mdpi.com/1424-8220/12/9/11734

M. Hasan, E. Hossain, D. Niyato, "Random access for machine-to-machine communication in LTE-advanced networks: issues and approaches," in IEEE Communications Magazine, vol. 51, no. 6, pp. 86-93, June 2013,
http://ieeexplore.ieee.org/xpl/articleDetails.jsp?reload=true&arnumber=6525600

D. Locke, "MQ telemetry transport (MQTT) v3. 1 protocol specification," IBM Developer Works Technical Library, 2010,
http://www.ibm.com/developerworks/webservices/library/ws-mqtt/index.html

M. Park, "IEEE 802.11ah: sub-1-GHz license-exempt operation for the internet of things," in IEEE Communications Magazine, vol.53, no.9, pp.145-151, September 2015,
http://ieeexplore.ieee.org/xpl/articleDetails.jsp?arnumber=7263359

P. Pongle and G. Chavan, "A survey: Attacks RPL and 6LowPAN in IoT," in International Conference on Pervasive Computing (ICPC 2015), Jan 2015, pp. 1-6,
http://ieeexplore.ieee.org/xpl/articleDetails.jsp?arnumber=7087034

S. Raza, T. Voigt, "Interconnecting WirelessHART and legacy HART networks," in 6th IEEE International Conference on Distributed Computing in Sensor Systems Workshops (DCOSSW), 2010, pp.1-8, 21-23 June 2010,
http://ieeexplore.ieee.org/xpl/articleDetails.jsp?arnumber=5593285

P. Saint-Andre, "Extensible messaging and presence protocol (XMPP): Core," IETF RFC 6120, 2011,
https://tools.ietf.org/html/rfc6120

J. Hui and P. Thubert, "Compression Format for IPv6 Datagrams over IEEE 802.15.4-based Networks," IETF RFC 6262, Sep 2011,
https://tools.ietf.org/html/rfc6282

T. Winter, et al, "RPL: IPv6 Routing Protocol for Low-Power and Lossy Networks," IETF RFC 6550, Mar. 2012,
http://www.ietf.org/rfc/rfc6550.txt

E. Kim, D. Kaspar, and J. Vasseur, "Design and Application Spaces for IPv6 over Low-Power Wireless Personal Area Networks (6LoWPANs)," IETF RFC 6568, Apr. 2012,
http://www.ietf.org/rfc/rfc6568.txt

Z. Shelby, K. Hartke, and C. Bormann, "The Constrained Application Protocol (CoAP)," IETF RFC 7252, Jun. 2014,
http://www.ietf.org/rfc/rfc7252.txt

A. Brandt and J. Buron, "Transmission of IPv6 Packets over ITU-T G.9959 Networks," IETF RFC 7428, Feb. 2015,
http://www.ietf.org/rfc/rfc7428.txt

J. Nieminen, et al, "IPv6 over Bluetooth Low Energy," IETF RFC 7668, October 2015, http://www.ietf.org/rfc/rfc7668.txt

Z. Sheng, S. Yang, Y. Yu, A. Vasilakos, J. McCann, and K. Leung, "A survey on the IETF protocol suite for the internet of things: standards, challenges, and opportunities," IEEE Wireless Communications, vol. 20, no. 6, pp. 91-98, December 2013,
http://ieeexplore.ieee.org/xpl/articleDetails.jsp?arnumber=6704479

Z. Zhou, B. Yao, R. Xing, L. Shu, and S. Bu, "E-CARP: An energy efficient routing protocol for UWSNs in the internet of underwater things," IEEE Sensors Journal, vol. PP, no. 99, 2015,
http://ieeexplore.ieee.org/xpl/articleDetails.jsp?arnumber=7113774

M. Singh, M. Rajan, V. Shivraj, and P. Balamuralidhar, "Secure MQTT for Internet of Things (IoT)," in Fifth International Conference on Communication Systems and Network Technologies (CSNT 2015), April 2015,
http://ieeexplore.ieee.org/xpl/articleDetails.jsp?arnumber=7280018

L. Wallgren, S. Raza, and T. Voigt, "Routing attacks and countermeasures in the RPL-based internet of things," International Journal of Distributed Sensor Networks, vol. 2013, 2013,
http://www.hindawi.com/journals/ijdsn/2013/794326/

OASIS, "OASIS Advanced Message Queuing Protocol (AMQP) Version 1.0," 2012,
http://docs.oasis-open.org/amqp/core/v1.0/os/amqp-core-complete-v1.0-os.pdf
https://www.oasis-open.org/
https://aprendiendoarduino.wordpress.com/category/protocolos/
https://training.ti.com/ti-simplelink-sub-1-ghz-wireless-solutions-iot-technical-introduction-level-1?cu=17932

Big data analytics
https://ieeexplore.ieee.org/stamp/stamp.jsp?tp=&arnumber=7888916
El internet de las nanocosas:
IEEE P1906.1 Recommended Practice for Nanoscale and Molecular Communication Framework
BAN
https://www.researchgate.net/publication/224215458_An_overview_of_IEEE_802156_standard
https://www.researchgate.net/publication/224215458_An_overview_of_IEEE_802156_standard/download
Brains connected:
https://arxiv.org/abs/1809.08632
https://ieeenano.org/
https://ieeexplore.ieee.org/xpl/RecentIssue.jsp?punumber=6687308
http://sites.ieee.org/nanotech/nanosensors-and-nanoactuators-tc/
https://www.cyient.com/enabler/market/bluetooth-a-smart-communication-protocol-for-the-internet-of-things.php
https://www.proydesa.org/portal/index.php/noticias/1641-cisco-presento-su-solucion-de-seguridad-para-internet-de-las-cosas
http://www.steves-internet-guide.com/iot-messaging-protocols/
https://www.w3.org/WoT/IG/wiki/images/9/9a/10N0536_CD_text_of_ISO_IEC_30141.pdf
https://bwn.ece.gatech.edu/surveys/nanothings.pdfhttp://www.steves-internet-guide.com/iot-messaging-protocols/
https://juxtology.com/iot-transformation/iot-world-forum/
CORPL data
https://www.sciencedirect.com/science/article/pii/S0045790613001730
www.sciencedirect.com

Notas:

[4]Traducido de: https://ieeexplore.ieee.org/abstract/document/8247001, consultado el 01/04/2019
[5]IEEE Transactions on Molecular, Biological, and Multi-Scale Communications https://www.comsoc.org/publications/journals/ieee-tmbmc
[6]Traducido de: https://arxiv.org/abs/1809.08632, consultado el 3 de abril de 2019

Figuras:

Figura 3.1. Redes de datos, fuente:
https://upload.wikimedia.org/wikipedia/commons/7/70/Data_Networks_classification_by_spatial_scope.png

Figura 3.2. Redes a nano-escala, fuente:
https://bwn.ece.gatech.edu/surveys/nanothings.pdf

Figura 3.3. Evolución de redes de datos, fuente: https://www.ibm.com/downloads/cas/Y5ONA8EV

Figura 3.4 Rutas de conexión en Internet, Oswaldo Quiñonez

Figura 3.5 Protocolos de comunicación en los humanos, tomado de curso Online, Curtin University, Australia.

Figura 3.6 Direccionamiento IP, tomado de curso Online, Curtin University, Australia.

Figura 3.7. Estructura DNS, fuente: https://technet.microsoft.com/en us/library/2005.01.howitworksdns.aspx

Figura 3.8 Protocolos Internet versus IoT, fuente: http://www.steves-internet-guide.com/iot-messaging-protocols/

Figura 3.9. Ecosistema IoT, modificada de:
https://www.w3.org/WoT/IG/wiki/images/9/9a/10N0536_CD_text_of_ISO_IEC_30141.pdf

Figura 3.10. Capa de Interconexión, modificada de:
https://www.w3.org/WoT/IG/wiki/images/9/9a/10N0536_CD_text_of_ISO_IEC_30141.pdf

Figura 3.11 Arquitectura de WirelessHART, fuente:
https://www.cse.wustl.edu/~jain/cse570-15/ftp/iot_prot/index.html

Figura 3.12 Cobertura de redes de datos y tecnologías, fuente:
https://www.cyient.com/enabler/market/bluetooth-a-smart-communication-protocol-for-the-internet-of-things.php

Figura 3.13 Redes de datos, usos y tecnologías, fuente:
https://drrajivdesaimd.com/2016/07/19/internet-of-things-iot/

Figura 3.14 Arquitectura MQTT, fuente:
https://www.cse.wustl.edu/~jain/cse570-15/ftp/iot_prot/index.html

Figura 3.15 Arquitectura AMQP, fuente: https://www.cse.wustl.edu/~jain/cse570-15/ftp/iot_prot/index.html

Figura 3.16 Arquitectura AMQP, fuente: https://www.cse.wustl.edu/~jain/cse570-15/ftp/iot_prot/index.html

CAPÍTULO 4
MODELOS DE PROPAGACIÓN PARA REDES INALAMBRICAS EN INTERNET DE LAS COSAS

Una aplicación típica de Internet de las cosas incluirá una red de sensores y de actuadores conectados a un microcontrolador de recolección de datos, que a su vez normalmente se comunica de forma inalámbrica a un Punto de Acceso a Internet mediante WiFi, Bluetooth o algún otro estándar de radio que utiliza alguno de los protocolos de enlace de datos vistos en el capítulo anterior. Las implementaciones de IoT de la vida real involucran a muchos dispositivos, con diferentes plataformas de hardware y protocolos de conectividad inalámbrica, implementados en diferentes ambientes y con infinidad de propósitos.

Con el objetivo de ganar un mayor entendimiento de cómo funcionan los enlaces inalámbricos, los cuales ganan más y más preponderancia para conectar los distintos dispositivos de internet de las cosas, se expondrá en este capítulo un análisis de estos sistemas, empezando por definir un modelo de canal de transmisión, analizando luego los modelos de propagación existentes y sus ámbitos de aplicación, con énfasis en ambientes internos (*indoor*) y ambientes externos (*outdoor*), incluyendo las tecnologías de celulares 4G y 5G . Este capítulo exige ciertas bases matemáticas para su correcto entendimiento y cuyo fin es que se ganen algunas herramientas que permitan discernir en la fase de diseño cuales serían los tipos de enlaces más adecuados y su correspondiente tecnología y además que quien se dedica al *networking* y al desarrollo de aplicaciones gane un entendimiento de la capa física de las redes inalámbricas utilizadas en internet de las cosas.

Se hará igualmente un análisis de como las diferentes tecnologías hacen el manejo de la señal, ya que existen algunas como el WiFi y Bluetooth que como mecanismo para mejorar la transmisión hacen una expansión del ancho de banda de la señal, mientras que otras tecnologías como el SigBox mantienen el ancho de banda estrecha generando así dos corrientes cada una con su aplicabilidad, sus ventajas y sus desventajas. Igualmente se expondrá el caso especial para cortas distancias con la aplicación de campos electromagnéticos por inducción, el cual toma cada vez más importancia para soluciones de proximidad de internet de las cosas.

En términos generales, las frecuencias por debajo de 1 GHz se utilizan para aplicaciones de largo alcance, por ejemplo, para enlaces con línea de vista de 100 m a 20 km. Las bandas de algunos GHz son en esencia de corto alcance, para enlaces de 1 a 100 m en línea de vista y mucho menos cuando se usan en interiores donde las señales deben pasar a través de paredes, pisos y pasillos. Sin embargo, las bandas de algunos GHz permiten velocidades de datos mucho más grandes que las de frecuencias más bajas: megabits por segundo en comparación con solo unos cuantos bits por segundo para algunos sistemas sub-1 GHz.

MODELO DE CANAL DE PROPAGACIÓN DE LA SEÑAL

La **figura 4.1 Modelo de canal de propagación**, muestra como una cosa es integrada con uno o varios sensores y/o actuadores los cuales generan datos que van a módulos de procesamiento, esta información que tiene unas características específicas dependiendo de la aplicación, tales como velocidad, latencia, periodicidad, es tratada, lo que equivale a decir entre otras que es encriptada, codificada, modulada y subida a una señal de radiofrecuencia, de tal manera que permita ser transmitida por una antena. La señal es transmitida por un medio físico normalmente aire o vacío, en algún lugar un receptor capta la señal mediante una antena (similar a una emisora de radio), aquí la señal se recupera, se amplifica y se entrega nuevamente a un módulo de procesamiento donde la señal pasa por un proceso inverso al del lado de transmisión, o sea, la señal es demodulada, decodificada, desencriptada y así los datos son entregados para su tratamiento remoto. Un proceso similar sufre la señal que sale desde los usuarios o desde algún aplicativo en la nube hacia las cosas que están siendo monitoreadas o controladas.

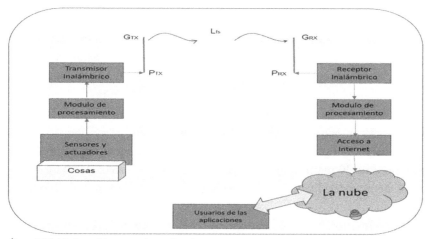

Figura 4.1 Modelo de canal de propagación, Oswaldo Quiñonez

Las características de la señal que sale del transmisor sufren ciertos cambios en el medio de transmisión hasta llegar al receptor. Estos cambios dependen principalmente de la distancia entre las antenas transmisora y receptora, las trayectorias que siga la señal en el medio y el ambiente del medio de transmisión, el cual es cambiante en el tiempo.

El perfil de la señal recibida se puede calcular si se tiene el perfil de la señal transmitida y el modelo del canal de transmisión de la señal; este modelo es el definido como modelo del canal, y nuevamente este modelo depende de las características de la señal a transmitir.

El modelo del canal se verá impactado principalmente por las pérdidas de espacio libre, las perdidas por desvanecimiento, las perdidas por multitrayectoria y el ruido del medio de transmisión; la respuesta dependerá por lo tanto del medio de transmisión, de las características de la señal a transmitir, tales como la frecuencia, la potencia, los esquemas de modulación y la polarización de la señal.

EL DECIBELIO

Antes de continuar con el análisis de los fenómenos que se presentan el medio de transmisión de la señal hagamos un paréntesis para definir lo que son los decibelios ya que es una medida que utilizaremos a través de todo este capítulo y es una medida fundamental en el manejo de las radiofrecuencias.

Afortunada y probablemente debido a que el diseño de los sistemas inalámbricos de muy alta frecuencia ha estado funcionando durante tanto tiempo, existen técnicas y reglas que nos ayudan a poner en funcionamiento un enlace sin demasiados problemas. En la práctica, si su enlace inalámbrico tiene solo unos pocos metros de distancia y todos los equipos están en una habitación, muchas soluciones probablemente funcionarán como listo para usar (*plug-and-play*), sin la necesidad de ningún tipo de cálculo de diseño; sin embargo, tan pronto como se involucren obstrucciones como, muros y/o distancias de 30 metros o más, se harán necesarios los cálculos matemáticos y el diseño de redes. Estos cálculos implicarán el uso de unidades en decibeles.

Los sistemas de comunicaciones de radiofrecuencias están diseñados en torno a una gran cantidad de "cajas negras", cada una con una potencia de señal de entrada (PIN), un procesamiento dentro de la caja donde la señal de entrada puede ampliarse o atenuarse, entregando así una señal con una potencia de salida (POUT).

Debido a que las diferencias de las señales de entrada y salida pueden ser muy grandes se prefiere manejar estas relaciones en formato logarítmico (decibelios), y así la multiplicación se convierte en una suma, la división en una resta y por lo tanto mucho más fácil de manejar.

Si la potencia de salida POUT es más grande que la potencia de entrada PIN, entonces la caja es un amplificador, vale decir produce una ganancia. Si por el contrario reduce el nivel de la señal, como en el caso de un atenuador, una guía de onda o un cable, se produce una pérdida. La fórmula para convertir la ganancia de potencia (o pérdida) expresada como una relación simple a formato de decibeles (dB) es como sigue:

Ganancia, de define como la relación entre potencia de salida y la potencia de entrada de la señal.

G = POUT/PIN; esta relación en decibeles se expresa en forma logarítmica como:
GdB = 10log(G) dB
GdB es un número positivo (hay una ganancia) si POUT > PIN, o un número negativo (hay una perdida) si POUT < PIN, ejemplo:

Si G = 1, log 1 = 0; entonces Ganancia en dB = 0 dB (potencia de entrada igual a la potencia de salida)
Si G = 5, log 5 = 0,7; entonces Ganancia en dB = +7 dB
Si G = 0.5 (Perdida), entonces log (0,5) = -0,3; entonces Ganancia en dB = -3 dB, vale decir la señal se atenúa en 3 decibelios.

Los niveles de potencia reales se pueden dar con unidades de watios o miliwatios y generalmente se toman las señales de entrada como "valores de referencia" de un watio (1W) o de un miliwatio (1mW). Esto produce valores de potencia en unidades dBW y dBm respectivamente.

Potencia en dBm = 10log(P) dBm   donde P está dada en miliwatios
Potencia en dBW = 10log(P) dBW   donde P está dada en Watios

Ejemplo:

Si P = 2 mW, log 2 = 0,3; entonces Potencia en dBm = +3 dBm

Ahora que hemos definido el decibelio y las unidades utilizadas, podemos continuar con el análisis del modelo del canal.

PÉRDIDA DE LA SEÑAL EN EL ESPACIO LIBRE

Conocer las características del medio de propagación por el que se transmitirán las señales es de gran importancia, ya que desde el primer momento en el que una antena radia una señal al espacio, ésta sufre diferentes efectos que degradan su calidad y que determinan por lo tanto el funcionamiento de los equipos que realizan la transmisión y recepción de la señal. La señal al viajar desde el transmisor hasta el receptor es impactada por fenómenos como el clima, las nubes, las lluvias, por las características del terreno y de los objetos que hay en el medio.

Teóricamente la potencia que llega a la antena del receptor cae a una velocidad proporcional al cuadrado de la distancia recorrida. Esto se denomina pérdida de espacio libre (*Lfs, Loss of free space*) y se calcula en dB a partir de la fórmula:

Lfs = 20log(4πd/λ) en dB

Donde: d es la distancia entre transmisor y receptor y λ = longitud de onda de la portadora, ambas expresadas en las mismas unidades, normalmente metros o kilómetros.

Esta ecuación puede también escribirse en función de la frecuencia en vez de la longitud de onda como:

Lfs = 32,4 + 20 log f + 20 log d   dB; donde: f : frecuencia (en MHz) y d : distancia (en Km).

Observe que la longitud de onda de la frecuencia portadora también afecta la tasa de pérdida de señal. Se supone que no hay paredes, montañas u otras obstrucciones en el camino, de ahí su nombre de perdidas por espacio libre. Hay dos conceptos importantes aquí: línea de vista (LOS) y sin línea de vista (NLOS) que como su nombre lo indica en línea de vista la señal llega directamente de la antena transmisora a la antena receptora sin obstáculos intermedios, mientras que en NLOS la señal llega al receptor indirectamente a través de reflexiones, dispersiones o difracciones de la señal.

Como dato curioso la sonda Nuevos horizontes que pasó hace poco por el planeta Plutón, tomó muchas fotos, recopiló algunos datos con sus sensores y continúa su camino; ¿cómo comunicarse con una nave espacial a más de 3 millones de millas? El diseño de dicho enlace "inalámbrico" maneja el mismo concepto de perdidas por espacio libre que hemos visto, la diferencia más importante es la distancia y esto se supera con grandes antenas, muy directivas y de alta ganancia en transmisión y un receptor de alta sensibilidad tanto del satélite como de la estación terrena. Si lo analizas esto también es internet de las cosas.

EFECTO DE DESVANECIMIENTO

Si la atenuación o perdidas por espacio libre fuera el único efecto de la distancia en la intensidad de la señal, a distancias iguales se recibiría una señal con igual potencia e igual distorsión, sin embargo, debido a las diferencias encontradas en el trayecto que siga la señal transmitida, existe una notable variación en la potencia de las señales recibidas en diferentes puntos de un círculo imaginario trazado a cierta distancia del transmisor. El desvanecimiento es lento y de poca intensidad, debido a los elementos fijos del entorno como podrían ser la orografía, la vegetación, el agua de los lagos o del mar, los diferentes tipos de edificaciones y demás obstrucciones que pudiesen aparecer, los cuales pueden generar fenómenos como absorción, reflexión, dispersión o difracción de la señal, todos estos fenómenos son variables dependiendo de la frecuencia, de la potencia y del medio en que se propague la señal.

EFECTO DE MULTITRAYECTORIA

Este componente debe incluirse en los análisis debido a que por las múltiples propagaciones en realidad dos o más copias de la señal llegan al receptor y llegan fuera de fase entre sí; a veces, tan desfasados que se cancelan entre sí, lo que da lugar a una pérdida de señal conocida como desvanecimiento por trayectoria múltiple. Las rutas de señal adicionales ocurren cuando parte de la onda transmitida rebota en un objeto y llega al receptor ligeramente retrasado con respecto a la señal directa. El efecto multitrayectoria provocado por obstáculos variables del entorno como personas, automóviles, otros objetos, genera desvanecimientos aleatorios, rápidos y profundos.

Las señales reflejadas pueden volver a reflejarse de nuevo en los mismos o en otros obstáculos, de forma que la señal que llega al receptor al final del proceso es la suma de la señal principal y una serie de señales producto de las reflexiones, las dispersiones y las difracciones de la señal, provocadas por los obstáculos del medio de transmisión, dicho fenómeno es conocido como propagación multitrayectoria

Los efectos principales de la propagación multitrayectoria son la interferencia ya que múltiples señales al llegar por diferentes trayectorias llegan con diferentes fases traduciéndose esto en un ensanchamiento del retardo de canal (*delay spread*), lo que genera el problema de la interferencia inter simbólica (ISI).

Supóngase un mismo símbolo que fruto de los efectos del multitrayectoria, llega al receptor por diferentes vías e instantes de tiempo (distinto retardo). Si en el receptor se suman dichas réplicas, lo que se tendrá finalmente es una superposición de pulsos conocida como interferencia intersimbólica (ISI) y el punto crítico de esta interferencia se produce cuando el receptor no puede distinguir los cambios de estado entre un símbolo y otro.

Es fácil intuir que un factor importante para el ISI es el tiempo de duración del símbolo. Si la duración del símbolo es muy pequeña con respecto al retardo de propagación (*delay spread*), el impacto de la interferencia entre símbolos es muy relevante, y viceversa. Y si el tiempo de duración del símbolo es muy pequeña quiere decir que la velocidad o capacidad de transmisión es mayor, o sea a mayor velocidad la probabilidad de interferencia intersimbólica es mayor (mayor probabilidad de errores en la transmisión de la señal)

EFECTO DOPLER

Cuando la señal transmitida es una onda sinusoidal y el transmisor y/o el receptor están en movimiento, la frecuencia de la señal recibida es diferente de la frecuencia de la señal transmitida. La diferencia es el desplazamiento Doppler y es proporcional a fd = v / λ Hz, donde v (velocidad en metros por segundo) es la velocidad relativa del transmisor y el receptor y λ (en metros) es la longitud de onda de la onda sinusoidal transmitida. Por ejemplo, la frecuencia Doppler de una onda sinusoidal de 2,4 GHz en un teléfono celular en un vehículo que se mueve a 120 km / h es fd = 266.6 Hz. Este fenómeno debe tratarse cuando el transmisor y/o el receptor está en movimiento tal es el caso de las redes celulares y de las sondas satelitales.

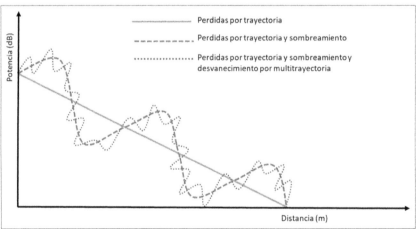

Figura 4. 2 Pérdidas de la señal por espacio libre, sombreamiento y multitrayectoria

En la **figura 4.2 Pérdida de la señal por espacio libre, sombreamiento y multitrayectoria**, se muestra el comportamiento de una señal en el canal a medida que se propaga en el medio. La línea recta representa las perdidas por espacio libre (trayectoria) que como lo dijimos es inversamente proporcional al cuadrado de la distancia. La línea entrecortada representa la suma de las pérdidas de espacio libre, más las pérdidas de la señal transmitida en el medio debido al ensombrecimiento (*shadowing*) y que se presenta como ya lo dijimos debido a los fenómenos de absorción, reflexión, esparcimiento y difracción de la señal. La línea punteada representa el valor de la señal total, sumando las perdidas por espacio libre, las perdidas por ensombrecimiento más las perdidas por multitrayectoria; las perdidas por multitrayectoria se presentan ya que al receptor llega la señal directa más señales reflejadas por objetos en el medio, estas señales reflejadas llegan con fases diferentes debido a que traen caminos diferentes y por lo tanto pueden producir perdidas o ganancias tal como se muestra en la gráfica.

Para solucionar los problemas ocasionados por la propagación multitrayectoria o sea la interferencia entre símbolos (ISI), existen novedosas tecnologías como la modulación OFDM o los sistemas MIMO de múltiples antenas en la transmisión y en la recepción, actualmente en uso en los sistemas celulares 4G y 5G.

CARACTERIZACIÓN DEL CANAL EN BANDA ESTRECHA Y BANDA ANCHA

Los sistemas de comunicación inalámbricos pueden dividirse en sistemas de banda estrecha y sistemas de banda ancha, siendo el ancho de banda de coherencia el que determina esta clasificación. Entendemos el ancho de banda de coherencia (Bc) como el ancho de banda en el que la respuesta en frecuencia se considera plana, en otras palabras, es el ancho de banda en el cual la respuesta del sistema es lineal.

RUIDO

Aún no hemos considerado los efectos del ruido eléctrico en nuestros cálculos de pérdidas de la señal. El ruido es generado por la cantidad de señales interferentes existentes en el medio, señales que vienen de sistemas industriales, de sistemas de energía, de sistemas de comunicaciones de diferente tipo, etc. Por ahora basta con decir que el ruido afecta el valor de sensibilidad del receptor y está relacionado con la velocidad de transmisión de datos digitales. En términos generales, podemos decir que la sensibilidad del receptor disminuye a medida que aumenta la velocidad de los datos transmitidos.

El ruido es una señal aleatoria no deseada que se agrega a la señal aleatoria deseada. No se puede filtrar porque contiene las mismas frecuencias que la señal de información. Su aleatoriedad tampoco ayuda: la señal de información también es aleatoria e impredecible y no sería información si se supiera de antemano, Se llama ruido blanco porque contiene todas las frecuencias con un espectro plano, dentro del ancho de banda. Para los propósitos de calcular el impacto del ruido en los canales de comunicación, hay un modelo matemático que se llama ruido blanco gausiano aditivo (*Additive White Gaussian Noise o AWGN*). Cabe señalar que existe una diferencia entre el ruido y la interferencia. El ruido generalmente es aleatorio, mientras que la interferencia tiende a provenir de otras fuentes hechas por el hombre, tales como otras estaciones de radio que operan en la misma banda de frecuencia.

Casi todo sistema con una temperatura por encima de cero absoluto (0 grados Kelvin) genera ruido debido al movimiento aleatorio de electrones en los conductores; se produce un ruido natural, el ruido generado dentro de los circuitos del receptor y el ruido creado por el hombre proveniente de sistemas eléctricos mal protegidos, los sistemas industriales, las fábricas, etc. La mayor parte se clasifica como ruido térmico de la variedad AWGN y su intensidad es proporcional a la temperatura absoluta T (en grados Kelvin) y al ancho de banda de medición B (en Hz)

Potencia del ruido = kTB watios, donde k = Constante de Boltzmann = 1.38 x W/HzK

La relación entre la potencia de ruido y la potencia de la señal (la relación señal a ruido o SNR) en la etapa de demodulación del receptor determinará la velocidad de datos máxima en bits por segundo que puede enviarse de manera confiable a través del canal de comunicaciones, sin generar errores.

SNR = S/N, donde S = Potencia total de la señal y N = Potencia total de ruido recibida, ambas en watios

Un factor clave de la sensibilidad, es el ancho de banda del receptor que influye en la cantidad de ruido térmico del canal que llega a los circuitos del demodulador. Cuanto más ancho sea el ancho de banda, mayor será la cantidad de ruido que atraviesa y, por lo tanto, peor será la sensibilidad del receptor.

Se llega al valor de sensibilidad del receptor agregando el ruido electrónico propio del circuito del receptor, la Figura de ruido (NF) y la relación portadora/ruido necesaria para una demodulación exitosa, ambos en dBs. En un sistema de comunicación digital, la relación portadora a ruido (Carrier/ Noise = C/N) se define en los siguientes términos:

$$C/N = (EB/NO) \times (R/B) = 10\log(EB/NO) + 10\log(R/B) \quad \text{en dB}$$

Donde: EB = Energía de la señal por bit; NO = Potencia de ruido por Hz; R = rata de bits, B = ancho de banda del canal.

Es un poco subjetivo en el mundo analógico, pero en el mundo digital se puede cuantificar en términos de la proporción de errores de bits en una transmisión a una determinada velocidad. La mayoría de las hojas de datos citarán la sensibilidad del receptor con una tasa de error de 10^{-3}, lo que significa que un bit es errado dentro de una trama de 1.000 de bits, o con una tasa de error de 10^{-6}, lo que significa que un bit es errado dentro de una trama de un millón de bits; este es el famoso BER o tasa de error en bits (Bit Error Rate = BER). Teniendo la tasa de BER esperado y conociendo la técnica de modulación empleada (BPSK, FSK, etc.), el valor de EB/NO puede leerse directamente de los gráficos de BER, de las especificaciones del receptor.

Dicho lo anterior de otra manera un enlace de radio puede trabajar sin generar errores, sin embargo, si la señal que llega al receptor disminuye, llega un momento en que la señal es tan débil que por cada millón de bits que lleguen un bit es errado (BER de 10^{-6}) y si se sigue disminuyendo la señal lo que equivale a decir que el enlace se sigue degradando se tendrá que por cada mil bits que se reciben un bit es errado (BER de 10^{-3}), de esta manera se obtiene las tablas de sensibilidad del receptor.

GANANCIA DE LA ANTENA

La antena fundamental, y completamente teórica, es un punto infinitamente pequeño que irradia energía de manera uniforme en todas las direcciones. Las antenas reales no se comportan así; un dipolo básico tiene un patrón de radiación en forma de rosquilla en lugar de una esfera. Algunos diseños de antenas, como el plato parabólico clásico tienen enormes ganancias, pero se enfocan en un haz estrecho, igualmente sucede en el caso de los sistemas celulares donde se utilizan antenas directivas que cubren solo algunos sectores, según la distribución de los usuarios; aún más se manejan antenas inteligentes que direccionan y aumentan o disminuyen la potencia de las señales según la ubicación de los usuarios.

MODELOS DE PROPAGACIÓN

Se entiende por modelo de propagación al conjunto de fórmulas matemáticas, representaciones gráficas y/o algoritmos de los que se hace uso para normalizar el comportamiento de la radiopropagación en diferentes escenarios.

Los modelos de propagación han evolucionado desde modelos basados en métodos empíricos para transmisiones analógicas, hasta programas informáticos muy complejos que utilizan la teoría geométrica de la difracción sobre mapas digitales utilizados hoy en día para sistemas celulares. Vamos a ver los modelos más usados en interiores (ambientes indoor) y en exteriores (ambientes outdoor).

Un modelo muy conocido en el medio y que ha servido de base para muchos modelos posteriores es el modelo de Okumura, publicado en 1968, modelo empírico que se basa en mediciones realizadas en Tokio, con estas mediciones se lograron definir un conjunto de curvas que determinan el nivel medio de atenuación en espacio libre, en función de la frecuencia y la distancia entre el transmisor y el receptor, la altura de las antenas transmisora y receptora y algunos factores de corrección.

A medida que se han ido implementando nuevas tecnologías, con nuevos esquemas de modulación, usos de espectros de frecuencias cada vez más altos, se han ido implementando nuevos modelos con especificaciones apropiadas al caso, tales como rangos de frecuencias, distancias, análisis de fenómenos de dispersiones y reflexiones, alturas de las antenas en transmisión y en recepción entre otros.

En sistemas digitales los diseños se basan en la máxima tasa de error aceptada, teniendo en cuenta las condiciones del medio de propagación. El cálculo de cobertura, obteniendo resultados en radiales alrededor de la estación base, puede realizarse con el empleo de mapas digitales del terreno. El uso de mapas topográficos permite a los ordenadores conocer el perfil del terreno de cada trayecto para poder estimar las pérdidas de la señal.

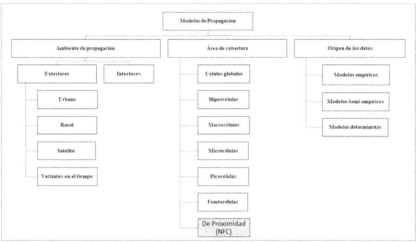

Figura 4.3 Modelos de Propagación, Oswaldo Quiñonez

La figura 4. 3 Modelos de propagación, muestra los modelos de propagación según el ambiente o medio de propagación, según el área de cobertura y según el origen de los datos.

Según el ambiente de propagación se tiene ambientes de propagación en exteriores y ambientes de propagación en interiores.

Según el área de cobertura se tiene desde células globales, cubiertas normalmente por redes satelitales hasta redes de corto alcance denominadas femtoceldas, se ha ubicado de manera intencional en este grupo los sistemas de proximidad, lo anterior con el fin de englobar todos los sistemas incluido el NFC (*Near Field communication*) del cual haremos un análisis detallado al final del capítulo dada la importancia que adquirirá a futuro esta tecnología.

Según el origen de datos se refiere a la evolución como se han venido modelando matemáticamente estos sistemas de propagación, esto a medida que han ido apareciendo nuevas tecnologías de comunicaciones.

CLASIFICACIÓN SEGÚN EL AMBIENTE DE PROPAGACIÓN

El modelo de Interiores se refiere a propagación de la señal en casas, oficinas, edificios, centros comerciales, estadios, ascensores y túneles. Importante en este modelo los efectos de guía de onda que se forman debido a múltiples reflexiones en pasillos y escaleras.

Los diseños de los modelos en interiores deben tener en cuenta además el tipo de materiales y la geometría de las estructuras, los tipos de suelos y paredes. Se aplica el modelo de Ericsson Indoor, el modelo de trazado de rayos, entre otros.

Los modelos en exteriores se dividen en urbano, rural, satelital y variables en el tiempo.

Modelo urbano, en este ambiente los fenómenos más comunes son las reflexiones y difracciones de los edificios y los sistemas móviles de las calles; se aplican modelos como el Modelo de Okomura-Hata, el modelo COST 231 de Walfisch-Ikegami, con limitaciones en rangos de frecuencia, distancias entre transmisor y receptor, LOS y NLOS, altura relativa del transmisor respecto a los edificios, difracciones; también se usa el modelo urbano del trayecto dominante y el modelo de trazado de rayos 3D; Modelos Ericsson y Telecom con análisis que consideran edificios y ángulos de las calles.

Modelo Rural, los fenómenos más comunes en este ambiente son la topografía y tipo de terreno, son zonas poco pobladas. Y se deben analizar fenómenos que afectan las señales como carreteras, ríos, bosques, cultivos y lagos.

El Modelo satelital, se utiliza para cubrir celdas de gran tamaño, las inversiones se hacen en los sistemas de acceso en transmisión/recepción en tierra y el canal se maneja mediante arrendamientos con operadores de sistemas satelitales existentes en el mercado.

El satélite desempeña un papel importante en el apoyo a las crecientes necesidades de IoT/M2M, atendiendo al gran número de dispositivos conectados en áreas remotas y de difícil acceso, para soluciones de monitoreo y control. Durante muchos años, el satélite ha jugado un papel vital en la conectividad SCADA y M2M para oleoductos y gasoductos, redes inteligentes, monitoreo ambiental, etc. A medida que el número de dispositivos conectados continúe creciendo de manera significativa, ofreciendo a los operadores los beneficios de una mayor eficiencia operativa, el satélite seguirá siendo una herramienta esencial para proporcionar conectividad a lugares remotos.

La conectividad por satélite tiene la ventaja de ser totalmente independiente de las redes terrestres: el sitio remoto está conectado directamente al telepuerto/centro de datos y no pasa por ninguna infraestructura terrestre local.

Los sistemas variantes en el tiempo son los sistemas móviles, cuyas características varían con el tiempo según su posición, casi siempre cambiante y que se dan con usuarios al caminar, moverse en automóviles estaciones de ferrocarril, metro, trenes y ascensores; en estos casos se debe analizar el efecto Doppler que vimos anteriormente y que consiste en el corrimiento de frecuencia portadora debido al movimiento de los transmisores y/o receptores y a la dispersión cambiante de las superficies.

CLASIFICACIÓN SEGÚN EL ÁREA DE COBERTURA

Los modelos de propagación según el área de cobertura identifican el área que cubren dichas redes y pueden ser:

Células o cedas globales, con radios superiores a los 100 Km (para zonas de difícil acceso) y normalmente manejadas con enlaces satelitales.

Hipercelulas, con radios cuyas distancias van entre 30 y 100 Km, especialmente en medios rurales; importante aquí los tipos de terrenos, que pueden ser: 1) Montañoso y mucha vegetación, con pérdidas de desvanecimiento elevadas. 2) montañoso con niveles medios de vegetación y por lo tanto perdidas de nivel medio, y 3) terreno llano con baja vegetación y perdidas de desvanecimiento bajas.

Macrocelulas o macroceldas, con radios cuyas distancias van entre 1,5 y 30 Km, típicas en ciudades pequeñas, áreas suburbanas y en vías de comunicación; las estaciones base normalmente ubicadas en azoteas.

Microcelulas o microceldas, con radios cuyas distancias van ente 0,1 y 1,5 Km; para diseños de coberturas en grandes ciudades, se pueden agrupar para disminuir el *handover*, o sea la conmutación entre células contiguas. La estación base puede estar a alturas por debajo de las estructuras que la rodean. Para las redes celulares estas permitirán junto con las picoceldas y las femtoceldas densificar las ciudades, necesario esto para los próximos grandes despliegues de 5G.

Picocelulas, con radios cuyas distancias son inferiores a 100 metros, se implementan en lugares con gran concentración de personas (oficinas, centros comerciales, estadios), ideales para implementar Redes WLAN.

Femtocelulas, con radios cuyas distancias son inferiores a 20 metros para aplicaciones en hogares y oficinas y en general, para interiores con altos volúmenes de tráfico.

CLASIFICACIÓN SEGÚN EL ORIGEN DE LOS DATOS

El modelo empírico, basado en leyes experimentales, se basa en la observación directa o indirecta de un fenómeno. Implica tomas y análisis de medidas en diferentes escenarios y a diferentes distancias del transmisor. Estos modelos siguen la ley proporcional al logaritmo de la distancia entre el transmisor y el receptor, visto en los análisis de pérdidas de espacio libre y se aplica para macroceldas, microceldas y picoceldas. Se basa en mediciones, modelos simples, empleo de propiedades estadísticas, no son demasiado precisas pero rápidos a la hora de realizar los cálculos. Ejemplos: Modelo de Okumura-Hata, Modelo COST Hata, modelo de Lee, modelo de dos pendientes y punto de ruptura, modelo Multi-Wall cost 231.

Modelo semiempirico, basado en leyes físicas con factores de corrección empíricos. Ejemplos: Modelo de Egli, Modelo COST 231 Walfisch-Ikegami, con consideraciones como: frecuencia de uso, altura de transmisor y receptor, distancia entre transmisor y receptor, valor medio de altura de los edificios, valor medio del ancho de las calles, valor medio de separación entre edificios; Modelo Longley-Rice utilizado en análisis de terrenos irregulares.

Modelo determinista, basado en leyes físicas, Es un modelo en que las mismas entradas originarán siempre las mismas salidas. Aumenta la carga computacional, se requiere de información geométrica del terreno, introduciendo reflexiones y difracciones en su propagación. Son modelos muy precisos, se hace empleo de óptica geométrica y trazado de rayos. Ejemplos: Modelo de 2 rayos (directo y reflejado en tierra); Modelo 3D standard ray Tracing; Modelo 3D Intelligent Ray Tracing.

CONSIDERACIONES PARA AMBIENTES INTERNOS

En ambientes internos, la ecuación de perdida de espacio libre vista anteriormente es válida para aproximadamente 6 metros. Después de eso, en un edificio con paredes internas, la pérdida de señal aumenta en aproximadamente 30 dB por cada 30 metros, todo dependiendo del tipo de estructura de las edificaciones; es por eso que la comunicación WiFi puede ser tan irregular en el hogar; las paredes están muy lejos de ser transparentes a las ondas de radio y depende mucho de los materiales de fabricación. El caso es que el WiFi de 2.4 GHz no fue desarrollado para un entorno doméstico. Fue diseñado para la creación de redes dentro de una gran oficina, de planta abierta sin paredes. Bluetooth tiene las mismas limitaciones. En ambientes reales en distancias de un metro la señal puede variar mucho tal y como se puede observar fácilmente con aplicaciones que miden las velocidades tanto de subida como de bajada desde el celular.

Con el advenimiento de las comunicaciones vía redes WLAN surgió un gran interés en caracterizar la propagación dentro de las construcciones, para lo cual es necesario considerar muchos factores y fenómenos que la afectan. La propagación en interiores considera los fenómenos de absorción, reflexión, dispersión y difracción; pero bajo condiciones mucho más variables.

La propagación en interiores no está influenciada por el perfil del terreno como la propagación en ambientes externos abiertos; como se puede ver en la **figura 4.4 Propagación en interiores**, la señal es afectada por la estructura del edificio, especialmente si hay varios tipos de materiales de construcción en el edificio. La señal transmitida alcanza al receptor por más de una trayectoria o ruta, a través de reflexión, refracción y difracción de las ondas de radio a causa de objetos como paredes, ventanas, puertas, muebles y objetos dentro del edificio.

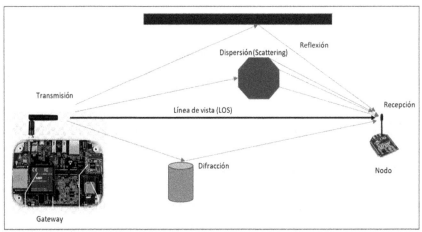

Figura 4.4 Propagación en interiores, Oswaldo Quiñonez

Como lo hemos expuesto anteriormente la señal, al propagarse por el espacio libre entre el transmisor y el receptor, se encuentra con obstáculos de diferente naturaleza, provocando que parte de esta señal se quede, tome otro rumbo y solo una parte siga su camino. A los elementos que la señal se encuentra en su camino se les llama difusores o *"scatters"* y son los que generan efectos de absorción, reflexión, dispersión (*Scattering*) y difracción.

MODELOS DE PROPAGACIÓN EN INTERIORES

A continuación, se analizarán los modelos de propagación en interiores más destacados, haciendo hincapié en su definición, en sus consideraciones y/o restricciones; con el fin de evitar hacer tedioso el tema se omiten las fórmulas matemáticas que manejan estos sistemas, pero sí se hace referencia a como realiza el análisis matemático cada modelo.

Modelo WINNER II

El modelo de propagación WINNER II fue diseñado para escenarios de interior, exterior e interior-exterior, trabaja en el rango de frecuencias de 2 a 6 GHz. Presenta expresiones para las pérdidas de propagación de trayectoria (*Path loss, PL*) en situaciones con línea de vista (LOS) y en situaciones sin línea de vista (NLOS). Para ambientes en interiores incluye en sus análisis matemáticos el número de muros entre transmisor y receptor; y un factor de pérdidas por penetración en el suelo (si y solo si los dispositivos están en diferentes pisos); incluyendo en este caso análisis según el número de pisos entre transmisor y receptor.

Modelo ITU-R M.2135-1

Las recomendaciones ITU-R constituyen una serie de normas técnicas internacionales desarrolladas por el sector de las radiocomunicaciones de la ITU (*International Telecommunication Union*).

El modelo ITU-R M.2135-1, al igual que con el WINNER II, caracteriza las pérdidas de propagación en interiores tanto para situaciones con línea de vista (LOS), como para situaciones sin línea de vista (NLOS). La documentación al detalle de estos modelos se encuentra en la respectiva especificación de la ITU-R.

Modelo ITU-R P.1238-8

Modelo utilizado para la planeación de sistemas de radiocomunicaciones y redes de área local en el rango de frecuencia de 300 MHz a 100 GHz. Este modelo, a diferencia de los anteriores, no distingue las situaciones con línea de vista (LOS) y sin línea de vista (NLOS). Presenta las pérdidas de propagación para un escenario general considerando una estación base y un terminal, igualmente analiza el factor de perdida por penetración de pisos entre la estación base y el terminal de usuario.

En la documentación de la especificación se describe una tabla con valores estándar del coeficiente de pérdidas para diferentes ambientes como residencial, oficina, comercial, fabrica o corredores y para frecuencias que van desde los 900 Mhz hasta los 70 Ghz.

De igual manera se presenta una tabla con los factores de perdida por penetración en pisos para ambientes residencial, oficina y comercial y para frecuencias en el rango de los 900 Mhz a 5.8 Ghz y para diferentes pisos.

COST 231

El modelo COST 231 propone tres modelos de propagación en interiores: One-slope model (OSM), Linear-slope model (LSM) y Multi walls multi floors model (MWM). Dichos modelos están basados en mediciones realizadas en distintas ciudades europeas, inicialmente en 900 y 1800 MHz y posteriormente escalado a otros rangos de frecuencias.

One-slope model (*OSM*), establece una dependencia lineal entre las pérdidas básicas de propagación (a un metro de distancia) y el logaritmo de la distancia, sin tener en cuenta otros elementos del entorno como las paredes. El índice de disminución de potencia es documentado en la especificación para varios pisos, espacios abiertos y pasillos.

Linear-slope model (*LSM*), modela las pérdidas como función lineal de la distancia, es el modelo más simple y al igual que One-slope model, no contempla la influencia de la penetración en muros o suelos; su formulación matemática solo contempla un coeficiente de atenuación (dB/m) y se mide para uno, dos o más pisos y para sistemas abiertos.

Multi walls multi floors model (*MWM*), a diferencia de los dos modelos Cost 231 analizados anteriormente, este modelo sí tiene en cuenta la atenuación de los muros y suelos; los análisis incluyen el número de muros de tipo predeterminado entre transmisor y receptor; el coeficiente de pérdidas debido al tipo de muro, el número de suelos entre transmisor y receptor y el coeficiente de pérdidas debido a los suelos.

MODELOS DE PROPAGACIÓN PARA AMBIENTES EXTERNOS (OUTDOOR)

En ambientes externos, un proyecto de Internet de las cosas podría involucrar la comunicación con sensores remotos ubicados a una distancia de hasta algunos kilómetros y quizá en ambientes hostiles. En esta situación, las frecuencias de sub-1 GHz son mejores debido a la reducción de la pérdida por atenuación de la señal en espacio libre, así estas frecuencias y la utilización de tecnologías de banda estrecha están siendo utilizadas y son un buen prospecto para las soluciones de los años venideros. Se prestará igualmente atención a los modelos para tecnologías 4G y 5G, debido a su impacto que tendrá en el Internet Industrial de las cosas.

Se habla aquí de sistemas operando con línea de vista y considerando obstáculos como edificios o árboles los cuales reducen drásticamente el alcance.

Los modelos de propagación de radiofrecuencia surgen por la necesidad de modelar una zona geográfica de terreno irregular, para así poder predecir las pérdidas a través del camino hacia el receptor ("*path loss*"), existen una gran cantidad de factores que se deben tener en cuenta tales como:

El perfil del terreno de la zona a modelar (zona de cobertura)
Presencia de obstáculos como edificios, arboles.
Movilidad del receptor en la zona de cobertura

Operadores utilizando espectros de frecuencia cercanos, convirtiéndose en posibles fuentes de interferencia.

Para este fin a lo largo de la historia de las comunicaciones vía radio muchos científicos han propuesto varios modelos, los cuales apuntan a predecir la potencia de la señal en un punto específico de recepción dentro de un área dada, pero estos métodos varían en su enfoque, complejidad y precisión. En su mayoría éstos modelos están basados en la interpretación de mediciones y en diversos tipos de áreas de servicio.

MODELO DE PROPAGACIÓN EN EL ESPACIO LIBRE.

Este modelo es utilizado para predecir la potencia de la señal cuando entre el transmisor y el receptor existe una clara línea de vista. Los sistemas de comunicación satelital y los enlaces microondas se pueden modelar como propagación en el espacio libre. El modelo del espacio libre predice que la potencia recibida decae como función de la distancia de separación entre el transmisor y receptor, elevada al cuadrado.

PROPAGACIÓN DE RF EN AMBIENTES URBANOS

A continuación, se explicarán sin manejar los detalles matemáticos, varios modelos de propagación para algunos tipos de ambientes y para determinados rangos de valores; se debe tener en cuenta que estos modelos manejan sus consideraciones específicas y que son producto de investigación de científicos que le han dedicado mucho tiempo a mediciones y observaciones.

A través de los años ha cobrado una mayor importancia el estudio de esta área de las comunicaciones inalámbricas debido al crecimiento urbano y debido a la cada vez más grande demanda de volúmenes de información y que seguirá creciendo con las implementaciones de redes celulares y las demandas crecientes de datos.

El estudio de esta parte de las telecomunicaciones tuvo sus inicios en Japón aproximadamente en la década de los sesentas, siendo uno de los primeros el científico Okumura quien basó sus estudios en mediciones experimentales realizadas en su país. Después de realizar una serie de estudios y análisis finalmente Okumura publicó sus resultados en el año de 1968, estos tenían el inconveniente de que solo eran representativos de la propagación en la zona urbana de Japón.

MODELO DE OKUMURA

El modelo de Okumura es uno de los más ampliamente utilizados para predicción de señales en áreas urbanas. Este modelo es aplicable para frecuencias en el rango de 150 MHz a los 1920 Mhz, es decir, comprende la banda de VHF y UHF (sin embargo, típicamente es extrapolado para frecuencias arriba de 3.000 MHz entrando en la banda de SHF) y distancias de 1 Km a 100 Km. Puede ser usado para alturas de la antena de la estación base en el rango de 30 m a 1000 m.

Basado en las mediciones en campo Okumura desarrolló un conjunto de curvas, las cuales muestran la atenuación relativa al espacio libre (que se usa como nivel de referencia), para una zona urbana sobre terreno casi-plano, los valores de cada curva fueron obtenidos por exhaustivas mediciones usando antenas verticales, omni-direccionales tanto en la base como en el móvil y graficadas en función de la frecuencia, en el rango de los 100 MHz a los 1920 MHz y como una función de la distancia. Con esto pudo desarrollar un modelo de las pérdidas del enlace, considerando factores de corrección dependiendo del tipo de terreno, aunque este no es un modelo analítico. Es uno de los modelos más simples y adecuados para las predicciones de atenuación para sistemas celulares y sistemas de radio terrestre en ambientes poblados.

El método que utilizó Okumura era laborioso de manejar en otros ambientes ya que requería la correcta interpretación de la información obtenida de las gráficas, de acuerdo con la zona en que se aplicara, por esta razón algunos científicos se interesaron en continuar las investigaciones al respecto siendo uno de los más destacados el científico de Masaharu Hata. Este científico propuso diferentes ecuaciones para ambientes suburbanos y rurales; para sus ecuaciones consideró un terreno ligeramente montañoso, con elevaciones menores a veinte metros. A partir de estos desarrollos surgió el modelo de propagación Okumura- Hata.

MODELO COST 231 (Extensión del modelo Hata).

La Cooperativa Europea para investigación científica y técnica (*European Cooperative for Scientific and Technical, COST*) desarrolló el modelo COST 231, en el cual extiende el modelo de Hata hasta el rango de los 2 GHz, cubriendo así las bandas de VHF y UHF. El modelo se expresa con un factor de corrección (CM), para adecuar el modelo extendiendo al rango de frecuencia para el que opera el modelo de Hata, así: CM = 0 dB para ciudades medianas y áreas suburbanas; CM = 3 dB para centros metropolitanos. Una de las aportaciones más importantes de este modelo es considerar pérdidas por dispersión.

MODELO WALFISH Y BERTONI

Walfisch y Bertoni se interesaron en el efecto de la altura de los edificios. Propusieron un modelo teórico tomando en consideración la altura de estos y las dispersiones de las señales teniendo en cuenta principalmente las dispersiones de las señales en los edificios cercanos a los sistemas móviles (ver **Figura 4.5 Modelo Walfisch-Bertoni**).

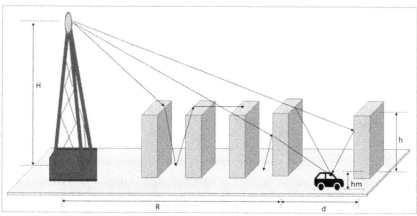

Figura 4.5 Modelo Walfisch-Bertoni, fuente, tomado el 03/07/2019 de:
http://catarina.udlap.mx/u_dl_a/tales/documentos/lem/trevino_c_jt/capitulo5.pdf

El modelo Walfisch-Bertoni fue combinado con el modelo de Ikegami para considerar la difracción descendente hasta el nivel de las calles y algunos factores empíricos de corrección, con referencia a mediciones, pero ya resumidos en un único modelo, con base en las diferentes contribuciones de los miembros del *"COST 231 Subgroup on Propagation Models"*, dando como resultado el modelo COST231- WALFISCH-IKEGAMI

COST231- Walfisch-Ikegami

Este es un modelo híbrido para sistemas celulares de corto alcance, corresponde a las frecuencias del rango de 800 - 2000 MHz, es decir en la banda de UHF y SHF. Se usa comúnmente para la predicción en microceldas, así como también, permite incorporar a la estimación de pérdidas por trayectoria, más parámetros que describen las características de un ambiente urbano, como son: alturas de edificios (hRoof), ancho de las calles (w), separación entre edificios (b) y orientación de las vías respecto al trayecto directo de radio entre la Estación Base (BS) y el Abonado Móvil (MS). Los parámetros antes descritos se pueden ver con claridad en la **figura 4.6 Walfisch-Ikegami** que se muestra a continuación.

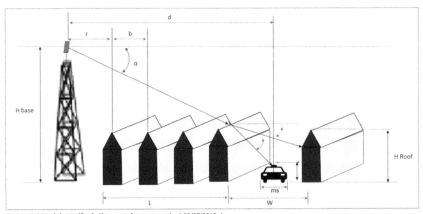

Figura 4.6 Modelo Walfisch-Ikegami, fuente, tomado el 03/07/2019 de:
http://catarina.udlap.mx/u_dl_a/tales/documentos/lem/trevino_c_jt/capitulo5.pdf

Con el fin de aclarar cómo es que cada modelo hace un tratamiento matemático y dado que este es uno de los modelos más complejos, se expone aquí algunas de las fórmulas del modelo, con su respectiva explicación.

El modelo es útil para ambientes urbanos densos. Este modelo está basado en varios parámetros urbanos tales como densidad del edificio, altura promedio del edificio y el ancho de las calles. La altura de la antena es generalmente más alta que la altura promedio del edificio, de tal forma que las señales son guiadas a través de la calle, simulando un ambiente urbano tipo cañón.

Este modelo distingue entre las situaciones en las que hay línea de vista (*line-of- sight, LOS*) y en las que no hay línea de vista (*Non line-of- sight, NLOS*). En el caso de LOS se aplica una fórmula simple para las pérdidas de propagación, diferente a la aplicada en el caso del espacio libre, la cual se basa en mediciones llevadas a cabo en la ciudad de Estocolmo y está dada por la ecuación (1):

$$L \text{ (dB)} = 42.6 + 26\log (d) + 20 \log (f) \qquad (1)$$

Para d ≥ 20 metros, d expresada en km y f expresada en MHz.
Para condiciones NLOS (sin línea de vista) el total de pérdidas está dado por la ecuación (2):

$$L(dB) = Lo + Lmsd + Lrts; \text{ para } Lmsd + Lrts > 0 \qquad (2)$$

Donde: Lo son las pérdidas por espacio libre, Lmsd son las pérdidas por difracción de múltiples filos de cuchillo antes del techo del edificio final y Lrts (*roof-top-to-street*) las pérdidas debidas a una única difracción final hacia el nivel de la calle, ocasionada por el techo del último edificio, y un proceso de dispersión ocurrido a esta altura.

L (dB) dará un valor mínimo de Lo cuando Lrts + Lmsd ≤ 0 y en otros casos puede llegar a ser negativo; las pérdidas por espacio libre están dadas por la ecuación (3):

$$Lo \text{ (dB)} = 32.4 + 20 \log (d) + 20 \log (f) \qquad (3)$$

Para d expresada en km y f expresada en MHz.

La determinación de Lrts se basa principalmente teniendo en cuenta el ancho de las calles y su orientación, resultando en la ecuación (4):

$$Lrts = -16.9 - 10 \log(w) + 10Log(f) + 20Log(\Delta hMobile) + LOri \quad (4)$$

Donde: w es la distancia entre las caras de los edificios ubicados a los lados de la calle donde se encuentra el Abonado Móvil (MS), típicamente w ≈ b/2 y se expresa en metros, f en MHz y ΔhMobile en metros. El término final (LOri) de la ecuación (4) considera la orientación de las calles a un ángulo ⊠ de incidencia de la señal, cuyo tratamiento matemático se maneja para diferentes rangos de ángulos y puede revisarse al detalle en la documentación de la especificación, con el fin de no profundizar más en este apartado.

La difracción debida a múltiples filos de cuchillo conlleva a una integral denominada Integral de aproximación de Kirchhof-Huygens; este resultado de aproximación es extendido por el COST 231 para aquellos casos en que la altura de la antena se encuentra por debajo de los techos de los edificios y para ello utilizan una función empírica basada en mediciones.

La difracción debida a la presencia de múltiples techos de edificios a lo largo de la ruta de propagación, se analiza igualmente en detalle en la documentación de la especificación, donde se tienen en cuenta las características de los edificios y de las calles, el número de pisos de los edificios, los valores para centros metropolitanos, ciudades intermedias y densidad de árboles.

El modelo no considera propagación multi-trayectoria y su confiabilidad en la estimación de pérdidas disminuye si el terreno no es plano o si la región de cobertura no es homogénea. Debido a que se diseñó para un correcto desempeño en terreno plano, fue necesaria la realización de aproximaciones, por medio de un algoritmo, para la óptima estimación de pérdidas de propagación para el caso de entornos semiurbanos y sobre terreno montañoso.

MODELO DE LONGLEY-RICE (modelo para terrenos irregulares)

Este modelo se aplica a sistemas punto a punto y a esquemas de comunicación en el rango de frecuencias desde VHF hasta EHF, es decir, desde los 40 MHz hasta los 100 GHz, sobre diferentes tipos de terrenos.

La pérdida "media" de propagación se obtiene utilizando información sobre la geometría del terreno entre el receptor y transmisor, y las características refractivas de la tropósfera.

Para predecir la potencia de la señal dentro del "horizonte" (LOS) se utiliza principalmente el modelo de reflexión terrestre de 2 rayos, representado en la **figura 4.7 Modelo de Dos Rayos.**

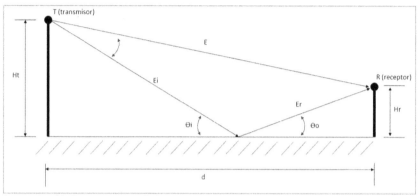

Figura 4.7 Modelo de Dos Rayos, tomado de:
http://catarina.udlap.mx/u_dl_a/tales/documentos/lem/trevino_c_jt/capitulo5.pdf

Las pérdidas por difracción, por obstáculos aislados, son estimadas utilizando el modelo de "filo de cuchillo" (Knife Edge) de Fresnel-Kirchoff (ver **figura 4.8 Fenómeno de "Filo de cuchillo").**

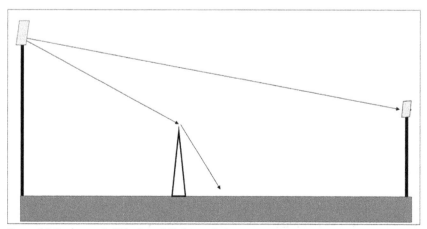

Figura 4.8 Fenómeno de "Filo de cuchillo", tomado de:
http://catarina.udlap.mx/u_dl_a/tales/documentos/lem/trevino_c_jt/capitulo5.pdf

Este modelo también analiza los fenómenos de dispersión en la tropósfera para poder hacer predicciones sobre distancias largas.

Las pérdidas de difracción en el campo lejano a distancias del doble del horizonte son predecibles utilizando un método de Van der Pol-Bremmer modificado.

El método Longley-Rice trabaja en dos modos: uno es cuando se dispone de una detallada descripción del perfil del terreno, facilitando la obtención de los parámetros de propagación, a esto se le conoce como modo de predicción punto a punto. El otro es cuando no se dispone del perfil del terreno, para lo cual el método dispone de técnicas para estimar los parámetros específicos, a este modo se le conoce como predicción de área.

Este método ha sido objeto de modificaciones, una de las últimas ha sido la introducción de un nuevo factor llamado factor urbano (UF), con el cual se hace referencia a la atenuación debida a obstáculos que se presentan antes de llegar a la antena receptora.

Este modelo no provee de una forma de determinar correcciones debido a factores ambientales en las proximidades del receptor, así como tampoco considera el efecto de edificios y árboles y cabe mencionar que tampoco considera el efecto de la multitrayectoria.

MODELO DE DURKIN

Este modelo sirve para predecir la intensidad de campo sobre terrenos irregulares. El simulador del cual se deriva este modelo consiste en un algoritmo formado por dos partes principales. En la primera parte se accede a una base de datos topográfica la cuál es realizada por el usuario en base a un servicio de área propuesto y se reconstruye la información del perfil del terreno a lo largo de un radio circundante que incluye al transmisor y al receptor; debe suponerse que dentro de esta área la señal no sufrirá de reflexiones ni dispersión debido a obstáculos, es decir, libre del fenómeno de multitrayectoria.

La segunda parte del algoritmo calcula las pérdidas esperadas de la señal dentro del área ya definida, el receptor del simulador puede ser cambiado de posición, en un área de servicio, realizando un proceso iterativo, para poder obtener el contorno de la fuerza de la señal en toda el área de cobertura.

Se consideran dos casos importantes dentro del método, uno cuando existe línea de vista (LOS) y otro cuando no existe línea de vista (NLOS). Para el caso en donde no se tiene línea de vista, **figura 4.9 Modelo de Durkin cuando no hay LOS,** el problema es dividido en cuatro categorías para ser evaluado: a) Esquina de refracción simple, b) Dos esquinas de refracción, c) Tres esquinas de refracción y d) Más de tres esquinas de refracción.

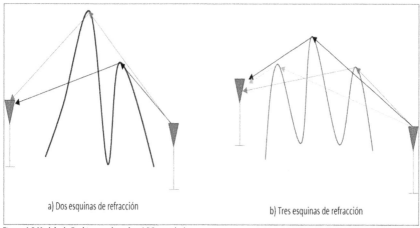

a) Dos esquinas de refracción

b) Tres esquinas de refracción

Figura 4.9 Modelo de Durkin cuando no hay LOS, tomado de:
http://catarina.udlap.mx/u_di_a/tales/documentos/lem/trevino_c_jt/capitulo5.pdf

Así, sí la condición de esquina de refracción simple no se satisface, el simulador chequea la siguiente condición.

Este modelo es muy importante ya que involucra información del terreno, que en la actualidad es ya muy utilizada por cualquier sistema de comunicación celular ya que suele ser un parámetro determinante en la propagación de radiofrecuencia; además resulta muy útil, ya que puede leer un mapa de elevación digital y puede desarrollar cálculos de propagación específicos para cada lugar dentro de la zona de servicio, además puede proveer de curvas de niveles de potencia para una región determinada.

Por otro lado, como es de esperarse, tiene algunas desventajas como son: el no poder predecir adecuadamente efectos de propagación debido a edificios, árboles y otras estructuras hechas por el hombre y también el no considerar el efecto de multitrayectoria, que puede ser predominante en sectores urbanos.

MODELOS PARA LTE Y LTE ADVANCED (4G)

Los modelos de propagación de los sistemas móviles digitales para sistemas celulares intentan caracterizar cuatro aspectos de la propagación así:

1) Determinación de la perdida básica de la propagación

2) Análisis de propagación multitrayectoria y dispersiones temporal y frecuencial

3) Desarrollo de modelos de simulación de canal (modulación y protección de la señal)

4) Realización de medidas reales para comprobar los resultados

El internet industrial de las cosas, especialmente para soluciones críticas que exigen respuestas en tiempo real y/o grandes volúmenes de información requiere de tecnologías 4G y principalmente 5G, de ahí que el despliegue en masa de este tipo de soluciones irá de la mano con el despliegue de estas tecnologías, vale decir, el Internet Industrial de las cosas será uno de los habilitantes fundamentales de 5G.

Para el caso de LTE (4G) se han logrado capacidades de trafico de hasta 75 megabits por segundo en subida y hasta 300 megabits por segundo en bajada. Se utiliza en bajada la técnica de modulación OFDMA (*Ortogonal Frequency Division Multiple Accsess*) en combinación con esquemas de modulación de orden elevado (64 QAM), anchos de banda de hasta 20 Mhz y multiplezado espacial (MIMO 4x4). En subida se utiliza la técnica de modulación SC_FDMA (*Single Carrier-Frequency Division Multiple Accsess*). Todas estas especificaciones deberán tenerse en cuenta en el momento de modelar un canal de propagación para las tecnologías de celulares de cuarta generación (4G)

MODELO DE CANAL 3D

En este modelo se tiene en cuenta las macroceldas con estaciones base por debajo de los edificios que la rodean, por encima de los edificios que la rodean y con un rascacielos en cada sector. Se analizan enlaces LOS y NLOS (Ver **figura 4.10 Modelo de canal 3D**)

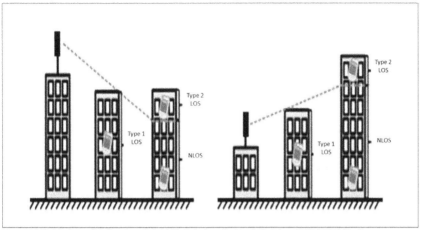

Figura 4.10 **Modelo de canal 3D,** fuente tomada el 03/07/2019 de: https://arxiv.org/ftp/arxiv/papers/1502/1502.01621.pdf

Para estos sistemas se sigue utilizando los modelos de Okumuro-Hata en la banda de 800 Mhz y COST 231-Hata en las bandas de 1800 Mhz y 2600 Mhz.

Con **LTE ADVANCED (LTE-A)** las capacidades son aún mayores respecto a LTE, lográndose velocidades de bajada de hasta 3 gigabits por segundo y de subida de hasta 1,5 gigabits por segundo. Hay un incremento espectral de 16 bits por segundo por cada Hertz, a 30 bits por segundo por cada hertz de ancho de banda, igualmente hay un aumento de velocidad en las fronteras de las celdas y un mayor número de subscriptores por celda.

Nuevas funcionalidades con agregación de portadoras, mejora de técnicas multiantena (MIMO 8x8 en bajada y 4x4 en subida) y uso de nodos de repetición regenerativa (*relay nodes*), que son estaciones de baja potencia en los límites de las celdas o en zonas de alta densidad de usuarios.

Cuando se usa la agregación de portadoras se define un número de células de servicio por cada una de ellas y no todas tienen la misma cobertura, importante esto para el diseño de los modelos de propagación.

Se utiliza el modelo de espacio libre, como modelo de comparación y se aplican los modelos Hata extendido (COST 321 Hata) y ITU-R P.1546-4

Igualmente se ha utilizado el modelo JTG5-6 (una combinación de los modelos anteriores) y tiene un comportamiento dependiendo de la distancia entre el transmisor y el receptor, así: Hasta los 40 metros la perdida es idéntica a la pérdida del espacio libre; entre los 40 y los 100 metros la perdida básica se calcula mediante una interpolación lineal entre el modelo de espacio libre y el de Hata extendido y entre los 100 y los 1000 metros mediante una interpolación lineal entre el Hata extendido y el ITU P.1546-4

A partir de los 1000 metros la representación de la perdida básica decrece entre 30 y 40 dBs por década dependiendo de la altura de las antenas; a partir de los 20 Km entra en juego la curvatura de la tierra y las perdidas aumentan a 60 dBs por década.

El Hata extendido es el modelo que más de aproxima a los datos tomados en campo.

MODELOS DE PROPAGACION PARA 5G

Como se expuso anteriormente las aplicaciones de IIOT (Internet Industrial de las cosas) críticas, que exigen respuesta en tiempo real y/o el manejo de altas capacidades de información, formarán parte de las tecnologías que lograrán su máximo despliegue con el advenimiento de las redes 5G, tecnología que soportará la mayor parte de las comunicaciones de la Industria 4.0. Los *Start Ups* de IoT en la industria y la manufactura necesitan no solo soportarse de otras tecnologías de punta como la inteligencia artificial, la analítica, la robótica y Big Data sino de redes de comunicación de alta velocidad y buena cobertura, esto se logra con las redes celulares 5G.

Los requisitos de la tecnología 5G han venido siendo desarrollados por la asociación NGMN (*Next Generation Mobile Networks Alliance*), asociación de operadores móviles, fabricantes e institutos de investigación. Entre las principales especificaciones necesarias de 5G están: mejorar el rendimiento del sistema, disminuir la latencia, aumentar la seguridad, la conectividad y la cobertura. La arquitectura de red debe ser modular, con escalas bajo demanda para adaptar casos de uso de manera fácil y eficiente.

De la misma manera se espera un mejor aprovechamiento del espectro implementando sistemas con capacidad de manejar *roaming* global, múltiples bandas y múltiples tecnologías.

Ejemplos de familias de casos de uso de la tecnología 5G y sus aplicaciones en múltiples industrias (verticales)

Acceso de banda ancha para áreas densas (como centros comerciales, áreas industriales)

Acceso de banda ancha en cualquier lugar (mayor a 50 mbps, mejor cobertura)

Mayor movilidad de usuario (ejemplo para trenes de alta velocidad)

IoT a gran escala (múltiples redes de sensores en industria y manufactura)

Comunicaciones en tiempo real extremas (internet táctil, inteligencia artificial)

Comunicaciones de emergencia (en desastres naturales)

Comunicaciones de máxima confianza (servicios de e-salud)

Servicios de emisión de grandes volúmenes de imágenes y datos

Cada familia de casos de uso de la tecnología 5G implica requisitos específicos de tasas de datos de subida y de bajada, latencias máximas permitidas, diferentes velocidades de transmisión y usos diferentes del espectro de frecuencias, el cual podrá llegar hasta los 300 Ghz, implementando así nuevas tecnologías de radiofrecuencia para lograr una densificación de la red a través de picoceldas y femtoceldas.

Los dispositivos igualmente deben ser capaces de soportar múltiples bandas y múltiples modos (TDD/FDD o una mezcla de ambos). Igualmente manejo de distintas tecnologías y portadoras.

Las mejoras respecto a 4G deben cumplir con mayor tasa de datos, menor latencia extremo a extremo, mayor movilidad (velocidad), mejor eficiencia espectral y mayor densidad de conexión.

Lo anterior se logra con empleo de bandas de frecuencias superiores (hasta los 300 Ghz), uso de nuevas formas de onda, nuevas tecnologías de acceso múltiple, mejoras en sistemas MIMO, densificación de la red de acceso.

Los principios de diseño en 5G implican en la parte de radio, un mejor aprovechamiento del espectro y en el centro de red (*core network*), una parte común compatible que apoye la heterogeneidad de la red, se espera igualmente unas operaciones y una administración de red simplificada.

Los anteriores principios de diseño establecidos por la NGMN pretenden aprovechar la separación estructural entre hardware y software, así como la programabilidad ofrecida por las arquitecturas SDN/NFV, resultando en redes lógicamente independientes con el concepto de *Network Slice,* donde cada capa (*slice*) es independiente y soporta un servicio de comunicación o un determinado tipo de conexión. Así un *slice* de la red manejaría servicios de celulares, otro *slice* manejaría redes de sensores en internet de las cosas, otro *slice* manejaría aplicaciones críticas como *health care,* etc.

Con el fin de cumplir con capacidades muy variables, en zonas muy densas, y de bajas latencias; se implementan nuevos escenarios tales como microceldas *Indoor to Outdoor,* y macroceldas *Outdoor to Indoor,* se analiza la propagación LOS y NLOS, considerando que se utilizan bandas por encima de 6 Ghz (frecuencias milimétricas) y con un rango tan amplio que están previstos sistemas hasta en los 300 Ghz.

Nuevamente aquí y sin importar las nuevas tecnologías, el modelo de espacio libre se utiliza como modelo base de comparación. Efectos como la difracción disminuye al aumentar las frecuencias y las reflexiones y dispersiones se vuelven dominantes, lográndose coberturas NLOS a través de reflexiones múltiples más que por dispersiones.

En altas frecuencias los enlaces de largo alcance como radioenlaces o satelitales se ven afectados por perdidas atmosféricas, especialmente debido al desvanecimiento por lluvia, sin embargo, para cortas distancias el efecto es menor y por lo tanto se puede utilizar para la densificación vía celdas de pequeña cobertura.

En algunos estudios se ha propuesto dividir el espectro en tres rangos para las frecuencias por encima de 6 Ghz, así:

Bandas de 6-30 Ghz, la tecnología existente se puede adaptar a este ancho de banda, con limitante de la banda satelital Ka (26,5 a 40 Ghz)

Banda de 30 a 100 Ghz, a 60 Ghz se presenta un fenómeno de absorción por el oxígeno, lo que hace que a esta frecuencia el espectro esté libre de licencias y sea aprovechado por el protocolo IEEE 802.11 ad (Sistemas WiGig), así muchos sistemas 5G también podrían sacar provecho de esta banda

Banda por encima de 100 Ghz, se han realizado pruebas con sistemas a 120 Ghz, el gran ancho de banda a estas frecuencias permitirá transmisiones de hasta 100 Gbps.

Los modelos de propagación deberán operar en los rangos de frecuencia antes definidos y a la vez poder integrarse con los modelos existentes para frecuencias por debajo de los 6 Ghz.

Proyectos de investigación como el METIS2020 son modelos de propagación totalmente en 3 dimensiones, con modelado preciso de polarización, modelado de ondas esféricas y elevada resolución espacial. Otro proyecto similar es el COST2100 que tiene la capacidad de reproducir las propiedades estocásticas de los canales MIMO en el tiempo, frecuencia y espacio. COST 2100 soporta el modelado de ondas esféricas, no contempla movilidad en los dos extremos del enlace.

Los modelos deberán tener en cuenta los arreglos de antenas MIMO, con patrones de radiación en azimut y elevación cambiantes en el tiempo para manejar ganancias muy directivas y de programación inteligente; se prevén arreglos de antenas lineales, planas, cilíndricas o esféricas para diferentes aplicaciones; igualmente debe operar con portadoras de hasta 300 Ghz y anchos de banda por canal de hasta 2 Ghz, con agregación de portadoras y movilidad de hasta 350 Km/hora

Igualmente debe asegurar comunicaciones LOS y NLOS, para enlaces simple y multicelda, con herramientas de simulación de redes multienlace.

El modelado se basará en mapas digitales aumentando la complejidad de los simuladores.

Modelos WINNER/*IMT Advanced*: estos modelos incluyen análisis *indoor, indoor* a *outdoor* y *outdoor*

El modelo WINNER II y WINNER+ son modelos totalmente en 3D con polarización geométrica y utilizable en canales terrestres y en enlaces satelitales.

IEEE 802.11 para 60 GHZ, el protocolo IEEE 802.11 ad está pensado para redes de área local inalámbricas (WLANs) en las que se requiere altas tasas de datos. El modelo describe el canal proporcionando características espaciotemporales precisas incluyendo la polarización y el soporte al *beamforming* y las características no estacionarias del canal.

El modelo final del METIS está basado en los modelos WINNER II y WINNER +, las extensiones o modificaciones dependerán de las mediciones en campo, teniendo en cuenta las frecuencias de trabajo, la consistencia espacial, la elevación (3D) y la introducción de ondas esféricas. Lo anterior ya que los modelos base están diseñados para frecuencias por debajo de los 6 Ghz y este debería llegar hasta los 86 Ghz.

Se han realizado para 5G mediciones con los siguientes modelos, tanto para ambientes *indoor* como para ambientes *outdoor* y para frecuencias milimétricas de 28 Ghz y de 73 Ghz:

Close-in (CI) free space reference distance path los model
Close-in (CIF) free space reference distance model with frequency-dependent path los exponent
Alpha-Beta-Gamma (ABG) path los model

Estos modelos permiten analizar el comportamiento de las ondas milimétricas y su uso tanto en escenarios de oficina en interiores, así como en microceldas, en ambientes urbanos y presenta y compara los modelos de pérdida de enlace tanto de frecuencia única como de múltiples frecuencias, utilizando los datos de extensas campañas de mediciones realizadas por diferentes institutos de investigación y en bandas de 6 Ghz, 28 Ghz, 73 Ghz y 80 Ghz.

Luego de describir los principales modelos de radiopropagación nos queda por decir que actualmente existen en el mercado muchas herramientas (paquetes potentes de software) que permiten no solo hacer la planeación y el diseño de las redes sino los análisis para optimizar automáticamente el funcionamiento de las redes, con ajustes a los parámetros y basados en los análisis de trafico de las mismas, llegando aún más legos, a identificar zonas que deben densificarse para el caso de zonas o áreas de mucho tráfico. Las redes igualmente tienen la capacidad de autoconfigurarse para atender mejor a la demanda de los usuarios.

Algunas herramientas utilizadas y presentes en el mercado como ATOLL, ASSET, PLANET, permiten análisis para diferentes tecnologías, desde redes WiFi hasta redes 4G, pasando por 2G, 3G y WiMax, con capacidad de parametrizar múltiples escenarios; manejan software multiusuario para labores en paralelo, mapas digitales de alta resolución, integran módulos para gestión de inventarios, adquisición y gestión de sitios donde se instalan las radiobases, entre otras funcionalidades, convirtiéndose así en herramientas necesarias para la toma de decisiones de los operadores de redes móviles.

CALCULO DE PRESUPUESTO DE POTENCIA PARA UN ENLACE

En esencia, un presupuesto de enlace (comúnmente *"budget"*) es una ecuación simple que le permite al diseñador o al planeador de redes inalámbricas establecer qué tan potente debe ser el transmisor y/o qué tan sensible debe ser el receptor para comunicarse a una distancia determinada, de una manera confiable y libre de errores. Un estudio detallado debe incluir factores como la relación señal a ruido, la velocidad de la señal (baudios), los esquemas de modulación de la señal (FSK, QAM, OFDM, etc.), los efectos del medio en que se propaga la señal dependiendo de la frecuencia tales como absorción, reflexión, difracción y dispersión de la señal y en el caso de las sondas espaciales u otros sistemas en movimiento, el cambio de frecuencia debido la diferencia cambiante de la distancia, denominado efecto Doppler. Una ecuación de presupuesto básica para un enlace inalámbrico terrestre, definida para determinar la potencia del receptor (sensibilidad) se resume en la ecuación (1), (ver **figura 4.1 Modelo de canal de propagación**):

$$Ptx + Gtx - Lfs - MD + Grx = Prx \; dBm \qquad (1)$$

Donde Ptx = Potencia del Transmisor (en dBm)
Gtx = Ganancia de la antena de transmisión (en dB)
Lfs = Perdida de espacio libre (en dB)
MD = Margen de desvanecimiento (en dB)
Grx = Ganancia de la antena del receptor (en dB)
Prx = Potencia del receptor (sensibilidad del receptor, en dBm)

Si a la potencia del transmisor le sumamos la ganancia de la antena del transmisor, le restamos las pérdidas de la señal por espacio libre (*Lfs, Loss of free space*), estas son las pérdidas de la señal a medida que viaja del transmisor al receptor, le restamos además las pérdidas por otros factores inherentes al medio en que la señal se propaga (desvanecimiento) y a este valor le sumamos la ganancia de la antena del receptor y tenemos que esto es igual a la potencia que se recibe valga la redundancia a la entrada del equipo receptor y se expresa matemáticamente en la ecuación (1)

Para finalizar este análisis de los enlaces inalámbricos se presenta como ejemplo los cálculos para un enlace de línea de vista utilizando un par de transceptores LPRS eRIC9 de 868 MHz. Usando los números proporcionados en la hoja de datos, podemos ver las compensaciones entre potencia de transmisión, rango y velocidad de datos. El uso de la frecuencia de banda ISM de 868 MHz nos da una longitud de onda λ = 0,34 metros (esto se deduce de la fórmula: longitud de onda por frecuencia igual a la velocidad de la luz, $\lambda f = c$)

Detalles del tranceptor - eRIC9 868/915MHz ISM: el sencillo módulo de transceptor de radio (Radio Intelligent Controller - eRIC9) se basa en un dispositivo Texas Instruments CC430 *System-on-Chip* (SoC). La memoria Flash del procesador está programada con una versión protegida del Sistema Operativo (easyRadio - eROS) que proporciona al usuario acceso de alto nivel a todas las funciones de radio. Parte del área de memoria Flash está disponible para el código de la aplicación. El módulo elimina la necesidad de un microcontrolador de host separado y, por lo tanto, minimiza el costo y el consumo de energía para los nodos de RF de 'detección y control' simples, como podría ser necesario para el internet de las cosas.

Especificaciones:

CC430F5137 SoC, MSP430-core, 32KB memoria FLASH, 4KB RAM
Sistema operativo embebido eROS
Frecuencia portadora: 868/915 MHz Banda ISM
Máxima potencia RF de salida: +7 dBm
Sensibilidad de recepción: -109 dBm @ 1200 bps
Sensibilidad de recepción: - 81 dBm @ 500 kbps
Max rata de datos en RF: 500 kbps
Potencia de alimentación: +2.4 V a +6.0 Vdc
Rango de temperatura de operación: -40 a +85°C
Dimensiones: 15 x 20 x 2.2 mm formato SMD

Utilizando la fórmula de pérdida por espacio libre, para 100 metros tenemos:
Lfs = 20 log (4π*100m/0,34m) = 71,35 dB

Usamos una antena de 0 dB tanto para transmisión como para recepción (regularmente los fabricantes asumen una antena dipolo y ajustan con 2,13 dB de ganancia).

De las especificaciones, la sensibilidad del receptor para 1.200 bps es Prx = -109 dBm

Adicionamos el peor margen de desvanecimiento de 30 dB, (equivalente a una atenuación de 1.000 veces la señal de salida de la antena del transmisor).

Potencia de transmisión requerida, de la ecuación (1):

Ptx + Gtx – Lfs - MD + Grx = Prx, entonces:
Ptx = - Gtx + Lfs + MD – Grx + Prx
Ptx = 0 + 71,35 + 30 – 0 - 109 = - 7,5 dBm

Bien estamos por debajo de los 7 dBm que es la potencia máxima de transmisión, es decir tenemos un margen de 14,5 dBm o lo que es lo mismo podemos cubrir aun una distancia mayor con este tipo de radios y para la velocidad definida de 1.200 bps.

Ahora, si tenemos un rango más corto de 10 metros y queremos transmitir a mayor velocidad, utilizando la fórmula de espacio libre para 10 metros tenemos:
Lfs = 20log(4π*10m/0,34m) = 51,35 dBm

Nuevamente asumiendo 0 dB para las antenas de transmisión y recepción y de las especificaciones, la sensibilidad lograda para una rata de datos de 500 kbts es: Prx = – 81 dBm

Con el peor caso de 30 dB como margen de desvanecimiento, la potencia de transmisión del transmisor sería:
Ptx = 0 + 51,35 + 30 – 0 - 81 = 0,35 dBm

En este caso, como estamos más cerca se puede tener velocidades de datos más rápidas (500 kbps) y con una potencia de 6.65 dBm por debajo de la potencia máxima del transmisor.

CONSIDERACIONES SOBRE EL MANEJO DEL ESPECTRO Y EL ANCHO DE BANDA DE LA SEÑAL

La expansión del Internet de las cosas implicará un gran número de sistemas inalámbricos interconectados que se aglomeran en las limitadas bandas de frecuencia denominadas "libres de licenciamiento", conocidas como bandas industriales, científicas y médicas o ISM. En la banda de corto alcance de 2.4GHz, se encuentran WiFi, Bluetooth, teléfonos DECT e incluso hornos microondas. Las bandas de 434 y 868 MHz ("Sub-1GHz") más adecuadas para comunicaciones de mayor alcance se están llenando rápidamente a medida que se establecen redes de baja velocidad de datos como Sigfox ™ y LoRaWAN ™.

Para mejorar el rendimiento de los sistemas inalámbricos en estos entornos de mucha competencia por el espectro, se utilizan ampliamente las técnicas *Frequency Hopping Spread Spectrum* (FHSS), D*irect Sequence Spread Spectrum (*DSSS) y *Chirp Spread Spectrum* (CSS).

El objetivo con estas técnicas es desarrollar sistemas más confiables y que puedan responder eficientemente ante las interferencias de sistemas similares trabajando en el medio.

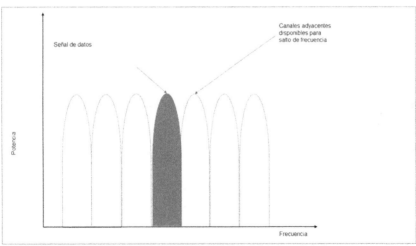

Figura 4.11 Espectro ensanchado por salto de frecuencia, modificada de:
https://www.rs-online.com/designspark/rf-communication-and-the-internet-of-things-part-3

ESPECTRO ENSANCHADO POR SALTO DE FRECUENCIA (*FHSS, FREQUENCY HOPPING SPREAD SPECTRUM*)

Inventado para mejorar la seguridad de las comunicaciones militares, implica que el transmisor cambie la frecuencia de la portadora entre canales de manera cuasi-aleatoria. El receptor legítimo conocerá la secuencia y podrá cambiar su oscilador local siguiendo la frecuencia del transmisor (ver **figura 4.11 Espectro ensanchado por salto de frecuencia**). Como se puede deducir en FHSS la frecuencia portadora de la información va a estar saltando dentro de un ancho de banda determinado y por lo tanto no es eficiente en manejo del ancho de banda. Esta técnica es posible vía detección de portadora por acceso múltiple (*Carrier Sense Multiple Acsess, CSMA*) la cual evita las coliciones que se pueden presentar cuando una frecuencia portadora intentar usar un canal que ya está siendo usado; a medida que más y más dispositivos intentan acceder al número limitado de canales dentro de la banda, el rendimiento disminuye. FHSS fue diseñado para resistir la interferencia deliberada por una señal interferente, esto realizando constantemente saltos de un canal a otro y de una manera cuasi-aleatoria.

ENSANCHAMIENTO DEL ESPECTRO POR SECUENCIA DIRECTA (*DSSS, DIRECT SEQUENCE SPREAD SPECTRUM*)

La técnica DSSS, consiste en que cada uno lógico de la señal de datos es remplazado por una secuencia de bits, ejemplo un código de 11 bits (1 chip) y un cero lógico es remplazado por un código inverso de igual 11 bits; esto exige una sincronización de relojes en recepción para identificar el inicio de las secuencia de bits; en estos casos el ancho de banda se incrementa y en paralelo se reduce la densidad espectral (cantidad de bits de información por Hz de ancho de banda); la desventaja es que se agrega una gran cantidad de redundancia por cada bit de datos, haciendo ineficiente el uso del espectro.

Bluetooth, utiliza FHSS y WiFi utiliza DSSS. Ambos sistemas operan en la misma banda de frecuencia ISM de 2.4GHz, por lo que la contención es inevitable. Ambos tienen un alcance muy corto y una forma de resolver el problema de interferencia entre ellos es la separación física; los dispositivos que manejan ambas tecnologías como los computadores, tienen un circuito coordinador para evitar transmisiones al mismo tiempo.

ESPECTRO EXPANDIDO POR CHIRRIDO *(CSS, CHIRP SPREAD SPECTRUM)*

La técnica CSS es una de las técnicas más antiguas, y se usó originalmente para mejorar el rendimiento de los sistemas de radar. Cada bit codificado consiste en una onda sinusoidal que aumenta linealmente en la frecuencia a través del intervalo del bit, como un «chirrido». (**figura 4.12 Ensanchamiento del espectro por chirrido**). Para un uno se transmite un "chirrido de frecuencias" y para un cero se transmite el mismo chirrido con fase opuesta (desfasada 180 grados, como se ve en la gráfica). El rango de frecuencia del chirrido define el ancho de banda de la señal de banda base codificada.

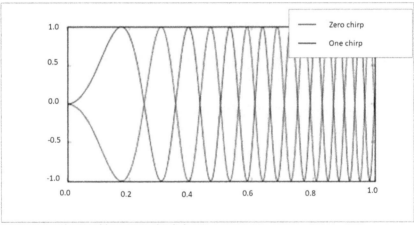

Figura 4.12 Ensanchamiento del espectro por chirrido, fuente:
https://www.rs-online.com/designspark/rf-communication-and-the-internet-of-things-part-3

Una ventaja de esta técnica es que aún en un ambiente ruidoso puede recuperar la información, o sea, es un sistema que se comporta muy bien aun en ambientes ruidosos, ya que mientras el sistema pueda identificar el chirrido, la información de puede recuperar.

LoRa™ – está siendo implementado con esta técnica y es muy práctico para sistemas de internet de las cosas de bajas velocidades de datos y que solo envían la información en cortos periodos de tiempo.

Se debe tener en cuenta que los requisitos de aprobación regulatorios de las emisiones de radiofrecuencias varían de un país a otro y estas regulaciones limitan entre otras las potencias de transmisión; realmente los equipos del mercado ya tienen en cuenta estas limitantes, y se fabrican según especificaciones para las señales ISM definidas por organismos como el estándar europeo ETSI o la FCC de EE. UU; sin embargo a la hora de comprar estos equipos se debe consultar las normas de los entes reguladores del país donde se implementan, de tal manera que se ajusten a dichos requerimientos. La gran ventaja de trabajar con las tecnologías reguladas y manejadas por los operadores, como es el caso de las empresas de telefonía celular, es que el operador se encarga de la gestión de todas estas especificaciones, al ser ellos quienes pagan por el espectro e implementan los sistemas de telecomunicaciones lo que ofrecen es solo el servicio a sus usuarios.

Dos enfoques diferentes, tanto en tecnología como en modelo de negocio, surgieron en una carrera por configurar esta red mundial de LPWAN: LoRaWAN y SIGFOX.

Un parámetro clave de un sistema de RF es el ancho de banda de recepción (RXBW). Agregar más ganancia de codificación no ayudará, ya que entonces necesita reducir la velocidad de datos neta o aumentar el RXBW para adaptarse a la señal.

El principal inconveniente de utilizar una solución que codifique la señal es la baja eficiencia del espectro. El ejemplo anterior muestra esto muy claramente. Compare el envío de una señal de 1 kbps en un canal de 10 kHz usando banda estrecha, versus el envío de la misma señal de 1 kbps en un canal de 100 kHz usando codificación de la señal. La pérdida por uso de espectro es bastante obvia, ya que envía una gran cantidad de datos redundantes en la codificación. Es fácil ver que en el mismo ancho de banda de 100 kHz utilizado para la codificación, hay espacio para diez canales de banda estrecha. La capacidad de la red es, por lo tanto, un gran inconveniente en las soluciones de señales codificadas.

La aceptación de una mayor sensibilidad de recepción por una menor eficiencia del espectro (mayor ancho de banda) al manejar un espectro distribuido, va en contra de los requisitos reglamentarios y las prácticas de la industria en todo el mundo que busca una mejor utilización del espectro, el crecimiento de la demanda de conectividad inalámbrica ha aumentado las demandas del espectro de radio en todo el mundo. Los gobiernos y organismos reguladores están ejerciendo cada vez más presión para mejorar la eficiencia del espectro de los sistemas de radio Las redes de banda estrecha a 12,5 kHz e incluso las de banda ultra estrecha a 6,25 kHz son soluciones bien establecidas para aumentar la eficiencia del espectro.

LoRaWAN y SIGFOX son las tecnologías que se están usando para solución de internet de las cosas en aplicaciones de ancho de banda reducida, vale decir, son tecnologías que no realizan ensanchamiento de ancho de banda vía codificaciones de la señal.

NFC (NEAR FIELD COMMUNICATION)

El NFC (*Near Field Communication*) es una tecnología inalámbrica de corto alcance (de apenas unos centímetros) que permite conectar dos dispositivos al emitir una señal, y que al mismo tiempo puede también recibir una señal. Permite, por lo tanto, una lectura-escritura en ambos sentidos.

La tecnología NFC permite interacciones bidireccionales simples y seguras entre dispositivos electrónicos cercanos, habilitando a los consumidores a realizar transacciones sin contacto, acceder a contenido digital y conectar dispositivos electrónicos con un solo toque. NFC complementa las tecnologías inalámbricas populares como WiFi y Bluetooth.

NFC permite que los dispositivos compartan información a una distancia de menos de 10 centímetros. Los usuarios pueden compartir tarjetas de negocios, realizar transacciones, acceder a información de un póster inteligente o proporcionar credenciales para sistemas de control de acceso, con un simple toque.

Cuando dos dispositivos con tecnología NFC se aproximan lo suficiente para que sus campos magnéticos entren en contacto, se produce un acoplamiento por inducción magnética que permite transferir energía y datos entre ellos. Este acoplamiento magnético es la gran diferencia entre NFC y otros dispositivos como Bluetooth y WiFi.

Un dispositivo NFC con suministro interno de energía se denomina activo, y sin suministro interno de energía, como una etiqueta, es considerado pasivo. Una vez encendido, el dispositivo pasivo puede comunicarse e intercambiar datos con el otro dispositivo. La habilidad de funcionar en los dos modos, activo o pasivo hace que los dispositivos NFC sean únicos dentro de otras tecnologías de comunicación sin contacto. Esto posibilita a los dispositivos a actuar como tarjetas sin contacto o como lectores. Por tanto, un teléfono móvil habilitado con NFC puede ser usado, por ejemplo, para enviar información de pago a un lector y realizar una compra o para leer información de una valla o poster publicitario con una etiqueta adherida, o para compartir carga entre celulares.

El acoplamiento inducido causa que un dispositivo pasivo absorba energía de uno activo cuando se acercan lo suficiente. Una vez encendido, el dispositivo pasivo puede comunicarse e intercambiar datos con el otro dispositivo.

La descripción de ambos modos de funcionamiento se detalla a continuación:

La **figura 4.13 Proceso de comunicación en modo activo-pasivo** muestra cómo sólo un dispositivo genera el campo electromagnético y el otro se aprovecha de la modulación de la carga para poder transferir los datos. El iniciador de la comunicación es el encargado de generar el campo electromagnético.

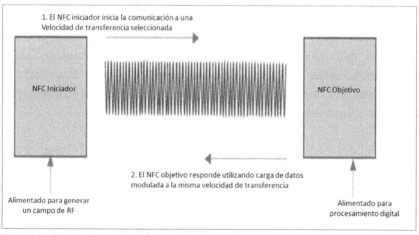

Figura 4.13. Proceso de comunicación en modo activo-pasivo

La **figura 4.14 Proceso de comunicación en modo activo** describe como ambos dispositivos generan su propio campo electromagnético, el que utilizarán para transmitir sus datos, en este caso ambos dispositivos necesitan energía propia para funcionar.

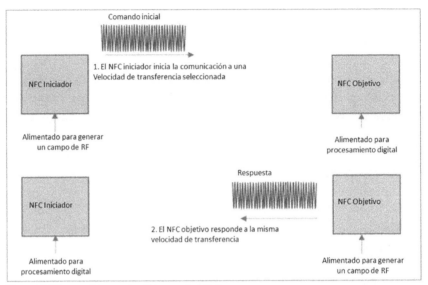

Figura 4.14 Proceso de comunicación en modo activo

Cualquier dispositivo electrónico con tecnología NFC (excepto una etiqueta NFC pasiva) puede operar de las dos formas.

El NFC opera en la frecuencia de 13.56 MHz y permite una distancia inferior a los 10 cm (los dispositivos NFC tienen que tocarse prácticamente para poder hacer la transmisión de datos). Funciona a una velocidad de hasta 424 kbit/s de transmisión y tarda alrededor de 200 microsegundos en establecer un enlace NFC. Así como las tecnologías WiFi y Bluetooth, los dispositivos NFC manejan su protocolo de comunicación estandarizado para transferir información.

En un dispositivo móvil los principales componentes NFC son: el chip NFC, una bobina o antena incorporada en el interior del teléfono, y la tarjeta SIM como elemento de seguridad. El estándar NFC incluye la capa de aplicaciones NFC, donde la seguridad es un elemento fundamental, aplicada a casos de uso especialmente sensibles como por ejemplo los medios de pago sin contacto.

Respecto al software del dispositivo móvil, consiste en una serie de aplicaciones denominadas MIDlets que son descargadas en la memoria del smartphone NFC, mediante el protocolo OTA (*Over-The-Air*) y las mismas incluyen soporte para servicios de medios de pago, programas de fidelización a clientes, abonos de transporte público, etc... Estas aplicaciones a su vez, interactuarán con las aplicaciones NFC del elemento de seguridad (tarjeta SIM) dando como resultado los servicios NFC.

NFC es una tecnología con mucho futuro ya que une de forma natural el mundo físico con el mundo virtual, solo es preciso hacer el gesto de tocar con el smartphone un chip de NFC para pasar de la realidad al mundo virtual en actividades tales como:

- Lectura/escritura de etiquetas en posters inteligentes, pegatinas o cualquier otro soporte para tener acceso a información o configurar tu propio dispositivo NFC (encender o apagar el WiFi mediante una etiqueta, por ejemplo), para el intercambio de datos P2P (*peer to peer*), transferir una foto o una canción entre dos dispositivos NFC.
- Identificación en un sistema de transporte como el metro o el autobús o el tren (es una evolución de la tecnología RFID).
- Acceso físico al coche, con el simple gesto de tocar con el smartphone la puerta del coche este se abre, se activa el climatizador con la temperatura previamente programada, e incluso se reproduce la canción que se estaba escuchando en el móvil antes de salir del vehículo.
- Tarjetas de fidelización, distintas aplicaciones para smartphones que están en desarrollo integrarán la tecnología NFC para la identificación en algunos locales y poder disfrutar así de las promociones.
- Pagos, el móvil sustituirá a las tarjetas, acercando el smartphone a un dispositivo NFC, se puede pagar desde un café hasta una entrada a un teatro.

Ahora profundicemos un poco en lo que es la tecnología NFC, y como es que se realiza la inducción electromagnética entre dispositivos.

En la **figura 4.15 Comportamiento de la señal en una antena,** se describe el comportamiento de un campo electromagnético radiado desde una antena, dependiendo de la distancia se habla de un campo cercano y de un campo lejano.

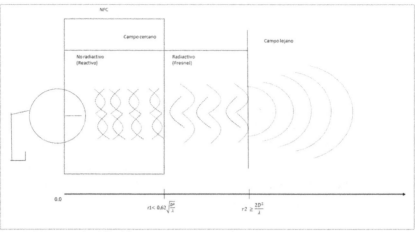

Figura 4.15 Comportamiento de la señal en una antena

Los diferentes sistemas de comunicación tanto para ambientes internos como para ambientes externos que hemos visto en este capítulo y en el capítulo anterior, a excepción de NFC, trabajan en el campo lejano.

En el campo cercano se presentan dos fenómenos, el más próximo al radiador es no radiactivo, va hasta una distancia r1 y el comportamiento radiactivo entre r1 y r2; Después de r2 el comportamiento de la antena es el de campo lejano y para estas distancias aplica lo visto en los canales de propagación; para que una etiqueta RFID se comunique con un lector/antena RFID, el circuito de la etiqueta y el circuito del lector generalmente deben acoplarse mediante un método capacitivo o inductivo.

FUNDAMENTOS FÍSICOS DEL CAMPO CERCANO

Sea D la longitud eléctrica de la antena y λ la longitud de onda de la señal a emitir, las distancias r1 y r2 delimitan el campo cercano, el cual depende de la longitud de onda de la señal a emitir (en NFC frecuencia = 13,56 MHz) y del tamaño de la antena D (nuevamente tamaño en términos electromagnéticos, que no tiene por qué coincidir con el tamaño físico de la antena); los valores de r1 y r2 los definen las fórmulas siguientes:

$$r1 < 0{,}62\sqrt{(D^3/\lambda)}\ ;\quad r2 \geq (2D^2)/\lambda$$

En el campo cercano se produce un fenómeno de inducción magnética (a diferencia del fenómeno de transmisión electromagnética habitual que se produce en el campo lejano), entre las dos antenas de los elementos que se desean comunicar.

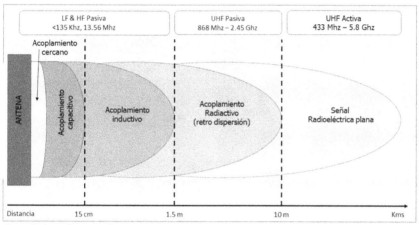

Figura 4.16 Acoplamientos de antenas en zona cercana

El campo no radiactivo se compone de un acoplamiento capacitivo y de un acoplamiento inductivo como se puede observar en la **figura 4.16 Acoplamiento de antenas en zona cercana**; el acoplamiento radiactivo se presenta más por efecto de retrodispersión de la señal y de ahí en adelante la señal se propaga en el espacio libre como una onda plana.

El acoplamiento inductivo (de 15 cm a 1,5 m) se basa en el campo magnético del lector, lo que significa que este acoplamiento solo se produce en el campo cercano. El tamaño del campo cercano depende del lector, pero generalmente se puede definir desde el contacto hasta un metro. El acoplamiento inductivo se ve en aplicaciones LF, HF y UHF, incluyendo bobinas-antenas en la infraestructura de etiquetas. El aumento de la cantidad de bucles en una etiqueta que utiliza un acoplamiento inductivo aumenta la cantidad de corriente que se generaría en la etiqueta. A su vez, esto aumentaría la potencia de la señal transmitida de la etiqueta al lector. Algunas aplicaciones de ejemplo incluyen los carteles inteligentes NFC, ciertas aplicaciones de control de acceso y cualquier aplicación UHF con un rango de lectura de menos de 1 metro de distancia.

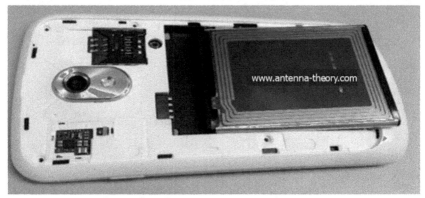

Figura 4.17 NFC detrás de la batería. Samsung Mobile, consultado 03/07/2019 en
http://www.antenna-theory.com/definitions/nfc-antenna.php

La **figura 4.17 NFC detrás de la batería**, del *mobile Samsung* muestra como en los celulares se implementa las antenas NFC para poder hacer el acoplamiento entre dispositivos. Esta tecnología permite mediante inducción electromagnética transferir además de información entre dispositivos también carga entre las baterías de los dispositivos.

El acoplamiento radiactivo (retro dispersión; 1 m a + 4 m), hace uso de retro dispersión para comunicarse entre lectores y etiquetas, por lo que no se puede considerar un verdadero método de acoplamiento ya que en realidad, es un método de comunicación que involucra ondas electromagnéticas entre dos sistemas. Las ondas electromagnéticas se envían a través del aire desde la antena del lector a la antena de la etiqueta, la antena de la etiqueta recibe la energía y una pequeña cantidad de energía se refleja de nuevo en el lector, el cual tiene la capacidad de procesar dicha información; la mayoría de los sistemas de UHF utilizan la retro dispersión para comunicarse entre la etiqueta y el lector.

La especificación técnica candidata para carga inalámbrica (*WLC= Wireless Charging Candidate*) permite que la antena en un dispositivo habilitado para NFC administre la comunicación y la carga. Esta solución hace que sea más fácil y más conveniente cargar dispositivos IoT de bajo consumo, como relojes inteligentes, rastreadores de ejercicio, auriculares y otros dispositivos de consumo, además de transferir carga entre celulares.

La especificación WLC garantiza un proceso de carga seguro entre dos dispositivos habilitados con tecnología NFC en modos estáticos o negociados. El modo estático utiliza la intensidad de campo de radiofrecuencia estándar (RF) y proporciona un nivel de potencia constante. El modo negociado utiliza un campo de RF más alto que admite cuatro clases de transferencia de potencia de 250, 500, 750 y 1000 miliwatios.

Mediante la tecnología NFC se están implementando muchos dispositivos con dimensiones muy pequeñas y gran flexibilidad, que permiten instalarse en la ropa o a manera de tatuajes sobre la piel, con diversas aplicaciones para mejorar la comodidad, la conveniencia y la seguridad humanas y para monitorear las condiciones de salud, esto entre muchas otras aplicaciones.

Con el objetivo de afianzar los conocimientos compartidos en este capítulo por favor defina los términos de la **tabla 4.1 Definición de términos capítulo 4.**

Propagación de la señal	
Canal de propagación	
Perdidas en espacio libre	
Desvanecimiento	
Multitrayectoria	
Dispersión	
Refracción	
Reflexión	
Ambiente indoor	
Ambiente outdoor	
Budget	
NFC	

Tabla 4.1 Definición de términos capítulo 4

Referencias:

Modelo de propagación,
https://www.cse.wustl.edu/~jain/cse574-08/ftp/channel_model_tutorial.pdf
https://www.internet-satelital.com/iot-internet-of-things-scada/
https://www.exemys.com/site/Productos/telemetria/GRD-3G/?gclid=EAIaI-QobChMIt7n854OU4gIVxkSGCh0zyQZwEAAYASAAEgLzYPD_BwE
https://www.ngenespanol.com/ciencia/10-respuestas-a-lasdudassobrepluton/
https://neutrongeek.wordpress.com/tag/software-para-planificacion-rf/
Ambientes Internos (Entornos indoor)
http://oa.upm.es/44152/1/TFG_FRANCISCO_JAVIER_GARCIA_RUE-DA.pdf
https://www.itu.int/dms_pubrec/itu-r/rec/p/R-REC-P.1238-8-201507-S!!P-DF-E.pdf
https://www.maximintegrated.com/en/app-notes/index.mvp/id/3435
https://www.i-scoop.eu/5g/5g-iot/
5G
https://www.researchgate.net/publication/320412079_Recent_Advances_in_RF_Propagation_Modeling_for_5G_Systems
https://arxiv.org/pdf/1511.07345.pdf, Millimeter-Wave Distance-Dependent Large-Scale Propagation Measurements and Path Loss Models for Outdoor and Indoor 5G Systems.
https://www.researchgate.net/publication/255791494_The_COST_2100_MIMO_channel_model
https://arxiv.org/pdf/1511.07311.pdf
https://www.ngmn.org/fileadmin/ngmn/content/downloads/Technical/2015/NGMN_5G_White_Paper_V1_0.pdf
Codificacion Manchester
https://www.maximintegrated.com/en/app-notes/index.mvp/id/3435
NFC
https://nfc-forum.org/
https://www.researchgate.net/publication/283498836_Near_Field_Communication_NFC_-_A_technical_Overview
http://www.antenna-theory.com/definitions/nfc-antenna.php

Figuras:

Figura 4.1 Modelo de canal de propagación, Oswaldo Quiñonez
Figura 4. 2 Pérdidas de la señal por espacio libre, sombreamiento y multitrayectoria
Figura 4. 3 Modelos de propagación, Oswaldo Quiñonez
Figura 4.4 Propagación en interiores, Oswaldo Quiñonez
Figura 4.5 Walfisch-Bertoni, fuente: tomado el 03/07/2019 de,
http://catarina.udlap.mx/u_dl_a/tales/documentos/lem/trevino_c_jt/capitulo5.pdf
Figura 4.6 Walfisch-Ikegami, fuente: tomado el 03/07/2019 de,
http://catarina.udlap.mx/u_dl_a/tales/documentos/lem/trevino_c_jt/capitulo5.pdf
Figura 4.7 Modelo de Dos Rayos
Figura 4.8 Fenómeno de "Filo de cuchillo"
Figura 4.9 Modelo de Durkin cuando no hay LOS
Figura 4.10 Modelo de canal 3D, fuente tomada el 03/07 de 2019 de,
https://arxiv.org/ftp/arxiv/papers/1502/1502.01621.pdf
Figura 4.11 Espectro ensanchado por salto de frecuencia, modificada de,
https://www.rs-online.com/designspark/rf-communication-and-the-internet-of-things-part-3
Figura 4.12 Ensanchamiento del espectro por chirrido, fuente,
https://www.rs-online.com/designspark/rf-communication-and-the-internet-of-things-part-3
Figura 4.13. Proceso de comunicación en modo activo-pasivo
Figura 4.14 Proceso de comunicación en modo activo
Figura 4.15 Comportamiento de la señal en una antena
Figura 4.16 Acoplamientos de antenas en zona cercana
Figura 4.17 NFC detrás de la batería. Samsung Mobile, consultado 03/07/2019 en http://www.antenna-theory.com/definitions/nfc-antenna.php

CAPÍTULO 5
SEGURIDAD Y PRIVACIDAD EN
REDES DE INTERNET DE LAS COSAS

"Lo más aterrador es que no sabemos qué es lo más aterrador",
Geoff Webb, director senior de estrategia de soluciones en la firma de gestión de
identidad y acceso NetIQ.

En los capítulos previos hemos visto la introducción a internet de las cosas, para que sirve, los componentes, las redes de datos, las plataformas, los protocolos de comunicaciones y los medios de propagación inalámbricos como elementos fundamentales de las soluciones de internet de las cosas. En este capítulo exploraremos la seguridad y la privacidad en internet de las cosas y sus implicaciones tanto para las personas como para las organizaciones.

Futurizando en cómo será la sociedad de la Industria 4.0, debe ser claro para nosotros que todas las partes interesadas en su desarrollo tienen un papel que jugar para garantizar la confiabilidad, la seguridad y la estabilidad en el ciberespacio, promoviendo el ciberespacio abierto, seguro, estable y confiable, que respeta y protege todos los derechos humanos básicos defendidos por la Declaración Universal de los Derechos Humanos de la ONU, incluidos los relacionados con la privacidad, la intimidad y las comunicaciones.

Siendo conocedores del papel que juegan las tecnologías en el progreso de la humanidad, debemos adoptar las nuevas tecnologías con una mente abierta, entendiendo que estas generan espacios y oportunidades crecimiento y desarrollo, generando además transformaciones culturales en la sociedad. Para entrar a la Cuarta Revolución Industrial, de una manera no tan disruptiva, evitando al máximo cambios sociales bruscos, necesitaremos de nuevas instituciones, organizaciones y legislaciones para gestionar nuevos tipos de negocios que esta revolución traerá consigo; esto ayudará a proteger a cada economía, industria e individuo a medida que nos adentramos en la digitalización de todas las cosas, incluyendo al ser humano y sus entornos.

Es nuestra responsabilidad como sociedad construir seguridad y preservar la privacidad a través de una planeación a futuro cuidadosa, aplicando métodos de innovación continua, a través de la investigación, la colaboración y el trabajo en equipo, para dar forma a un mundo digital en que todos podamos tener confianza y que ojalá sea un generador de equidad. La seguridad cibernética y la protección de la privacidad son y deberán seguir siendo las principales prioridades de los involucrados en los desarrollos tecnológicos, necesarios para la implementación de la industria 4.0.

En el proceso de digitalización de los diferentes campos de la economía, la industria de las TIC deberá ser más abierta, más colaborativa y más estable, con foco en la construcción de sistemas seguros y confiables, con redes que brinden conexiones estables y seguras, aplicaciones y plataformas digitales seguras y confiables en todo su entorno, con dispositivos igualmente confiables, donde los datos y la privacidad del ser humano estén completamente protegidos, para que todos podamos confiar y disfrutar de las comodidades y las bondades que aportan los diferentes avances tecnológicos.

A medida que la nube se expande, la inteligencia artificial, la analítica, la robótica, el internet de las cosas cubre nuevos espacios, haciendo de los sistemas entes autónomos, con capacidad de discernir, sin la intervención del ser humano; la digitalización y sus múltiples aplicaciones se vuelvan más y más cercanas al día a día de nuestras vidas, adentrándonos muchas veces sin percibirlo, en un mundo centrado en los datos y cada vez más inteligente, donde las fronteras de la realidad y la ficción se desdibujan ante nuestros sentidos.

Con los desarrollos tecnológicos de las últimas décadas, cada vez más impactantes, la implementación de redes de comunicaciones por doquier debe hacernos conscientes de que los avances tecnológicos se volverán cada vez más complejos y de que las redes son cada vez más abiertas al igual que el código que las manejan; esto implica para las organizaciones un pensamiento y un actuar más elevado y más profundo en temas de seguridad y privacidad. Las organizaciones involucradas y los gobiernos deberán incrementar las inversiones en seguridad, trabajar con los diferentes interesados incluyendo instituciones gubernamentales a nivel global, regional y local, involucrando a las comunidades para mantener y preservar la seguridad en la infraestructura de las TIC en sus diferentes escenarios y la privacidad del ser humano, maximizando así su valor en el nuevo accionar en la implementación de la industria 4.0.

Las prácticas de seguridad cibernética deben enfocarse en ganar la confianza de los clientes y de los usuarios, a lo largo de toda la cadena de valor. Los productos, las soluciones, y los servicios deben tener la capacidad de poder ser certificados por terceros, cumpliendo con los estándares internacionales y con las legislaciones en los países y regiones donde se implementen.

Se deberán identificar y mitigar los riesgos potenciales de seguridad y privacidad, incluyendo las actividades empresariales y partiendo desde las etapas más tempranas del diseño de los productos, servicios o soluciones; además con la capacidad de integrar en los procesos de las organizaciones evaluaciones tanto internas como externas en las que se mida el impacto en la privacidad de las personas, no solo durante las fases de desarrollo de los productos sino durante la fase de la vida útil y posterior procesamiento (destrucción) de la información.

Las nuevas tecnologías conducirán a nuevos, variados y aun no previstos tipos de negocios; esto trae consigo algunas preocupaciones y desafíos: ¿Cómo se manejará nuestra privacidad en una sociedad cada vez menos segura? ¿Cómo manejarán las industrias tradicionales estos cambios para no quedar obsoletas? ¿Los negocios actuales serán remplazados sin dar espacio a su transformación?

En este contexto, debemos ser conscientes del creciente interés, las preocupaciones y los desafíos de las empresas, los reguladores y la comunidad en general con respecto a la seguridad, la privacidad y la intimidad de las personas. Los usuarios desean permanecer en línea en todo momento y lugar, la ubicuidad es el presente y acceder a infinidad de datos rápidamente se da por hecho; para cumplir con estos requisitos, la confiabilidad y calidad de los productos, de las aplicaciones, de los dispositivos y de la red son cada día más importantes.

Se requieren legislaciones a nivel global, compañías auditoras, con el conocimiento y la capacidad suficiente para evaluar a las compañías desarrolladoras de productos tecnológicos, para evitar que se instalen puertas traseras en los equipos o se recopile y se venda información personal sin el debido consentimiento de los usuarios.

Quienes estamos jugando papeles protagónicos en estos cambios, que llevarán a una digitalización del ser humano, de su entorno y de todos los aspectos de la vida en general debemos comprometernos de forma proactiva y trabajar mancomunadamente con las organizaciones, con los gobiernos, con las comunidades locales, con nuestros clientes y con los usuarios, de una manera abierta, transparente y constructiva para maximizar los beneficios de las soluciones tecnológicas como el internet de las cosas, pensando igualmente en como gestionamos la seguridad y la privacidad de estas infraestructuras tecnológicas.

Antes de adentrarnos en el tema de seguridad en el internet de las cosas revisaremos un tema que está muy alineado con el manejo de la seguridad en la información, el *Big Data*.

BIG DATA

Se denomina Big Data a toda la información que tiene un orden de magnitud más grande de lo que estamos acostumbrados a manejar en el día a día con las bases de datos; la información puede venir de muchas fuentes y no necesariamente debe estar estructurada.

En Big data inicialmente se hablaba de un modelo de las 3 Vs, haciendo referencia a volumen, variedad y velocidad como parámetros básicos a tenerse en cuenta en el momento de analizar la información.

Volumen: grandes volúmenes de información, se está pasando de hablar de volúmenes de terabytes a tamaños de datos que llegan a los Yottabytes; en la **tabla 5.1 Unidades de información,** se definen las unidades del sistema de medida internacional y estandarizadas por la ISO, con miras al manejo en el futuro próximo de grandes volúmenes de información.

Unidades de información (Bytes)			
Sistema internacional (decimal)		ISO/IEC 80000 – 13 (binario)	
Múltiplo (símbolo)	SI	Múltiplo (símbolo)	ISO/IEC
Kilobyte (KB)	10^3	Kibibyte (KiB)	2^{10}
Megabyte (MB)	10^6	Mebibyte (MiB)	2^{20}
Gigabyte (GB)	10^9	Gibibyte (GiB)	2^{30}
Terabyte (TB)	10^{12}	Tebibyte (TiB)	2^{40}
Petabyte (PB)	10^{15}	Pebibyte (PiB)	2^{50}
Exabyte (EB)	10^{18}	Exbibyte (EiB)	2^{60}
Zettabyte (ZB)	10^{21}	Zebibyte (ZiB)	2^{70}
Yottabyte (YB)	20^{24}	Yobibyte (YiB)	2^{80}

Tabla 5.1 Unidades de información

Variedad: información de tipos muy diversos, ya no solo tenemos información estructurada en Bases de datos o archivos. Ahora empezamos a manejar información con tipos diferentes y totalmente desestructurada, información en caracteres, en imágenes, en videos, en diferentes idiomas, etc.

Velocidad: la velocidad con la que se genera la información aumenta día a día y de una manera abrumadora. La velocidad a la que se genera esta información hace imposible gestionarla con sistemas de base de datos convencionales; las empresas y las personas ya no quieren estar al día, quieren "estar al segundo", queriendo saber lo que pasa en el mundo en cada momento.

¿Cuál es entonces el reto de Big Data? Dar sentido al gran volumen de datos, a las diferentes variedades de datos y al instante. Esto implica herramientas nuevas y más potentes, con mayor capacidad de comprensión y análisis, con manejos de algoritmos cada vez más complejos para manejar información tanto estructurada como no estructurada, que permita generar datos útiles y no solo para la comprensión humana si no para aplicaciones de inteligencia artificial que den origen a sistemas autónomos.

Siguiendo con el desarrollo de Big Data, luego de las 3Vs, IBM lanzó el modelo de las 5 Vs, adicionando valor y veracidad:

Valor: se refiere al tratamiento de los grandes volúmenes de datos el cual debe ser rentable y eficiente, a través de herramientas como la analítica se generará mayor valor al tratamiento de los datos, al fin del día crear valor no solo es la razón de ser de las organizaciones sino lo que posibilita su permanencia a largo plazo.

Veracidad: se busca que la información que entrega *big data* sea confiable en el momento de tomar decisiones, lo anterior teniendo en cuenta que esta puede ser producto del manejo de múltiples fuentes y de una variedad diferente de datos lo que hace que la confiabilidad y la calidad sean difícilmente controlables, solo información veraz crea valor en los negocios.

Actualmente se están añadiendo dos nuevas palabras al modelo de *Big Data*, visualización y viabilidad, para llegar a un modelo de *Big Data* de las 7 Vs.

Visualización: es el modo en que los datos se presentan, con el objeto de encontrar patrones y/o tendencias, claves para una toma de decisión eficiente, oportuna y confiable, en muchos casos en tiempo real. La visualización es muy importante para socializar de una forma clara y de fácil el entendimiento y la comprensión de la información entre las diferentes áreas de las organizaciones.

Viabilidad: es la capacidad que tienen las organizaciones, de cualquier tipo, de dar un uso eficaz al gran volumen de datos que manejan, cuantificando el valor que *big data* realmente crea y haciendo viable su manejo.

Así *Big Data* y su gestión nos permitirá dar el salto de la comprensión a la sabiduría, nos permita tomar decisiones basados en datos empíricos y en tendencias, el ser humano podrá cada vez menos recurrir a la intuición, a las corazonadas o en experiencias pasadas, ya que la analítica de los datos permite tener al instante y de una forma visible el comportamiento pasado, el presente y las proyecciones, con diferentes escenarios, perspectivas y aún más dando recomendaciones. Igualmente permite a los encargados de los negocios generar mayor transparencia y confianza, al hacer accesible la información a las partes interesadas, aumentando el valor y la eficiencia de la información.

Una vez recopilados los datos que nos interesan, la experimentación y la exploración de los mismos puede mostrarnos información que a primera vista no hubiésemos encontrado o que nunca se nos hubiese ocurrido buscar, impulsando de esta manera los cambios o la innovación en nuevos productos y/o servicios.

Internet de las cosas está apenas en los inicios de lo que será la cuarta revolución industrial y su participación en la generación de Big Data será muy importante, dada la cantidad de datos que se generará, no solo a través de la adquisición de datos de los sensores si no en todo el ecosistema de internet de las cosas.

La seguridad es algo crucial en el manejo de la información y la sociedad lo ha venido manejando desde el origen de los tiempos a través de la codificación y el encriptado de la información, mediante el uso de códigos y algoritmos, pero a medida que la implosión de datos aumenta vertiginosamente la seguridad es cada vez más importante y más compleja de manejar. Internet de las cosas como fuente generadora de datos y como realimentadora de información, se convierte en una fuente con múltiples vectores de ataque por parte de los piratas informáticos, comúnmente denominados *hackers*.

Respecto a la privacidad debemos ser conscientes que en el mundo interconectado de hoy, los datos personales y de negocios se están enviando a y desde cualquier lugar y en cualquier momento, las 24 horas del día y segundo a segundo, la privacidad se vuelve más crítica y por lo tanto la seguridad debe adicionarse desde las etapas iniciales del diseño de las soluciones y manejarse en todas las fases y en su entorno, vale decir, debemos analizar cómo proteger la información durante el desarrollo, durante su vida útil y más allá y se debe aplicar a los dispositivos, la red, las aplicaciones y las bases de datos.

La seguridad y la privacidad son aspectos clave de internet de las cosas, lo que significa que aún hay mucho por desarrollar al respecto. Podemos ver ejemplos que han sucedido en la vida real; los piratas informáticos se meten en los autos y apagan los frenos, hay constantemente robo de información personal de las plataformas tecnológicas, información secreta se filtra tipo WikiLeaks, luego la vulnerabilidad es muy diciente en todas partes.

PIRATERÍA INFORMÁTICA

En seguida vamos a revisar algunos casos de piratería informática que ameritan su lectura y que aparecieron en el año 2015, extraídos del siguiente enlace:

https://mobile.abc.net.au/news/2015-10-07/four-corners-internet-of-hacked-things/7778954

Comunicaciones satelitales:
Newsat fue una vez la compañía de satélites más grande de Australia, con sistemas que llevaban comunicaciones sensibles para la Fuerza de Defensa australiana y para compañías mineras.

En una reunión de 2013 convocada por la Dirección de Señales de Australia, al ex gerente de TI Daryl Peter se le informó que la compañía había sido seriamente infiltrada por hackers extranjeros.

El Sr. Peter creía que el hacker era de China.

El exdirector financiero de Newsat, Michael Hewins, comentó que al personal de TI de la empresa le dijeron que sus computadoras habían sido comprometidas, en uno de los peores casos que la inteligencia australiana había visto.

Se les dijo que Newsat no podría lanzar su satélite Jabiru 1 hasta que se realizaran cambios importantes.

Jabiru 1 era un satélite de última generación de cinco toneladas que NewSat prometió lanzar, pero nunca despegó ya que la compañía finalmente colapsó...

Oficina de Meteorología:
En abril, el Primer Ministro Malcolm Turnbull confirmó que la Oficina de Meteorología había sufrido una intrusión cibernética significativa, que se descubrió por primera vez en el año 2015.

Fue la primera vez que se reconoció oficialmente que una agencia crítica del Gobierno de Australia había sido penetrada por un sofisticado ataque cibernético.

El gobierno no lo dijo públicamente, pero fuentes de inteligencia australianas confirmaron al ABC que China estaba detrás del ataque.

Se ha dicho a Four Corners que la Oficina de Meteorología probablemente era solo una puerta de entrada para un ataque aún más siniestro.

Los verdaderos objetivos de China pueden haber sido la Organización de Inteligencia Geoespacial de Australia, que proporciona imágenes satelitales para operaciones de defensa sensibles, y un sistema de radar de alta tecnología de la Fuerza Aérea Australiana Real, llamado Red de Radar Operacional de Jindalee (JORN).

El sistema JORN está diseñado para detectar aviones y embarcaciones marítimas dentro de un radio de 3.000 kilómetros de las costas del norte y oeste de Australia. Beijing sigue negando la responsabilidad del ataque.

Instalaciones nucleares:

Stuxnet es la primera arma cibernética que causa un daño físico real.

En el momento de su descubrimiento en el año 2010, por investigadores de seguridad, era el malware más sofisticado identificado en el ámbito público.

Stuxnet apuntó a los dispositivos que automatizan los procesos electromecánicos, para sabotear el programa de enriquecimiento de uranio de Irán en Natanz.

Dado que las instalaciones nucleares no estaban conectadas a Internet, se cree que el malware se implementó al infectar las computadoras de la casa de los empleados y se llevó sin saberlo a la instalación a través de una unidad de memoria USB.

Una vez dentro de la instalación, el malware procedió a anular la red interna de los científicos iraníes, lo que obligó a las centrifugadoras a girar a velocidades autodestructivas y, al mismo tiempo, hacer que pareciera que no ocurría nada anormal.

Solo hasta que se escucharon ruidos fuertes, en las cámaras de centrifugado, los científicos nucleares de Irán se dieron cuenta de que su sistema estaba fallando. Pasaron cinco meses antes de que los investigadores descubrieran el culpable: Stuxnet.

Se cree que Stuxnet se encargó de la destrucción de aproximadamente una quinta parte de las reservas de centrifugadoras de Irán.

También representó un momento sin precedentes en la historia, cuando la guerra cibernética finalmente se extendió al dominio físico.

Según narra un documental hecho por el director estadounidense Alex Gibney, el proyecto fue puesto en marcha principalmente por EE.UU. y después se sumaron las fuerzas israelíes para desarrollar el virus que formaba una pequeña parte de un proyecto mucho más amplio de los servicios de Inteligencia de los EE.UU. y el régimen de Tel Aviv, para atacar las infraestructuras nucleares, militares y no militares del país persa.

Desde el punto de vista de varias empresas de seguridad cibernéticas, Stuxnet es hasta el momento, el virus más sofisticado del mundo.

Redes eléctricas:

La primera intrusión cibernética exitosa reconocida públicamente para dejar fuera de servicio la red eléctrica ocurrió en Ucrania durante el mes de diciembre del año 2015.

Se informaron cortes generalizados en el servicio y pronto se descubrió que cerca de 30 subestaciones se desconectaron de la red, dejando a más de 225.000 clientes congelados en el frío invernal de Ucrania.

También se cree que los atacantes enviaban correos electrónicos al centro de servicio al cliente de la empresa ucraniana para evitar que los clientes reales solicitasen asistencia.

Este no fue un acto oportunista y aislado de los hackers: los responsables estaban ejecutando una operación sofisticada y sigilosa que habría requerido meses de reconocimiento.

Si bien la energía se restauró horas más tarde, muchas funciones tuvieron que ser controladas manualmente durante los siguientes meses; El firmware dentro de los centros de control que ejecutan las subestaciones se había vuelto inoperable por el ataque.

Más tarde, los investigadores de seguridad de los Estados Unidos descubrieron que los autores del malware estaban escribiendo en ruso. Este malware fue apodado BlackEnergy.

Coches:

En julio del año 2015, los investigadores de seguridad estadounidenses Charlie Miller y Chris Valasek demostraron que podían piratear de forma remota un Jeep Cherokee 2014, permitiéndoles controlar la transmisión y los frenos del automóvil.

La vulnerabilidad que habían descubierto fue realizada a través del sistema wifi, en el sistema multimedia del automóvil; La cantidad de vehículos afectados llegó a los millones.

Descubrieron que podían descifrar la contraseña de un automóvil a través de un método conocido como fuerza bruta: descifrarlo literalmente mediante adivinanzas automatizadas.

Desde entonces, varios otros vehículos han demostrado ser vulnerables a la piratería…

En respuesta a las preocupaciones de seguridad, Tesla y Fiat Chrysler anunciaron el establecimiento de programas de recompensas por errores descubiertos.

Dichos programas permiten a los investigadores de seguridad independientes, enviar a la compañía las vulnerabilidades que descubren y pueden recibir una compensación de miles de dólares por sus esfuerzos.

Bombas de infusión de drogas:

Todos hemos visto bombas de infusión en hospitales. Pero lo que probablemente no sepamos es que muchas están realmente conectadas a la red de computadoras del hospital.

En 2014, el investigador californiano Billy Rios descubrió que podía piratear remotamente las bombas del hospital que administran morfina, para cambiar el nivel de dosis.

Después de que Rios envió sus hallazgos al Departamento de Seguridad Nacional, contactaron a la Administración de Alimentos y Medicamentos (FDA), quien se comunicó con el fabricante de las bombas, Hospira.

La FDA finalmente emitió un aviso recomendando que los hospitales dejaran de usar el modelo de bomba afectado y que Ríos había estudiado. Pero muchas más bombas de hospitales afectadas por vulnerabilidades similares continúan siendo utilizadas.

Acerías:

En 2014, el gobierno alemán confirmó que una fábrica de acero, sin dar el nombre, fue atacada por piratas informáticos, dejando uno de sus hornos destruido.

La Oficina Federal Alemana para la Seguridad de la Información dijo que los atacantes utilizaron una combinación de técnicas para atacar las instalaciones.

Comenzaron enviando correos electrónicos maliciosos a los empleados de la fábrica, a los que robaron subrepticiamente los datos de inicio de sesión y contraseña.

Una vez dentro del sistema, modificaron el software utilizado para administrar las operaciones de la planta, lo que les permitió evitar que el alto horno se apagase.

Sistemas de gestión de edificios:

En el año 2013, Billy Rios y Terry McCorkle piratearon el sistema de administración de edificios de las oficinas de Google en Sydney.

Los sistemas de gestión de edificios son interfaces que controlan la alimentación, sistemas de CCTV, alarmas de seguridad, alarmas contra incendios, cerraduras eléctricas, aire acondicionado, ascensores y tuberías de agua.

Los investigadores descubrieron el sistema de administración de Google en un motor de búsqueda para dispositivos conectados a Internet conocido como Shodan.

Google Australia agradeció a los investigadores por alertarlo y "tomó las medidas apropiadas para resolver este problema".

Presas:

Los hackers casi ganaron el control de las compuertas en Bowman Avenue Dam, cerca de la ciudad de Nueva York, en el año 2013.

Se cree que la única razón por la que no obtuvieron el control total fue porque la presa se había desconectado manualmente para un mantenimiento de rutina.

Antiguos funcionarios del gobierno culpan del ataque a Irán, pero los detalles siguen siendo escasos ya que el incidente sigue siendo clasificado.

Estaciones de televisión:

La estación de televisión francesa TV5Monde fue víctima de un sofisticado ataque cibernético que derribó 12 canales durante casi todo un día en abril del año 2015.

Al principio, se sospechaba que los hackers yihadistas eran los culpables, ya que el sitio web de TV5Monde fue desfigurado con propaganda del Estado Islámico.

Sin embargo, los expertos en seguridad cibernética se dieron cuenta más tarde que el grupo de hackers utilizaba el código en idioma ruso.

Cajeros automáticos:

El pirata informático de Nueva Zelanda, Barnaby Jack, llegó a la fama en el año 2010, después de demostrar cómo hackear los cajeros automáticos, lo que provocaba que arrojaran fajos de facturas.

Una de las vulnerabilidades demostradas por Jack fue en la función de monitoreo remoto, que en algunos modelos de cajeros automáticos está activada de forma predeterminada.

Fue a través de esta falla en el software de los cajeros automáticos que él cargó un programa diseñado para infectar la máquina en secreto.

El programa se activaría cuando alguien ingresara una secuencia táctil en el teclado del cajero automático, lo que provocaría que las facturas salieran volando de la máquina.

Semáforos:

En el año 2014, investigadores demostraron cómo podían controlar de forma remota un sistema de 100 semáforos de intersecciones en una ciudad en Michigan.

Bajo la supervisión de la agencia gubernamental de carreteras, los expertos de la Universidad de Michigan mostraron cómo los semáforos usaban radio inalámbrica para comunicar datos dentro de una red central.

Fue a través de este sistema de radio inalámbrico que descubrieron que podían enviar comandos a cualquier intersección y controlar las luces a voluntad.

Aviones:

El investigador de seguridad Chris Robert está sujeto a una investigación en curso del FBI luego de afirmar haber hackeado un avión en pleno vuelo, a través de su consola de entretenimiento.

Afirma haber hecho volar el avión de pasajeros en un movimiento lateral.

Sin embargo, el jurado no sabe si sus afirmaciones son correctas, especialmente si la tripulación de vuelo no notó ninguna anormalidad.

Cabe describir aquí la anécdota de la abuela describiendo a una de sus compañeras de la tercera edad lo que hacía su nieto para ganarse la vida. Según ella, su nieto estaba a cargo de asegurarse que nadie robara las computadoras de la Universidad; esta descripción es perfectamente razonable para que ella porque el nieto le había dicho que estaba trabajando en seguridad informática.

Otro cuento aún mejor, en una cena una mujer escuchó que un tipo trabajaba en seguridad informática y le consultó lo siguiente: dijo que su computadora había sido infectada por un virus y que estaba muy preocupada de que pudiera enfermarse por eso y que ella pudiese contraer el virus. El ingeniero jocosamente le contesta, no soy médico, y es muy poco probable que esto suceda, aun así, si se siente más cómoda, puede usar guantes de látex cuando esté en la computadora y así evitará contaminarse con el virus.

Hay muchos ejemplos de situaciones en las que los médicos buscan implantar dispositivos dentro de las personas. Y para todos estos dispositivos es estándar que se comuniquen de forma inalámbrica. Pero sin una comprensión completa de la informática confiable y segura, sin comprender qué pueden hacer los atacantes y los riesgos de seguridad, existe un gran peligro en estos sistemas.

Un automóvil tiene muchos componentes electrónicos hoy en día. De hecho, tiene muchas computadoras diferentes dentro y cada día tendrá más.

Estas computadoras están conectadas a través de redes cableadas y de redes inalámbricas, a las que se puede acceder de maneras diferentes; hay sistemas Bluetooth, WiFi, hay sensores en las ruedas, que comunican de forma inalámbrica la presión de los neumáticos a un controlador a bordo. El automóvil moderno es un sofisticado dispositivo multiordenador que debe protegerse muy bien de los piratas informáticos.

Cuando un automóvil recibe una señal de radio, esta información es procesada por software; el software tiene que recibir y decodificar la señal de radio y luego averiguar qué hacer, incluso si es solo música lo que necesita para la radio. Y ese software que hace esa decodificación, si tiene algún error, podría crear una vulnerabilidad para que alguien piratee el auto y una vez con el control de las computadoras del auto, puede hacer cualquier cosa. Por ejemplo, que el auto siempre marque que va a una velocidad menor a la real, produciendo así una cantidad de multas por exceso de velocidad.

Cualquier sistema puede ser víctima de un ataque informático y para los hackers cada nuevo mecanismo de protección, como un algoritmo nuevo, es un reto por vencer y por más sofisticado que sea el mecanismo de protección tendrá sus vulnerabilidades y por lo tanto su vida útil.

La seguridad en las soluciones de IoT debe implementarse desde el principio, es decir debe considerarse desde la fase de diseño y debe pensarse a nivel de hardware, a nivel de firmware, nivel de software, a nivel de dispositivos, a nivel de red, a nivel de bases de datos, a nivel del servicio y, en fin, en todas las partes del sistema y debe permanecer permanentemente en monitoreo durante la vida útil del sistema.

Ahora, si imaginamos que con internet de las cosas año a año aumentan la cantidad de billones de dispositivos conectados a Internet, para un pirata informático cada uno de los dispositivos se convierte en un punto probable de acceso a las redes.

Los billones de dispositivos conectados a la red tienen su función principal de recopilar datos. Una gran parte de esa información será información personal, tales como, identificación, registros médicos, pertenencias, compras y ventas, gustos, poder de compras, deudas, etc. ¿Qué y cómo hacemos para proteger la privacidad y la intimidad de las personas?

Adicionalmente esos billones de dispositivos están conectados vía redes de comunicación a centros de datos, todos ellos igualmente con probabilidad de ser hackeados en cualquier momento y con métodos cada vez más difíciles de identificar y controlar.

Surgen preguntas como ¿Realmente estamos protegiendo la privacidad de las personas? ¿Cómo evitamos que personas ajenas tengan acceso a información privada y la utilicen en su beneficio? ¿Se puede mantener la privacidad en la era de internet de las cosas? ¿Cuál es el costo de mantener dicha privacidad?

El ser humano como ser social es la principal puerta abierta a la piratería, por ejemplo, mal manejo de claves de acceso, demasiada confianza en el manejo de información crítica, no seguir las reglas de seguridad de las organizaciones.

¿Qué problemas de seguridad de datos tienen los dispositivos de Internet de las cosas?

Los dispositivos de Internet de las cosas normalmente son pequeños y de baja potencia, no pueden manejar mucho software y aún menos el software de seguridad, lo que los deja abiertos al robo de datos o a la interrupción y daño por medio de ataques cibernéticos.

Hay otros aspectos de la Internet de las cosas que trae problemas de seguridad adicionales: Un volumen masivo de datos que se vierten en internet, muchas más redes para conectar los dispositivos, más interacciones máquina a máquina (M2M), toma de decisiones autónoma por parte de los sistemas, programación extra para gestionar dispositivos y redes.

Se está trabajando en soluciones que minimizan los riesgos de seguridad, por ejemplo, la conmutación en el borde o en la niebla, reduciendo la cantidad de información que se envía a la nube al darle a mucha de esta información un tratamiento local, implementando modernos algoritmos de encriptación, etc.

Multiplicidad de ejemplos de manejo de datos que pueden incluir desde un sensor integrado en un surtidor de gasolina para saber si está llenando su auto con gasolina corriente, premium ó diésel, sensores que reportan el estado y la posición de un activo físico, sensores en las oficinas para identificar dónde se encuentra cada recurso, cuál es su funcionamiento y si necesita algún mantenimiento preventivo, diferentes sistemas de monitoreo, cepillos de dientes que informan cuánto tiempo y que tan vigorosamente estás cepillando tus dientes, sensores en los dientes que controlan la calidad y la cantidad de su dieta, monitoreos contra incendio para regiones remotas y yéndonos a otros extremos sensores en los robots de los viajes interplanetarios que censan y miden concentraciones de gases, temperaturas, y así infinidad de aplicaciones para cada una de las áreas que nos imaginemos.

Muy pronto veremos que todas las cosas con las que interactuamos tienen sensores, todos los objetos, independiente de donde nos encontremos, sea en un centro comercial, en la calle, en un parque, en nuestra casa, tendrán sensores, igualmente dispositivos médicos, sensores ambientales, seguridad del hogar, máquinas expendedoras, la industria y sus procesos, las personas y la salud, la agricultura, los animales, en fin, todo lo que nos rodea tendrá sensores embebidos.

Aun no se sabe realmente cómo afectará Internet a las cosas nuestras vidas, lo que si podemos decir es que el impacto de Internet de las cosas será generalizado y se extenderá y expandirá a lo largo del tiempo, en todo el planeta y más allá; nos afectará de seguro de la manera más inmediata y profunda de lo que pensamos ya que la investigación y el desarrollo hace que los cambios tecnológicos sean cada vez más cortos, tal y como lo estamos viviendo hoy en día.

Los dispositivos de Internet de las cosas pueden conectar la actividad de una persona con su identidad, lo que representa un desafío para la privacidad. Un dispositivo posiblemente necesita poder verificar una actividad o estado y la identidad, pero también debe poder separarla del propietario o usuario en el momento de hacer pública la información; a esto se llama sombrear. El dispositivo utiliza una identidad virtual para actuar en nombre del propietario (a quien conoce, pero no revela la identidad), así todos los involucrados debemos trabajar mancomunadamente, dándole la importancia necesaria a los temas de seguridad y privacidad de los ambientes cibernéticos.

PRIVACIDAD

La preservación de la privacidad ha sido una preocupación constante desde los inicios de Internet. Con internet de las cosas el problema es aún mayor ya que muchas aplicaciones generan datos rastreables, de la ubicación, de las acciones y del comportamiento de los individuos. Los problemas de privacidad son particularmente relevantes en la intimidad de las personas, en los negocios y la atención médica; existen muchas aplicaciones de atención médica interesantes que se encuentran dentro del ámbito del internet de las cosas, podemos citar, entre otros, el rastreo realizado por los médicos en un hospital, el monitoreo de los pacientes en el hogar, en un centro de control, en el trabajo o en fin en cualquier lugar. En este entorno, es esencial verificar la funcionalidad del dispositivo y la identidad del usuario, la que se debe desacoplar del dispositivo. El ensombrecimiento es un mecanismo que se ha propuesto para lograrlo. En esencia, las sombras digitales permiten que los objetos del usuario actúen en su nombre, almacenando solo una identidad virtual que contiene información sobre sus atributos, preservando de alguna manera la identidad real del usuario.

La administración de identidad en IoT ofrece nuevas oportunidades, para aumentar la seguridad al combinar diversos métodos de autenticación para personas y máquinas. Por ejemplo, la bio-identificación combinada con un objeto dentro de la red personal podría usarse para abrir una puerta.

Los escenarios de miedo son innumerables, y son lo suficientemente serios como para que los reguladores gubernamentales lo estén tomando en serio. La Comisión federal del comercio (*FTC, Federal Trade Commission*) produjo un informe sobre Internet de las cosas, destacando algunos de los riesgos y sugiriendo algunas formas de mitigarlos. Cora Han, abogada de la división de protección de la privacidad y la identidad en la FTC, dijo que las compañías involucradas con el Internet de las cosas deberían considerar la "*minimización de datos*" como una prioridad. *"Es posible que su dispositivo necesite recopilar información, y eso está bien, pero debe ser franco al respecto y pensar si necesita recopilar toda esa información y cómo la almacena, y si tiene sentido deshacerse de ella cuando ya no lo necesite".* (https://www.crunchbase.com/person/cora-han#section-overview)

Los datos tienen un valor monetario, lo que los hace importantes para las personas y para las empresas; en muchos casos, su función es generar valor a los accionistas de una organización, lo que significa ganar dinero. Según Chris Rouland, fundador y CEO de Bastille, una compañía que escanea dispositivos de Internet de las cosas y mitiga sus amenazas de seguridad. *"Muchas de las razones por las que estos productos son muy económicos es porque parte del modelo de negocio es la capacidad de recopilar y revender sus datos"*, Tu dispositivo portátil lleno de sensores no es realmente el producto - dice él - tú eres el objetivo. (tomado el 25 de julio de 2019 de, https://blognooficial.wordpress.com/2015/04/22/como-puede-sobrevivir-la-privacidad-en-la-era-de-la-internet-de-las-cosas/)

LEGISLACIÓN Y REGULACIONES

Teniendo en cuenta lo anterior, ¿no deberían los entes reguladores intervenir y reforzar la legislación? La FTC (*Federal Trade Commission*) desaconsejó la legislación específica de Internet de las cosas, pero solicitó una legislación de privacidad de referencia en los EE. UU., en el Reino Unido y Canadá, dicha legislación ya existe.

Según Rob van Kranenberg, el fundador del Consejo de Internet de las cosas, *"Si queremos dirigir estos desarrollos, debemos construir un sistema en conjunto para aprovechar el nuevo "petróleo": los datos de nuestros ciudadanos"*, ¿Cómo es esto? Necesitamos trabajar a profundidad en temas de privacidad, con las compañías que recopilan nuestros datos desde los dispositivos. Con una cantidad tan vasta de datos que se comparten sobre individuos, intentar establecer esos parámetros individualmente será bastante difícil.

Rouland considera que la privacidad en Internet de las cosas es equivalente a la etiqueta "orgánica" en los alimentos; algo por lo que los usuarios pueden pagar una prima, para tener tranquilidad. *"Veo la oportunidad de pagar una prima por retener mis propios datos, o al menos garantizar que mis datos no sean atribuidos a mí"*, (tomado el 25 de julio de 2019 de, https://www.theguardian.com/technology/2015/apr/07/how-can-privacy-survive-the-internet-of-things)

Usman Haque es el fundador de Thingful (http://www.thingful.net/), al que llama un motor de búsqueda para Internet de las cosas. Este motor documenta los dispositivos de Internet de las cosas en todo el mundo, categorizándolos por función, para que busque, por ejemplo, la calidad del aire en Manhattan. Haque dice que las personas deberían poder establecer políticas que rijan qué dispositivos pueden comunicarse con los dispositivos que poseen y qué información se comparte sobre ellos. *"Puedo hacer que los datos estén disponibles en tiempo real para mi médico, pero podría delegar el acceso a las cifras mensuales a mi madre"*, explica. *"Y podría ser feliz de participar en un estudio médico donde proporciono datos agregados de los años. Así que la privacidad tiene que ser granular "*.

Haque y Kranenberg están trabajando en una "capa de derecho de dispositivo", en forma de *Dowse Box*. Este es un dispositivo que se conecta a su red doméstica y le permite definir qué se conecta con él y cómo. Entonces, si su nuevo medidor inteligente decide conectarse a su servicio público y contarle cosas sobre usted, la caja le informará y le dará la oportunidad de hacer algo al respecto.

Sin embargo, Kranenberg ve más utilidades que la simple defensa de datos. *"Podríamos construir una plataforma de Internet de vecindarios en estos cuadros de Dowse, donde las personas comienzan a compartir música. También podríamos crear una plataforma para compartir autos, herramientas y alimentos, todas las cosas que están sucediendo en este pueblo en transición"*.

Kranenberg (https://www.sciencedirect.com/science/article/pii/S1877050915029142), prevé un sistema en el que las personas podrían subastar sus datos en una versión de eBay de las cosas de Internet, y venderlas a entidades comerciales si lo desean. Pero también dice que pueden dar acceso a otros que lo mejoren de alguna manera, tal vez incluso pagando una tarifa a esas organizaciones, creando un mercado completamente nuevo para los datos en los que sus propietarios son participantes y beneficiarios al mismo tiempo.

¿Qué tipo de mejoras podrían ser? Haque rechaza lo que él llama la visión de la década del 1950 de Internet de las cosas, donde su refrigerador le pide leche y charlas a su reloj inteligente. En su lugar, prevé una Internet de las cosas con inhaladores de asma conectados, que registran dónde se utilizan y contribuyen con estos datos a una red de otros inhaladores. Un inhalador podría advertir a su usuario cuando ingresa a un área de riesgo, donde muchas personas han necesitado usar el suyo; en otras palabras, esto no es más que la integración de internet de las cosas con inteligencia artificial, analítica de datos y otras tecnologías convirtiéndose así en sistemas autónomos.

Entonces, como sucede a menudo en la ciencia ficción, nos enfrentamos a dos futuros posibles, uno distópico y otro utópico; de manera más realista, podríamos obtener una en la que logremos sobrevivir y prosperar, a pesar de los desafíos de privacidad.

¿Estamos equipados para aprender de nuestros errores y tomar el control de nuestros propios datos en un mundo que promete estar saturado de sensores? Quizás el primer paso sea estar al tanto de Internet de las cosas y de lo que se puede hacer.

¿Qué tipo de datos se pueden recopilar de las personas (con o sin su conocimiento) a través de Internet de las cosas? ¿Por qué los datos personales pueden ser valiosos para otros?

Información personal, ubicaciones y movimientos, hábitos, condiciones físicas, etc. pueden ser valiosos en áreas como ventas y marketing, planificación de servicios, intervención de salud, decisiones de crédito, decisiones de seguros, decisiones de empleo, fraude y robo, etc.

La buena práctica de desarrollo de productos involucra a los desarrolladores en: realizar una evaluación de riesgos de seguridad y privacidad, construir seguridad en el producto desde el principio, probar las medidas de seguridad antes del lanzamiento, usar proveedores de servicios capaces de proporcionar seguridad, seguimiento de un producto a lo largo de su ciclo de vida.

¿Qué otras recomendaciones hay en torno al desarrollo de Internet de las cosas, debido a riesgos adicionales de seguridad y privacidad?

Minimizar los datos recopilados y retenidos, y la cantidad de tiempo que se retienen, considerar quién debe tener acceso a los datos (en el nivel apropiado dentro de una organización), educar a los empleados sobre buenas prácticas de seguridad.

El principal motor del crecimiento de IoT no es la población humana; es más bien, el hecho de que los dispositivos que usamos todos los días (por ejemplo, refrigeradores, automóviles, ventiladores, luces) y las tecnologías operativas como las que se encuentran en la fábrica se están convirtiendo en entidades conectadas en todo el mundo. Este mundo de cosas interconectadas, donde los humanos están interactuando con las máquinas y las máquinas están hablando con otras máquinas (M2M). La Internet de las cosas (IoT) se puede definir como "una red omnipresente y ubicua que permite la supervisión y el control del entorno físico mediante la recopilación, el procesamiento y el análisis de los datos generados por sensores u objetos inteligentes".

Muchas personas se han referido indistintamente a las comunicaciones de Máquina a Máquina (M2M) e IoT y las consideran una y la misma. En realidad, M2M puede verse como un subconjunto de la IoT. El IoT es un fenómeno que abarca más, que incluye comunicación de Máquina a Humano (M2H), aplicaciones de identificación por Radiofrecuencia (RFID), Servicios Basados en la Localización (LBS), integración con otras tecnologías como Realidad Aumentada (AR), Inteligencia artificial, (AI), robótica, telemática y toda una gama de sistemas, con capacidad de interactuar con el ser humano y entre sí; su característica común es combinar objetos sensoriales integrados con inteligencia de comunicación, recopilando y ejecutando análisis datos en una combinación de redes cableadas e inalámbricas.

La capacidad de manejar inteligencia distribuida se conoce como *fog computing* o *edge computing,* una arquitectura diseñada específicamente para procesar datos y eventos de dispositivos de IoT más cercanos a la fuente de generación de los mismos, limitando la información que se envía y procesa a los centros de datos también conocida como nube (cloud computing). En resumen, *edge computing* extiende la nube hacia el mundo físico de las cosas, con tres objetivos principales, uno reducir la cantidad de información que se envía a la nube, dos dar mayor seguridad a la información y tres responder en tiempo real o con latencias muy reducidas.

Los sistemas de gestión de servicios (*SMS =Service Management Systems*), también conocidos como sistemas de gestión, sistemas de gestión de red o sistemas *backend,* son los cerebros de una arquitectura de IoT. Los sistemas de gestión de servicios interactúan con bases de datos inteligentes que contienen información de capital intelectual, información de contratos, información de políticas de las empresas, fabricación e información histórica, potenciando así las soluciones de IoT.

Los sistemas de gestión de servicios también son compatibles con las tecnologías de reconocimiento de imágenes, para identificar objetos, personas, edificios, lugares, logotipos y cualquier otra cosa que tenga valor para los consumidores y las empresas.

La tasa de adopción de IoT tiende a ser al menos cinco veces más rápida que la adopción de la electricidad y la telefonía. El ritmo de crecimiento predice que al año 2022 aproximadamente seis dispositivos de IoT corresponden a cada persona a nivel global, cifra que podría incrementarse a 60 dispositivos de IoT por persona, a nivel global para el año 2030.

Lo expuesto en los párrafos anteriores solo muestra la gran necesidad de manejar de una manera integrada la seguridad y la privacidad en los sistemas informáticos de internet de las cosas.

Al implementarse soluciones como servicios, por ejemplo, infraestructura como un servicio (IaaS) los conglomerados industriales no tienen el control del software y del hardware que manejan y deben tener presente los nuevos riesgos de seguridad que aparecen al tener todos sus procesos digitalizados y la posibilidad de que piratas informáticos no solo hagan daño, sino que tomen control de sus dispositivos o aún más crítico de sus operaciones. Lo anterior implica políticas de seguridad muy estrictas y programas de manejo de la seguridad permanentes, con tecnologías de seguridad de punta y transversales para todas las áreas de las organizaciones.

Al comentar sobre los hallazgos, Tara MacLachlan, vicepresidenta de Industrial IoT en Inmarsat Enterprise dijo, (enero 2019): *"Si bien Industrial IoT presenta posibilidades inmensamente emocionantes para las empresas de la cadena de suministro global, también aumenta el riesgo de que enfrenten problemas de ciberseguridad, y nuestra investigación sugiere que no están preparados para estos riesgos. "Una red solo es segura como lo es su punto más débil, y dado que la IoT industrial aumenta el área de superficie potencial para ataques cibernéticos, las empresas deben asegurarse de que refuerzan cada elemento de sus implementaciones de IoT. Sin redes de IoT industrial seguras, las empresas pueden quedar abiertas a ataques cibernéticos diseñados para paralizar maquinaria industrial, ransomware o espionaje industrial. "Las implementaciones de IoT industrial realmente seguras deben tener seguridad integrada desde el día cero. Esto debe incluir la administración de acceso seguro, los entornos de ejecución seguros, el cifrado de datos mejorado y la validación y au-*

tenticación inteligente entre sensores, puertas de enlace y la plataforma de orquestación de software.(https://www.inmarsat.com/news/global-supply-chain-vulnerable-to-cybersecurity-risks/)

Como lo vimos en el capítulo 3 se han desarrollado muchos protocolos que hacen posible el funcionamiento de los dispositivos de IoT. Desde protocolos de mensajería como el protocolo de aplicación restringida (CoAP), hasta protocolos de enrutamiento altamente extensibles como el protocolo de enrutamiento para redes de baja potencia y pérdida de energía (RPL). Lo importante a entender acerca de estos protocolos es que han sido diseñados teniendo en cuenta la conservación de la energía, junto con los bajos requisitos de cálculo y memoria.

El Internet IPv6 es uno de los habilitadores más importantes del internet de las cosas, ya que es posible gestionar los miles de millones de dispositivos de las soluciones de IoT, incluyendo aquí todo lo que tiene que ver con la seguridad de las soluciones.

Los desafíos de seguridad dentro de los sistemas de IoT son muchos, a continuación, se enumeran algunos desafíos y consideraciones de seguridad en el diseño y la creación de dispositivos o sistemas de internet de las cosas:

* Dispositivos típicamente pequeños y con poca o ninguna seguridad física.
* Dispositivos restringidos en memoria y en otros recursos informáticos, sin capacidad para manejar algoritmos de seguridad complejos y en evolución.
* Dispositivos diseñados para funcionar de manera autónoma en el campo, sin conectividad de respaldo.
* Dispositivos que requieren administración remota segura durante y después de la integración a la red.
* Escalabilidad y gestión de miles de millones de entidades en el ecosistema de internet de las cosas.
* Identificación de puntos finales individualmente o en grupo.
* Gestión de redes con diversidad de interesados, como los usuarios, los proveedores de servicios, el gobierno, los fabricantes.
* Los dispositivos incrustados o embebidos pueden sobrevivir a la vida útil de los algoritmos de seguridad, por ejemplo, los medidores inte-

ligentes podrían durar más de 40 años mientras que los algoritmos criptográficos tienen una vida útil mucho más limitada.
• Protección física, los dispositivos móviles pueden ser robados o los dispositivos se pueden trasladar por múltiples razones

Las entidades de IoT generalmente no serán una solución de uso ni propiedad únicos. Los dispositivos y las plataformas de control en la que se pueden consumir y compartir los datos podrían tener diferentes dominios de propiedad, políticas, administración y conectividad además de ser cambiantes en el tiempo. En consecuencia, se requerirá que los dispositivos tengan acceso equitativo y abierto a una cantidad de consumidores y controladores de datos al mismo tiempo, a la vez que conservan la privacidad y la exclusividad de los datos entre esos consumidores cuando sea necesario.

La disponibilidad de información mientras se proporciona aislamiento de datos entre clientes es fundamental; debemos establecer los controles de identidad adecuados y crear relaciones de confianza entre entidades para compartir la información correcta. Existen requisitos de seguridad complejos y aparentemente competitivos para ser implementados en una plataforma con recursos potencialmente limitados:

• Autenticación en múltiples redes de forma segura.
• Asegurar que los datos estén disponibles para múltiples recolectores.
• Gestionar la contención en el acceso a datos.
• Gestionar las preocupaciones de privacidad entre múltiples consumidores.
• Proporcionar una autenticación y protección de datos sólidas (integridad y confidencialidad)
• Mantener la disponibilidad de los datos o del servicio.
• Permitir la evolución frente a riesgos desconocidos.

Estos problemas tienen especial relevancia en el internet de las cosas, donde la disponibilidad segura de datos es de suma importancia. Por ejemplo, un proceso industrial crítico puede depender de una medición de temperatura precisa y oportuna. Si ese punto final está sufriendo un ataque de denegación de servicio (DoS), el agente de recopilación de procesos debe ser informado oportunamente. En tal caso, el sistema debería poder tomar las acciones apropiadas en tiempo real, como el suministro de datos desde una conexión secundaria o retrasar la transmisión de información. También debe poder distinguir entre la pérdida de datos debido a un ataque DoS en curso o la pérdida del dispositivo debido a un evento catastrófico en la planta; esto se logrará utilizando técnicas de aprendizaje automático (*machine learning*), por ejemplo, comparando un estado operacional normal con un estado de ataque previamente aprendido.

SEGURIDAD Y ARQUITECTURA DE RED EN IOT/M2M

Si bien muchas de las tecnologías y soluciones de seguridad existentes se pueden aprovechar en una arquitectura de red, especialmente en las capas de la nube del centro de datos y del núcleo, existen desafíos grandes en las capas de acceso de internet de las cosas. La naturaleza de los puntos finales y la gran escala de agregación requieren atención especial en la arquitectura general para adaptarse a estos desafíos.

Con el soporte de la **figura 5.1 Seguridad y arquitectura de red en IoT/ M2M** de cisco, vamos a ver un modelo por capas; para conceptualizar cómo debe manejarse la seguridad en un entorno de internet de las cosas.

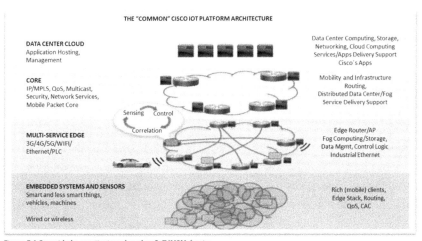

Figura 5.1 Seguridad y arquitectura de red en IoT/M2M, fuente:
https://www.cisco.com/c/en/us/about/security-center/secure-iot-proposed-framework.html

La capa de sistemas y sensores embebidos: se compone de sistemas embebidos, sensores y actuadores; como tales, estos son dispositivos pequeños, con diferentes sistemas operativos, tipos de CPU, memoria, etc. Se espera que muchas de estas entidades sean dispositivos de una sola función y económicos con conectividad de red rudimentaria, como un sensor de temperatura o presión. Además, estos dispositivos podrían estar en lugares remotos y/o inaccesibles donde la intervención o configuración humana es muy difícil.

Dado que la naturaleza de estos dispositivos es tal que están integrados en los objetos que están censando, uno puede imaginar un nuevo proyecto de construcción de un lugar de trabajo, un hospital o una escuela en el que estos sensores se introduzcan durante la fase de construcción, para recopilar y monitorear datos y eventos. Los enlaces secundarios ayudarán en los casos en que la conectividad se pierda después de que los equipos de instalación hayan abandonado el sitio.

Además, deben adoptarse métodos para garantizar que la autenticidad de los datos, la ruta del sensor al recopilador y los parámetros de autenticación de conectividad entre la instalación/configuración inicial del dispositivo, y su eventual presencia en la infraestructura de IoT no se vean comprometidos con el paso del tiempo.

La capa de borde multiservicio: la variabilidad en las capacidades de los dispositivos finales y sus números potencialmente enormes, resaltan la importancia del borde multiservicio en la arquitectura IoT/M2M. El borde multiservicio es multimodal y admitirá normalmente conectividad por cable y/o inalámbrica; para el caso de inalámbrica esta capa debe admitir muchos protocolos diferentes, como Zigbee, IEEE 802.11, 3G y 4G, 5G para adaptarse a una variedad de puntos finales. En algunos casos, es posible que los protocolos utilizados por los dispositivos de punto final ni siquiera tengan ninguna capacidad de seguridad inherente; es imperativo que los servicios de seguridad protejan estos puntos finales normalmente inseguros. Además, esta capa debe ser modular a escala para cumplir con los requisitos de crecimiento y escalabilidad. Los componentes y servicios ofrecidos dentro de un módulo deben ser similares para que se puedan agregar módulos adicionales de una forma fácil y segura.

La capa de red principal (Core): la arquitectura de la capa de red principal es similar a la arquitectura implementada en redes convencionales. La función de esta capa es proporcionar rutas para transportar e intercambiar datos e información de red entre múltiples subredes. El principal diferenciador entre IoT y las capas centrales convencionales es el perfil de tráfico. El tráfico y los datos de IoT pueden ser diferentes, por ejemplo, protocolos únicos y tamaño de paquetes variables. Los servicios de seguridad en la red central mantienen el sistema IoT/M2M en su conjunto, y se ha reforzado vía protocolos estandarizados para proteger contra amenazas como las siguientes:

- *Man-in-the-middle (MITM)*, es el medio por el cual el atacante puede crear exitosamente una conexión entre dos puntos y así acceder a la información cursante.
- La suplantación, es el medio por el cual un atacante se ha apropiado de una identidad y por lo tanto, a través de la suplantación puede actuar sobre la información.
- El compromiso de confidencialidad, es el medio por el cual un atacante puede alterar los datos que se transmiten.
- El ataque de reproducción, es el medio por el cual un adversario retransmite o retrasa los datos válidos al obtener acceso a una sesión ya establecida, mediante la suplantación de identidad.

La capa de centro de datos en la nube: igualmente es similar a las arquitecturas que se implementan en redes convencionales. La función de esta capa es alojar aplicaciones que son críticas en la prestación de servicios y administrar la arquitectura de IoT de extremo a extremo. Nuevamente, los servicios de seguridad en esta capa son fundamentales para garantizar que el sistema IoT/M2M en su totalidad se proteja contra amenazas como las siguientes:

- La denegación de servicio (DoS), es el intento de un atacante al hacer que un recurso no esté disponible. Un buen ejemplo de un recurso vulnerable a DoS es el medio inalámbrico. Si bien existen muchas tecnologías hoy en día, para fortalecer los protocolos y asegurar el medio sea este WiFi, 3G, 4G o cualquier otro, una simple interferencia de radio todavía puede causar un DoS efectivo en estos medios inalámbricos.
- La explotación de componentes y puntos finales, es el medio por el cual el atacante puede infiltrarse en un componente del sistema IoT/ M2M (ya sea un punto final o un elemento de red, una aplicación o un módulo) y utilizarlo para realizar otras tareas. Estos ataques han evolucionado de tal manera que un compromiso con un solo elemento puede llevar a un mayor compromiso o infiltración dentro del sistema. Los servidores y dispositivos de la aplicación también pueden estar expuestos a desbordamientos de búfer y a ataques de ejecución remota de código, principalmente si no se siguen las medidas de seguridad y la aplicación de las mejores prácticas del mercado.

Las amenazas en estas capas, ya sea DoS, repeticiones de transacciones o sistemas comprometidos, generalmente se pueden abordar mediante mecanismos criptográficos establecidos, el suministro de identidades sólidas con credenciales que les permitan autenticarse en la red y políticas sólidas para manejar los controles de acceso apropiados.

La seguridad de las conexiones de dispositivos en la nube se puede satisfacer con diferentes métodos, como ejemplo en la **tabla 5.2 Seguridad de dispositivos en plataformas** se muestra los diferentes protocolos usados por Amazon, Microsoft y Google en sus plataformas de IoT.

AMAZON	MICROSOFT	GOOGLE
TLS para encriptado dispositivo-nube	TLS para encriptado dispositivo-nube	TLS para encriptado dispositivo-nube
JONSON web tokens	JONSON web tokens	JONSON web tokens
Certificación X.509 en el dispositivo y claves privadas	Certificación X.509 en el dispositivo y claves privadas	Certificación X.509 en el dispositivo y claves privadas
IAM usuarios y grupos		IAM usuarios y grupos
Amazon Cognito Identities		RSA and Elliptic Curve

Tabla 5.2 Seguridad de dispositivos en plataformas

AMENAZAS EN IOT

El internet IPv6 está sujeto a las mismas amenazas de ataque que el internet IPv4, tales como el reconocimiento, la suplantación de identidad, los ataques de fragmentación, el rastreo, los ataques de descubrimiento de vecinos, los dispositivos fraudulentos, los ataques de hombre en el medio y otros; sin embargo, el IoT abre una dimensión completamente nueva a la seguridad y es donde Internet se encuentra con el mundo físico, esto tiene algunas implicaciones serias para la seguridad, ya que la amenaza de ataque pasa de manipular la información a controlar la actuación de las cosas y los procesos (en otras palabras, pasar del mundo digital al físico). En consecuencia, expande drásticamente la superficie de ataque de amenazas conocidas y dispositivos conocidos, a amenazas de seguridad adicionales de nuevos dispositivos, protocolos y flujos de trabajo.

Muchos sistemas operativos están pasando de ser sistemas cerrados (por ejemplo, SCADA, Modbus, CIP) a sistemas abiertos basados en IP que expanden aún más la superficie de ataque; internet de las cosas puede verse afectado por varias categorías de amenazas de seguridad, incluidas las siguientes:

- Gusanos comunes que saltan de las TIC a IoT, en general, se limitan a las cosas que ejecutan los sistemas operativos: Windows, Linux, iOS, Android
- *"Script kiddies"* u otros que se dirigen a IoT residencial: cámaras web sin protección, robo de contenido, acceso a los sistemas de control del hogar, etc.
- Delincuencia organizada, acceso a propiedad intelectual, sabotaje y espionaje.
- Ciberterrorismo, por ejemplo, plantas nucleares (virus Stuxnet), monitoreo de tráfico, ferrocarriles, infraestructura crítica.

Dado que las aplicaciones de IoT/M2M afectan nuestra vida diaria, ya sea en el control industrial, el transporte, SmartGrid, las áreas de atención médica, en la agricultura, etc. se hace imprescindible garantizar un sistema IoT/M2M seguro. Con la adopción continua de las redes IP, las aplicaciones IoT/M2M ya se han convertido en un objetivo para los ataques y continuarán creciendo tanto en magnitud como en sofisticación. La escala y el contexto del IoT/M2M lo convierten en un objetivo convincente para aquellos que buscan hacer daño a empresas, organizaciones, naciones y, lo que es más grave, a las personas. Los objetivos son abundantes y cubren muchos segmentos diferentes de la industria y de la vida en general. El impacto potencial abarca desde daños leves a graves, daños a la infraestructura y hasta pérdida de vidas.

Uno de los elementos fundamentales para asegurar una infraestructura de IoT es a través de la identidad de los dispositivos y los mecanismos de autenticación, aunque como se mencionó anteriormente, muchos dispositivos IOT pueden no tener la potencia de cómputo, la memoria o el almacenamiento necesarios para admitir los protocolos de autenticación.

Los sólidos esquemas de encriptación y autenticación de hoy se basan en conjuntos criptográficos como Advanced Encryption Suite (AES) para el transporte de datos confidenciales, Rivest-Shamir-Adleman (RSA) para firmas digitales y transporte clave y Diffie-Hellman (DH) para negociaciones clave y gestión.

Si bien los protocolos son robustos, requieren una plataforma de computación alta, un recurso que puede no existir en muchos de los dispositivos conectados a la IoT. En consecuencia, la autenticación y la autorización requerirán una reingeniería adecuada para adaptarse a nuestro nuevo mundo conectado de IoT.

Adicionalmente, estos protocolos de autenticación y autorización también requieren un grado de intervención por parte del usuario en términos de configuración y aprovisionamiento. Sin embargo, muchos dispositivos IoT tendrán acceso limitado, por lo que requerirán que la configuración inicial esté protegida contra manipulaciones, robos y otras formas de compromiso a lo largo de su vida útil, que en muchos casos podrían ser de muchos años.

Para superar estos problemas, se requieren nuevos esquemas de autenticación, que se puedan construir utilizando la experiencia de los algoritmos de encriptación/autenticación fuertes ya existentes. Lo más importante es que muchas organizaciones están trabajando en nuevas tecnologías y algoritmos de seguridad. Por ejemplo, el Instituto Nacional de Estándares y Tecnología (NIST, por sus siglas en inglés) ha elegido recientemente el protocolo SHA-3 compacto como el nuevo algoritmo para los llamados dispositivos "integrados" o inteligentes que se conectan a redes electrónicas, pero que no son en sí computadoras completas.

Otros elementos de seguridad que podrían considerarse incluyen los siguientes:

- Aplicación de ubicación geográfica y niveles de privacidad a los datos.
- Identidades fuertes.
- Fortalecimiento de otros métodos centrados en la red, como el Sistema de nombres de dominio (DNS) con DNSSEC y el DHCP.
- Adopción de otros protocolos que son más tolerantes al retardo o la conectividad transitoria, muchas de las consideraciones de seguridad

para los protocolos de IoT se basan en el cifrado. A medida que surgen nuevos flujos de trabajo para sensores y elementos conectados a Internet, una disparidad en los horizontes de tiempo crea una brecha adicional.

Por último, la comunicación y los canales de transporte de datos deben estar protegidos para permitir que los dispositivos envíen y recopilen datos hacia y desde los agentes y los sistemas de recolección de datos. Si bien no todos los puntos finales de IoT pueden tener comunicaciones bidireccionales, el uso de SMS (automáticamente o a través de un administrador de la red) permite una comunicación segura con el dispositivo cuando se deba realizar una acción.

MARCO DE REFERENCIA PARA SEGURIDAD

La **figura 5.2 Marco de referencia para seguridad en IoT**, de la academia de Networking de Cisco, muestra un ejemplo de un marco de seguridad de Internet de las cosas. En este se enmarcan temas de autenticación, autorización, políticas de seguridad en la red, servicios de analítica y relacionamiento como se describen a continuación.

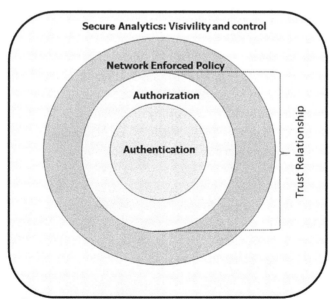

Figura 5.2 Marco de referencia para seguridad en IoT,
fuente: https://www.cisco.com/c/en/us/about/security-center/secure-Internet de las cosas-proposed-framework.html

Vamos a analizar este modelo empezando desde la capa interior y moviéndonos hacia las capas exteriores

Autenticación: es el corazón de este marco de referencia, se utiliza para proporcionar y verificar la información de identificación de una entidad de IoT. Cuando los dispositivos IoT conectados (por ejemplo, sensores integrados y actuadores o puntos finales) necesitan acceso a la infraestructura de IoT, la relación de confianza se inicia en función de la identidad del dispositivo. La forma de almacenar y presentar información de identidad puede ser sustancialmente diferente para la gran variedad de dispositivos que puede tener una solución de IoT. En las redes empresariales típicas, los puntos finales pueden identificarse mediante una credencial humana (por ejemplo, nombre de usuario y contraseña, token o biométrica). Los puntos finales de IoT deben tomar las identidades por medios que no requieran interacción humana. Dichas identificaciones incluyen casos como identificación por radiofrecuencia (RFID), certificados X.509, dirección MAC del punto final o algún tipo inmutable basado en hardware. El establecimiento de identidad a través de los certificados X.509 proporciona un sistema de autenticación sólido. Sin embargo, en el dominio de IoT, es posible que muchos dispositivos no tengan suficiente memoria para almacenar un certificado o que ni siquiera tengan la potencia de CPU necesaria para ejecutar las operaciones criptográficas de validar los certificados X.509 (o cualquier tipo de operación de clave pública). Las huellas de identidad existentes, como 802.1AR y los protocolos de autenticación definidos por IEEE 802.1X, pueden aprovecharse para aquellos dispositivos que pueden administrar tanto la carga de la CPU como la memoria para almacenar credenciales sólidas. Sin embargo, los nuevos desafíos crean la oportunidad para una mayor investigación en la definición de tipos de credenciales de identidad más pequeños y construcciones criptográficas y protocolos de autenticación con menos uso de cómputo.

Autorización: la segunda capa de este marco es la autorización, que controla el acceso de un dispositivo a través del tejido de la red. Esta capa se basa en la capa de autenticación central, al aprovechar la información de identidad de una entidad de IoT. Con los componentes de autenticación y autorización, se establece una relación de confianza entre los dispositivos de IoT, para intercambiar información apropiada. Por ejemplo, un automóvil puede establecer una alianza de confianza con otro automóvil del mismo proveedor. Sin embargo, esa relación de confianza solo puede permitir que los autos intercambien sus capacidades de seguridad y deberá tener sus límites de autorización. Cuando se establece una alianza de confianza entre el automóvil y la red de su distribuidor, se le puede permitir al automóvil compartir información adicional, como la lectura de su odómetro, el último registro de mantenimiento, etc. El gran desafío será construir una arquitectura que pueda escalarse para manejar miles de millones de dispositivos IoT con diferentes relaciones de confianza de por medio. Las políticas de tráfico y los controles apropiados se aplicarán en toda la red para segmentar el tráfico de datos y establecer una comunicación confiable de extremo a extremo.

Aplicar políticas de red: esta capa abarca todos los elementos que enrutan y transportan el tráfico de extremo a extremo, de forma segura a través de la infraestructura, ya sea control, gestión o tráfico de datos real. Al igual que en la capa de autorización, ya existen protocolos y mecanismos establecidos para asegurar la infraestructura de la red y aplicar las políticas adecuadas para los casos de uso de IoT.

Analítica segura: visibilidad y control: esta capa de analítica segura define los servicios mediante los cuales pueden participar todos los elementos (puntos finales, infraestructura de red, los centros de datos y fuentes externas) para proporcionar telemetría con el fin de obtener visibilidad y, finalmente, controlar el ecosistema de IoT. Con la madurez de los sistemas de *big data*, podemos implementar una plataforma de base de datos paralela, que pueda procesar grandes volúmenes de datos casi en tiempo real.

Además, incluye todos los elementos que agregan y correlacionan la información, incluida la telemetría, para proporcionar reconocimiento y detección de amenazas. La mitigación de amenazas puede variar desde apagar automáticamente al atacante para que no acceda a recursos adicionales, a ejecutar *scripts* especializados hasta iniciar mecanismos de recuperación inmediata. Los datos, generados por los dispositivos IoT, solo son valiosos si se definen los algoritmos analíticos correctos u otros procesos de inteligencia de seguridad para identificar las amenazas. Podemos obtener mejores resultados analíticos mediante la recopilación de datos de múltiples fuentes y la aplicación de perfiles de seguridad y modelos estadísticos que se basan en varias capas de algoritmos de seguridad.

Todos sabemos que las infraestructuras de red son cada vez más complejas, como topologías con nubes tanto públicas como privadas; La inteligencia de amenazas y las capacidades de defensa también deben estar basadas en la nube. Los componentes dentro de esta capa incluyen lo siguiente:

- La infraestructura real de IoT desde la cual se adquieren y recopilan datos de telemetría y reconocimiento
- El conjunto básico de funciones para unir, analizar los datos con el fin de proporcionar visibilidad y proporcionar conocimiento y control contextuales.
- La plataforma de entrega para la analítica real, construida a partir de los puntos anteriores.

Si bien las implementaciones reales de IoT pueden muy ser diferentes de solución a solución, este marco de referencia puede aplicarse a cualquier arquitectura; es lo suficientemente simple y flexible y permite cierto grado de estandarización en el manejo de la seguridad para las aplicaciones en internet de las cosas.

¿Se puede tener una arquitectura que proporcione una protección del cien por ciento contra las amenazas al aprovechar este marco de referencia? Desafortunadamente no. Sin embargo, las plataformas de *big data* y analítica desempeñarán un papel clave. Las amenazas de seguridad están surgiendo continuamente y requieren el desarrollo de una arquitectura que pueda defenderse contra esas amenazas.

Este marco de seguridad proporciona la base a partir de la cual se pueden seleccionar los servicios de seguridad apropiados. A medida que se consideran contextos y verticales específicos, las brechas también se pueden identificar y abordar de manera específica.

En conclusión, si bien las implicaciones de seguridad para las construcciones de IoT son muy amplias, la construcción de un marco conceptual de seguridad viable de IoT debe ser la base para la ejecución de la seguridad en los entornos de producción. Marcos de referencia de este tipo y similares pueden utilizarse en la implementación de estándares y protocolos, además de la definición y aplicación de políticas de seguridad en entornos operativos. La industria de IoT sigue evolucionando y existe un gran potencial para ataques desde el día cero. Esto ofrece una oportunidad para impulsar la seguridad en las capas apropiadas. La capa de punto final incorporada está compuesta por dispositivos altamente restringidos, y hasta ahora, ha limitado el crecimiento de *malware* a esta capa. El crecimiento de los sensores basados en IP corresponde al crecimiento de la superficie de ataque. Esto resalta el hecho de que se requieran nuevos protocolos de seguridad y técnicas de identificación, y que la seguridad de los puntos finales de IoT debe estar correlacionada con sus capacidades mejoradas. Claramente, IoT presenta nuevos desafíos para los arquitectos de redes y seguridad. Los sistemas de seguridad más inteligentes que incluyen gestión de detección de amenazas, detección de anomalías y análisis predictivo deben evolucionar consecuentemente.

COMPUTACIÓN EN LA NIEBLA O EN EL BORDE

Otra forma de aumentar la seguridad de los dispositivos de Internet de las cosas es usar "la niebla". La **figura 5.3 Computación en el borde o en la niebla** muestra este concepto, prácticamente es una extensión del alcance de "la computación en la nube", lo que se hace es realizar el tratamiento de los datos localmente, lo más cerca posible a la capa de dispositivos, con dos ventajas fundamentales, el reducir la latencia ya que se actúa localmente, actuando prácticamente en tiempo real y mejora en la seguridad ya que se hace un procesamiento local y solo se envía a la nube los datos que necesiten ser post-procesados. Esto además ayuda a no sobrecargar la nube con información que solo es necesaria tratar a nivel local.

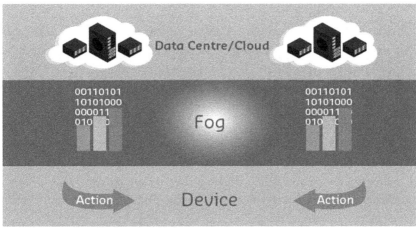

Figura 5.3 Computación en el borde o en la niebla, fuente:
https://www.cisco.com/c/dam/en_us/solutions/trends/Internet de las cosas/docs/computing-overview.pdf

PLATAFORMAS ABIERTAS Y PROTOCOLOS DE SEGURIDAD

La industria ha creado una variedad de protocolos, soportados en estándares abiertos de comunicación para IoT, definidos para simplificar los diseños de internet de las cosas y así aumentar la capacidad de los proveedores para innovar rápidamente. Veamos lo que existe en el mercado:

OPC-UA

OPC – UA (*Open Platform Communications - Unified Architecture*) es un protocolo de comunicación industrial de máquina a máquina (M2M) para la interoperabilidad, desarrollado por la Fundación OPC.

OPC es el estándar de interoperabilidad para el intercambio seguro y confiable de datos en el espacio de automatización industrial y en otras industrias. Es independiente de la plataforma y garantiza el flujo continuo de información entre dispositivos de múltiples proveedores.

El estándar OPC define una serie de especificaciones, desarrolladas por proveedores de la industria, usuarios finales y desarrolladores de software. Estas especificaciones definen la interfaz entre clientes y servidores, así como entre servidores, incluido el acceso a datos en tiempo real, monitoreo de alarmas y eventos, acceso a datos históricos y otras aplicaciones.

Inicialmente, el estándar OPC estaba restringido al sistema operativo Windows. Como tal, el acrónimo OPC se originó en OLE (vinculación e incrustación de objetos) para control de procesos. Las especificaciones, que ahora se conocen como OPC Classic, han disfrutado de una adopción generalizada en múltiples industrias, incluidas la fabricación, la automatización de edificios, el petróleo y el gas, las energías renovables y los servicios públicos, entre muchos más.

Con la introducción de arquitecturas orientadas a servicios en los sistemas de fabricación, surgieron nuevos desafíos en la seguridad y el modelado de datos. La Fundación OPC desarrolló las especificaciones OPC UA para satisfacer estas necesidades y, al mismo tiempo, proporcionó una arquitectura de plataforma abierta con tecnología rica en características, preparada para el futuro, escalable y extensible.

IEFT

El Protocolo de aplicación restringido (*Constrained Application Protocol, CoAP*) es un protocolo de transferencia web especializado para su uso con dispositivos y redes con recursos limitados como es el caso de IoT. CoAP está diseñado en base a la especificación RFC 7252 para aplicaciones *machine to machine* como energía inteligente y automatización de edificios; desarrollado por la IETF (*Internet Engineering Task Force*). Este Grupo de Trabajo de Ingeniería de Internet es una organización internacional de estandarización y normalización abierta, que tiene como objetivos el contribuir a la ingeniería de Internet, actuando en diversas áreas, como transporte, enrutamiento, seguridad, etc. Se creó en los Estados Unidos, en 1986. Es mundialmente conocido porque se trata de la entidad que regula las propuestas y los estándares de Internet, conocidos como RFC. RFC es una sigla en inglés (*Request For Comments*) que significa solicitud de comentarios y consiste en un documento que puede ser escrito por cualquier persona y que contiene una propuesta para una nueva tecnología, información acerca del uso de tecnologías y/o recursos existentes, propuestas para mejoras de tecnologías, proyectos experimentales y demás.

La IEFT es una institución sin fines de lucro y abierta a la participación de cualquier persona, cuyo objetivo es velar por que la arquitectura de Internet y los protocolos que la conforman funcionen correctamente. Se la considera como la organización con mayor autoridad para establecer modificaciones de los parámetros técnicos bajo los que funciona la red de internet. La IETF se compone de técnicos y profesionales en el área de redes, tales como investigadores, integradores, diseñadores de red, administradores, vendedores, entre otros.

Los estándares de la IETF son desarrollados en un entorno abierto en el que cada individuo interesado puede participar. Todos los documentos de la IETF están libremente abiertos a través de internet y pueden ser reproducidos a discreción. Solo las implementaciones interoperables, múltiples, y útiles pueden volverse un estándar. La mayoría de las especificaciones están enfocadas en protocolos simples y no en sistemas cerrados. Esto permite que los protocolos sean utilizados en varios sistemas diferentes, y sus estándares son rutinariamente reutilizados por organismos que desean crear arquitecturas completas. El protocolo extensible de mensajería y presencia, (*Extensible Messaging and Presence Protocol,*

XMPP) es un protocolo de comunicaciones para middleware orientado a mensajes. Las especificaciones principales para XMPP se desarrollan igualmente en el Grupo de trabajo de ingeniería de Internet (IETF). Hay varias implementaciones de servidor y cliente disponibles para su revisión en http://xmpp.org/software/

OMG

El servicio de distribución de datos (*Data-Distribution Service for Real-Time Systems, DDS*) es un estándar de middleware (*software que se sitúa entre un sistema operativo y las aplicaciones que se ejecutan en él. Básicamente, funciona como una capa de traducción oculta para permitir la comunicación y la administración de datos en aplicaciones distribuidas. A veces, se le denomina "plumbing" (tuberías), porque conecta dos aplicaciones para que se puedan pasar fácilmente datos y bases de datos por una "canalización". El uso de middleware permite a los usuarios hacer solicitudes como el envío de formularios en un explorador web o permitir que un servidor web devuelva páginas web dinámicas en función del perfil de un usuario*) para comunicaciones máquina a máquina (M2M), protocolo promovido por (*Object Management Group, OMG*) que tiene como objetivo permitir intercambios de datos escalables, en tiempo real, confiables, de alto rendimiento e interoperables entre editores y suscriptores. Es decir, para la comunicación *machine to machine*.

El *Object Management Group, (OMG®)* es un consorcio internacional de estándares de tecnología abierta, sin ánimo de lucro, fundado en 1989. Los estándares de OMG son impulsados por proveedores, usuarios finales, instituciones académicas y agencias gubernamentales. Las Fuerzas de Tarea de OMG desarrollan estándares de integración empresarial para una amplia gama de tecnologías y una gama aún más amplia de industrias. Los estándares de modelado de OMG, que incluyen *Unified Modeling Language® (UML®) y Model Driven Architecture® (MDA®),* permiten un diseño visual poderoso, ejecución y mantenimiento de software y otros procesos. OMG también alberga organizaciones tales como el (*Cloud Standards Customer Council ™, CSCC ™)* de intercambio de información impulsado por los usuarios y el grupo de estandarización de la calidad del software de la industria de TI, el Consorcio para la Información y la Calidad del Software ™ (CISQ ™).

OMG también administra el *Industrial Internet Consortium®,* la asociación público-privada que se formó en 2014 con AT&T, Cisco, GE, IBM e

Intel para promover el desarrollo, la adopción y la innovación del Internet Industrial de las cosas (IIoT).

Sus miembros incluyen cientos de organizaciones que incluyen usuarios finales de software en varios mercados verticales (desde finanzas a salud y desde automoción a seguros) y prácticamente a todas las grandes organizaciones de la industria tecnológica.

Muchas de las especificaciones de OMG han sido adoptadas por la ISO. Al final, los estándares abiertos son la mejor manera de crear los estándares necesarios para el progreso de la industria. Sin embargo, encontrar el mejor protocolo para soluciones en red es algo que muchos en IoT y otros campos de ingeniería han tenido que enfrentar durante muchos años.

OASIS

Los protocolos MQTT, AMQP y COEL son protocolos de comunicación diseñados para simplificar las soluciones de IoT. Si se considera una solución basada en las colas (*queues*) MQTT y AMQP son los protocolos más usados y desarrollados por OASIS (*Organization for the Advancement of Structured Information Standards*).

MQTT es un protocolo diseñado para IoT, muy eficiente ya que es diseñado específicamente para dispositivos de muy baja potencia. Como un protocolo de conectividad para M2M/IoT, MQTT está diseñado para admitir el transporte de mensajes desde ubicaciones/dispositivos remotos que involucran poco código (por ejemplo, controladores RAM de 8 bits, 256 KB), bajo consumo de energía, bajo ancho de banda, alto costo de conexiones, alta latencia, disponibilidad variable y garantías de entrega negociadas. Por ejemplo, MQTT se utiliza en sensores que se comunican con un intermediario a través de enlaces satelitales, SCADA, o a través de conexiones telefónicas ocasionales, con proveedores de atención médica (dispositivos médicos), y en una variedad de escenarios de automatización doméstica y dispositivos pequeños. MQTT también es ideal para aplicaciones móviles debido a su tamaño pequeño, paquetes de datos minimizados y distribución eficiente de información a uno o varios receptores (suscriptores). Debido a su simplicidad requiere menos esfuerzo implementar MQTT en un cliente que AMQP, sin embargo, carece de notificaciones de autorización y error del servidor a los clientes, limitaciones de seguridad bastante significativas.

Por otro lado AMQP es un protocolo más seguro y confiable, con una baja sobrecarga, lo que lo hace perfecto para aplicaciones de Internet de las cosas. AMQP, un protocolo más avanzado que MQTT, más confiable y con mejor soporte para la seguridad; también tiene características como enrutamiento flexible y colas duraderas y persistentes, agrupamiento, federación y colas de alta disponibilidad. AMQP proporciona un método independiente de la plataforma para garantizar que la información se transporte de forma segura entre las aplicaciones, las organizaciones, las infraestructuras móviles y a través de la nube.

El grupo de trabajo OASIS AMQP TC promueve un protocolo independiente del proveedor y neutral que ofrece a las organizaciones un enfoque más fácil y seguro para transmitir flujos de datos en tiempo real y transacciones comerciales. AMQP evita las tecnologías patentadas y ofrece el potencial de reducir el costo de las integraciones de software de middleware empresarial a través de la interoperabilidad abierta. Al habilitar un ecosistema de múltiples proveedores y de productos básicos, AMQP busca crear oportunidades para transformar la manera en que se hacen negocios en la nube y en Internet.

COEL (*Classification of Everyday Living*), proporciona un marco de privacidad por diseño para la recopilación y el procesamiento de datos de comportamiento. Es especialmente adecuado para el uso transparente de datos dinámicos para servicios digitales personalizados, aplicaciones IoT donde los dispositivos están recopilando información sobre individuos identificables y la codificación de datos de comportamiento en soluciones de identidad. La especificación utiliza seudónimos de datos personales en origen y mantiene una separación de diferentes tipos de datos con roles y responsabilidades claramente definidos para todos los actores. Todos los datos de comportamiento se definen como paquetes basados en eventos. Cada paquete está conectado directamente a una persona y puede contener un resumen del consentimiento para el procesamiento de los datos. Una combinación de una taxonomía de todos los comportamientos humanos (el modelo COEL) y el protocolo basado en eventos proporcionan una plantilla universal para la portabilidad de datos. Las especificaciones de interfaz simples imponen la separación de roles y proporcionan interoperabilidad a nivel de sistema.

La especificación COEL contiene una taxonomía extensa y detallada del comportamiento humano. La taxonomía permite que los datos de diferentes sistemas se codifiquen en un formato común, preservando el significado de los datos en diferentes aplicaciones. Esta capacidad de integración universal en el nivel de datos, en lugar de solo en el nivel de tecnología, se conoce como armonización semántica y proporciona una portabilidad de datos completa. También se incluyen los protocolos de comunicación necesarios para respaldar la interoperabilidad del sistema en una amplia gama de implementaciones.

Un tema central de la especificación es la separación de datos personales estáticos y dinámicos. Los datos estáticos son aquellos elementos de información sobre un individuo que no cambian o cambian muy lentamente o con poca frecuencia, que a menudo se utilizan como identificadores directos. Los datos dinámicos son aquellos que describen la secuencia de comportamientos de un individuo a lo largo del tiempo. Esta separación de tipos de datos proporciona muchas ventajas tanto para la privacidad como para la seguridad y se conoce como *pseudonimización*.

OASIS, se fundó bajo el nombre de "SGML Open" en el año 1993. Comenzó como un consorcio de proveedores y usuarios dedicados a desarrollar pautas para la interoperabilidad entre productos que admiten el Lenguaje de marcado generalizado estándar (SGML); el consorcio cambió su nombre a "OASIS" (Organización para el Avance de los Estándares de Información Estructurada) en el año 1998 para reflejar un alcance más amplio del trabajo técnico. Es una organización reconocida y respetada internacionalmente, sin ánimo de lucro, impulsada por sus miembros, construida en apertura, inclusividad e innovación. Maneja una agenda tan amplia que incluye definición de protocolos para IoT como MQTT y AMQT; Privacidad (US TAG e ISO Privacidad por diseño del consumidor); Ciberseguridad (STIX/TAXII), Access control (SAML); respuesta a emergencias (CAP, EDXL); Política pública (*Legal XML*); Edificios Inteligentes/Centros comerciales (*Open Building Exchange OBIX*)

OASIS es una organización de código y de estándares abiertos para tecnologías de la información. Los estándares abiertos son la forma de crear interoperabilidad entre dispositivos de diferentes proveedores; esta interoperabilidad trae la ventaja de estandarizar el vasto universo de dispositivos IoT aunque infortunadamente incrementa el riesgo de los ataques cibernéticos.

Respecto a la seguridad, los estándares abiertos y el intercambio de la comunidad son componentes vitales en una lucha exitosa y efectiva contra el delito cibernético, se debe propugnar por que la inteligencia de amenazas, de diversas fuentes, sea oportuna y práctica.

En ciberseguridad STIX y TAXII en particular son iniciativas importantes hacia la inteligencia de amenazas en el futuro. El uso de los mismos términos, flujos de datos y métodos de modelado de amenazas ayudará a los investigadores, proveedores y agentes de la ley a compartir información mutuamente para mantenerse al tanto o incluso por delante de los grupos de actores de amenazas.

La ciberseguridad es uno de los mayores desafíos que enfrenta nuestra sociedad moderna y requiere un enfoque coordinado para tener éxito. Bajo el liderazgo de OASIS, se ve una oportunidad para organizarse mejor y luchar contra los ciberdelincuentes, compartiendo datos de inteligencia de amenazas cibernéticas en un estándar de datos automatizado y eficiente.

OASIS *Open Building Information Exchange (oBIX) TC*: El propósito de *oBIX* es permitir que los sistemas de control mecánico y eléctrico de los edificios se comuniquen con las aplicaciones empresariales y así proporcionar una plataforma para desarrollar nuevas clases de aplicaciones que integren sistemas de control con otras funciones empresariales. Las funciones empresariales incluyen procesos como recursos humanos, finanzas, gestión de relaciones con clientes (CRM) y fabricación entre otros.

OASIS es un consorcio sin fines de lucro que impulsa el desarrollo, la convergencia y la adopción de estándares abiertos para la sociedad de la información global; promueve el consenso de la industria y produce estándares mundiales de seguridad, internet de las cosas, computación en la nube, energía, tecnologías de contenido, gestión de emergencias y otras áreas.

Los estándares abiertos de OASIS ofrecen el potencial de reducir los costos, estimular la innovación, hacer crecer los mercados globales y proteger el derecho de libre elección de la tecnología.

Categorías manejadas por el Comité de OASIS: La nube, seguridad, Red inteligente, IoT/M2M, mensajería, gestión de emergencias, privacidad/identidad, tecnologías de contenido, eGov/Legal, sostenibilidad, Big data y cuidados de la salud.

CONSIDERACIONES DE SEGURIDAD, COMUNICACIÓN CONFIABLE Y MANEJO DE DATOS EN IOT

Toda información recibida y enviada a un dispositivo debe ser confiable. A menos que un dispositivo pueda soportar capacidades criptográficas, debe estar restringido a redes locales y toda la comunicación entre redes debe pasar por una puerta de enlace de campo (*gateway*). Cada vez hay algoritmos más sofisticados como AES y SHA-3 que se deben tener en cuenta en el momento de proteger los dispositivos.

El firmware y el software de la aplicación en el dispositivo deben permitir actualizaciones para facilitar la reparación de las vulnerabilidades de seguridad descubiertas; sin embargo, muchos dispositivos están demasiado limitados para soportar estos requisitos, si este es el caso, se debe utilizar una pasarela (gateway); los dispositivos se conectan de forma segura a la pasarela de acceso a través de una red de área local, permitiendo una comunicación segura hacia y desde la nube.

Monitoreo y registro: los sistemas de monitoreo y registro se utilizan para determinar si la solución está funcionando y para ayudar a solucionar problemas. Los sistemas de monitoreo y registro ayudan a responder las siguientes preguntas operativas:

- ¿Están los dispositivos o sistemas en una condición de error?
- ¿Están los dispositivos o sistemas configurados correctamente?
- ¿Los dispositivos o sistemas generan datos precisos?
- ¿Los sistemas cumplen con las expectativas tanto de la empresa como de los clientes finales?

Los sistemas de monitoreo proporcionan información sobre la salud, la seguridad, la estabilidad y el rendimiento de una solución de IoT. Estos sistemas también pueden proporcionar una vista más detallada, registrar los cambios en la configuración de los componentes y proporcionar datos de registro extraídos que pueden revelar posibles vulnerabilidades de seguridad, mejorar el proceso de administración de incidentes y ayudar al propietario del sistema a solucionar problemas. Las soluciones de monitoreo integrales incluyen la capacidad de consultar información para subsistemas específicos o de agregar información en múltiples subsistemas.

El desarrollo del sistema de monitoreo debe comenzar definiendo los requisitos de operación, cumplimiento normativo y auditoría saludables. Las métricas recogidas pueden incluir:

- Dispositivos físicos, dispositivos periféricos y componentes de infraestructura que informan cambios en la configuración.
- Aplicaciones que informan cambios en la configuración, registros de auditoría de seguridad (*security audit logs*), tasas de solicitud, tiempos de respuesta, tasas de error y estadísticas de recolección de basura para los lenguajes administrados.
- Bases de datos, almacenes de persistencia y memorias caché, que reportan el rendimiento de lectura y escritura, cambios de esquema, registro de auditoría de seguridad, bloqueos o puntos muertos, índices de rendimiento de CPU, memoria y uso de disco.
- Servicios administrados (IaaS, PaaS, SaaS) que reportan métricas, cambios de configuración que afectan el rendimiento del sistema dependiente.

La visualización de las métricas de monitoreo alerta a los operadores sobre las inestabilidades del sistema y facilita la respuesta a incidentes. El rastreo de la telemetría permite a un operador seguir el viaje de una pieza de telemetría desde la creación hasta el sistema, y desde aquí a su destino final. El seguimiento es importante para la depuración y la solución de problemas. Para las soluciones de IoT, los datagramas de rastreo pueden originarse como mensajes de nube a dispositivo e incluirse en el flujo de telemetría.

Los sistemas de registro (*logging*) son integrales para comprender qué acciones o actividades ha realizado una solución o un agente dentro de la solución, los fallos que se han producido y pueden proporcionar ayuda para solucionarlos. Los registros se pueden analizar para ayudar a comprender y remediar las condiciones de error, mejorar las características de rendimiento y garantizar el cumplimiento de las normas y regulaciones vigentes.

Se recomienda utilizar registros estructurados, ya que agregan contexto, permitiendo que la información recopilada sea analizable por las máquinas y legible para los humanos.

La buena práctica de desarrollo de productos implica para los desarrolladores:

- Realizar desde el día cero una evaluación de riesgos de privacidad y seguridad
- Construir seguridad en el producto desde el principio
- Probar las medidas de seguridad antes del lanzamiento de los productos o soluciones
- Utilizar proveedores de servicios capaces de proporcionar seguridad
- Monitorear los productos a través de su despliegue, de su ciclo de vida y de su fase de salida de uso.
- Minimizar los datos recopilados y retenidos, y la cantidad de tiempo que se retienen los datos
- Considerar quién debe tener acceso a los datos (en el nivel apropiado en una organización)
- Educar a los empleados sobre buenas prácticas de seguridad
- Quizá la más importante y como tema ético no crear puertas traseras en los productos

Como usuario final, si está utilizando un producto IoT 'listo para usar', no debe olvidar las siguientes medidas de seguridad adicionales:

- Desactivar contraseñas predeterminadas.
- Deshabilitar UPnP (Plug and Play universal, que permite que el dispositivo esté automáticamente disponible para redes).
- Deshabilitar la gestión remota.
- Mantener el software (firmware) actualizado.
- Utilizar encriptación y/o certificados cuando sea posible.
- Mantener físicamente seguro el dispositivo.

En el futuro, los avances tecnológicos serán cada vez más rápidos y de mayores repercusiones, con nuevos riesgos de seguridad, y privacidad, que requerirán como una responsabilidad social una comunicación más abierta, sincera y fluida y una colaboración más estrecha entre todos los interesados, esto aplica no solo para ecosistemas como los de IoT sino para todas las infraestructuras de las TIC que exigen de seguridad cibernética; esto exige además adoptar metodologías y prácticas de seguridad y protección de la privacidad reconocidas por la industria.

Muchos de los enfoques y las practicas adoptados en los últimos años de seguro no funcionarán bien en los próximos años, la vida útil de los métodos de protección de la seguridad y la privacidad no son tan largos, es algo dinámico ya que el accionar de los piratas informáticos no da tregua, de ahí que como regla básica la seguridad cibernética debe fundamentarse en la confiabilidad, la calidad básica del producto, o servicio y esto exige una gestión de la seguridad desde las fases tempranas del diseño de los productos o soluciones, hasta una gestión permanente de la seguridad de la información durante la fase de vida útil y durante la fase de salida de uso de los productos (*phase out*), con esquemas o procesos definidos de destrucción de información que no se necesite a futuro.

Nuevamente, con el fin de profundizar en los conceptos vistos en este capítulo realice las definiciones de la **tabla 5.3 Definiciones IoT capítulo 5.**

Seguridad	
Privacidad	
Autenticación	
Autorización	
Pirata Informático o hacker	
Ciberseguridad	
OASIS	
MQTT	
AMQP	
COEL	

Tabla 5.3 Definiciones IoT capítulo 5.

Referencias:

Huawei report:
https://www.huawei.com/minisite/iot/img/iot_security_white_paper_2018_v2_en.pdf
FTC Staff Report: Internet of Things - privacy and security in a connected world. January 2015. Retrieved from:
https://www.ftc.gov/system/files/documents/reports/federal-trade-commis-

sion-staff-report-november-2013-workshop-entitled-internet-things-priva-cy/150127Internet de las cosasrpt.pdf

Four Corners: The Internet of hacked things. 7 Oct 2015. Retrieved from: http://mobile.abc.net.au/news/2015-10-07/four-corners-internet-of-hac-ked-things/7778954

ABC, 2015, The Internet of hacked things, ABC News, Published 2015 updated 2017, http://mobile.abc.net.au/news/2015-10-07/four-corners-in-ternet-of-hacked-things/7778954

Bradbury, Danny, 2015, How Can privacy survive the Internet of Things, *theguardian.com* 7th April 2015, https://www.theguardian.com/technology/2015/apr/07/how-can-privacy-survive-the-internet-of-things

Cisco, 2015, Fog computing and the Internet of Things: Extend the cloud to where things are, *Cisco.com*, https://www.cisco.com/c/dam/en_us/solu-tions/trends/Internet de las cosas/docs/computing-overview.pdf

Dade, Louise, Enigma Machine Emulator, *enigma.louisdade* 2006-2017, http://enigma.louisedade.co.uk/

Rubin, Avi 2011, All your devices can be hacked, *TED.com,* https://www.ted.com/talks/avi_rubin_all_your_devices_can_be_hacked

Timur, 2011, Caesar Cipher, *Planetcalc,* https://planetcalc.com/1434/

US Federal Trade Commission, 2013, Internet of Things Privacy (report), *ftc.gov,* https://www.ftc.gov/system/files/documents/reports/federal-trade-commis-sion-staff-report-november-2013-workshop-entitled-internet-things-priva-cy/150127Internet de las cosasrpt.pdf

Internet of Things (IoT) security architecture. https://aka.ms/iotrefarchitecture

Otros enlaces:

https://xmpp.org/about/history.html
https://docs.microsoft.com/en-us/azure/iot-fundamentals/_
https://github.com/mspnp/iot-guidance
http://securityforiot.com/wp-content/uploads/images/Securing-The-IoT.pdf
https://docs.microsoft.com/en-us/azure/iot-hub/iot-hub-devguide-sdks
https://assets.kpmg/content/dam/kpmg/pdf/2015/12/securi-ty-and-the-iot-ecosystem.pdf

https://www.cisco.com/c/en/us/about/security-center/secure-iot-proposed-framework.html

https://www.crunchbase.com/person/cora-han#section-overview

https://internet.com.co/el-internet-de-las-cosas-una-de-las-mayores-amenazas-para-la-seguridad-informatica/

http://www.thingful.net/

https://www.sciencedirect.com/science/article/pii/S1877050915029142),

https://open-stand.org/the-internet-of-things-and-open-standards-enabling-progress-in-the-industry/

https://en.wikipedia.org/wiki/Ecma_International

https://es.wikipedia.org/wiki/Grupo_de_Trabajo_de_Ingeniería_de_Internet

https://www.omg.org/omg-dds-portal/

https://www.omg.org/about/index.htm

https://en.wikipedia.org/wiki/OASIS_(organization)

https://www.oasis-open.org/

https://www.kuppingercole.com/

http://www.cen.eu

http://www.cenelec.eu

http://www.etsi.org

https://opcfoundation.org/

Figuras:

Figura 5.1 IoT/M2M Network Architecture Layers, fuente:
https://www.cisco.com/c/en/us/about/security-center/secure-iot-proposed-framework.html

Figura 5.2 Marco de referencia para seguridad en IoT, fuente:
https://www.cisco.com/c/en/us/about/security-center/secure-Internet de las cosas-proposed-framework.html

Figura 5.3 Computación en el borde o en la niebla, fuente:
https://www.cisco.com/c/dam/en_us/solutions/trends/Internet de las cosas/docs/computing-overview.pdf

CAPÍTULO 6
IIOT Y DISEÑO DE SOLUCIONES EN IOT

"Un mundo le es dado al hombre; su gloria no es soportar o despreciar este mundo, sino enriquecerlo construyendo otros universos. Amasa y remodela la naturaleza sometiéndola a sus propias necesidades; construye la sociedad y es a su vez construido por ella; trata luego de remodelar este ambiente artificial para adaptarlo a sus propias necesidades animales y espirituales, así como a sus sueños: crea así el mundo de los artefactos y el mundo de la cultura."

Mario Bunge, La ciencia su método y su filosofía.

INDUSTRIA 4.0

Las últimas décadas han traído un crecimiento exponencial en todas las áreas de la economía debido a los avances tecnológicos, lo que ha suscitado también una sucesión continua de revoluciones que han transformado por completo las industrias y con ello la forma de vida de las personas.

En menos de 40 años, se ha pasado de utilizar ordenadores únicamente para determinados procesos a industrias completamente inteligentes e independientes basadas en plataformas tecnológicas y apalancadas en una constante actualización de las mismas.

La Cuarta Revolución Industrial o Industria 4.0 generará a nivel global una gran cantidad de cambios fundamentales en la forma en que vivimos, trabajamos y nos relacionamos unos con otros. Se está abriendo un nuevo capítulo en la historia de la evolución del ser humano en la tierra, esto habilitado y potenciado por los avances tecnológicos en sus diferentes campos; a través de la digitalización se están fusionando los mundos físico, digital y biológico, creando un mundo de nuevas e infinitas oportunidades al igual que desafíos.

Hablamos de Industria 4.0 al referirnos a aquellas organizaciones que consolidan su actividad en la digitalización y soportadas en tecnologías como el internet de las cosas, la inteligencia artificial, la robótica, la computación en la nube o *Big Data* (citando las más conocidas). Son industrias con una gran capacidad de adaptación tanto al entorno como a los cambios y que tienen ante ellas un mundo de posibilidades incalculables. Además, la importancia de esta cuarta revolución industrial radica en que las empresas se dirigen hacia un modelo sostenible y cada vez más respetuoso con el medio ambiente. Esto permite que la hiperconectividad y la capacidad de automatización de los procesos prioricen aspectos como el ahorro energético y la utilización de fuentes de energía seguras, sostenibles y competitivas.

Dia a día, las industrias conectadas (edificios, robótica, redes de energía, vehículos de logística, procesos, etc.) generan cantidades asombrosas de datos, sin embargo, la gran mayoría de ellos se están desperdiciando ya que no se realiza el tratamiento adecuado, incluso inutilizando herramientas ya disponibles en el mercado. En este contexto, un tema clave es saber cómo las organizaciones están empezando a utilizar tecnologías IIoT (*Industrial Internet of Things*), con el soporte de computación en el borde y gemelos digitales, para extraer conocimientos más profundos de los datos y con multitud de ventajas para la industria.

Los miles de millones de dispositivos conectados que nos rodean recolectan una gran cantidad de información para enviarla a la nube, donde grandes centros de datos la procesan para obtener ciertas conclusiones o activar ciertas acciones, haciendo de los sistemas entes cada vez más autónomos y más inteligentes.

El Internet industrial de las cosas (IIoT) busca conectar activos industriales y máquinas a los sistemas de información empresarial, a los procesos comerciales y a las personas que los operan y usan.

La analítica avanzada es el núcleo de este nivel de integración y cuando se aplica a las máquinas y a los flujos de datos de los procesos, proporciona nuevos conocimientos, realimentación e inteligencia para optimizar la toma de decisiones de manera significativa, permitiendo así operaciones inteligentes que conducen a resultados comerciales transformadores aumentando la productividad, mejorando la calidad, reduciendo el consumo de energía y materiales, aumentando la flexibilidad, y, en última instancia, creando nuevos valores comerciales, esto mientras se mantienen los compromisos con la seguridad, la fiabilidad, la privacidad de los datos y la conservación del medio ambiente como valores sociales de las organizaciones.

Si los datos son el nuevo combustible, el análisis de datos es el nuevo motor que impulsa la transformación de IIoT. Como una nueva disciplina incipiente que combina avances en matemáticas, ciencias de la computación e ingeniería en el contexto de la convergencia de las Tecnologías de la Información (TI) y las Tecnologías Operativas (OT), el análisis industrial juega una regla crucial en el éxito de cualquier sistema IIoT. Ha llegado el momento en que IT y OT se integran en las soluciones tecnológicas de las organizaciones.

La Operación en los entornos industriales, su accionar en tiempo real, el análisis con requisitos específicos, características y desafíos únicos en comparación con el análisis empresarial y, por lo tanto, con requerimientos y consideraciones especiales en su implementación. Es necesario aún explorar mucho ya que la analítica industrial se encuentra en su etapa inicial de desarrollo. IIoT será una fuerza importante que impulsará el crecimiento económico en las próximas décadas, a un ritmo mayor que las revoluciones anteriores.

El panorama para IIoT abarca tanto TI como OT. La analítica industrial, analítica aplicada a los datos de la máquina para obtener información operativa, puede verse como un motor que impulsa la convergencia de OT y TI y, en última instancia, la creación de valor para la Cuarta Revolución Industrial. La analítica puede definirse en términos generales como una disciplina que transforma los datos en información mediante un análisis sistemático.

En un entorno industrial, una de las principales causas de tiempo de inactividad y gastos no planificados es la interrupción de las máquinas. Esto se traduce en miles de millones de dólares perdidos en manejo de fallas no esperadas y en mantenimientos innecesarios de los equipos. Actualmente, la mayoría de las empresas utilizan planes de mantenimiento programados para el mantenimiento preventivo. Esto significa que el mantenimiento se realiza en las máquinas incluso si están inactivas, lo que cuesta tiempo y recursos, además de requerir procedimientos intrusivos innecesarios que pueden reducir la confiabilidad del equipo. Por otro lado, los problemas críticos a menudo se esconden debido a diagnósticos insuficientes que resultan en tiempo de inactividad no planificado y reparaciones a menudo costosas. Tanto el mantenimiento excesivo como el insuficiente de los activos contribuyen a un mayor gasto operativo (OpEx). Para abordar estos problemas, el mantenimiento debe cambiar a pronósticos que solo programarán el mantenimiento en función de las características de vida útil de los componentes y de su uso, en lugar de únicamente ajustarse a un cronograma de mantenimientos. Luego, la práctica necesita avanzar para predecir dónde se aplican los análisis a los datos operativos de los sensores y de las máquinas, para pronosticar la probabilidad de ciertas fallas en un período determinado. Con esta información, el mantenimiento de la máquina se puede programar y realizar de manera óptima para evitar interrupciones inesperadas en las operaciones y a un costo menor. La analítica puede incluso aplicarse en el circuito de control para adaptar las máquinas a fin de evitar condiciones operativas que puedan tener efectos perjudiciales en las máquinas y los procesos.

El análisis de datos juega un papel vital al proporcionar información crucial necesaria para la toma de decisiones y para la implementación óptima de recursos en aplicaciones industriales. Esas capacidades a su vez se traducen efectivamente en un aumento en la eficiencia del trabajo y el capital. El crecimiento del PIB a largo plazo depende fundamentalmente del capital, el trabajo y la eficiencia. Aumentar la eficiencia del capital y la mano de obra es fundamental para tener no solo un camino para el crecimiento del PIB sino también ventajas competitivas, ya sea en economías desarrolladas o emergentes.

La analítica como disciplina en matemáticas aplicadas ha sido ampliamente adoptada por las organizaciones durante décadas, principalmente como análisis de negocios en finanzas, banca y comercio electrónico. En entornos industriales, el análisis se utiliza actualmente para identificar y abordar posibles fallas en los activos, mejorar el tiempo de actividad y reducir los costos de reparación. Esto se llama "monitoreo de condición". Con el rápido desarrollo de la tecnología de la información y la comunicación (TIC), ayudado en parte por los estándares y las innovaciones en tecnología de sensores e informática, ahora es posible extender el análisis avanzado a un gran número de máquinas en todo el mundo. Avances en algoritmos analíticos y técnicas incluido el aprendizaje automático, se utilizan para analizar grandes cantidades de datos recopilados de los sistemas de control industrial. Los conocimientos obtenidos de los análisis se pueden aplicar automáticamente para aumentar la eficiencia operativa de las máquinas, por ejemplo, anticipando el uso máximo, racionalizando las cadenas de suministro de las piezas necesarias para el mantenimiento preventivo, para la planificación comercial y para la toma de decisiones. Utilizando información extraída de los datos de la máquina para impulsar procesos operativos y comerciales inteligentes, el análisis industrial permite la convergencia de análisis en los mundos de OT y TI.

Para acelerar esta revolución digital, el Consorcio de Internet Industrial (IIC) está avanzando en la tecnología de IIoT a través de un conjunto diverso de dominios de aplicación. El Consorcio de Internet Industrial es una organización global público-privada, formada para acelerar el desarrollo, la adopción y el uso generalizado de máquinas y dispositivos interconectados, análisis inteligente y personas en el trabajo. Fundado por AT&T, Cisco, General Electric, IBM e Intel en marzo de 2014, el Consorcio de Internet Industrial cataliza y coordina las prioridades y las tecnologías habilitadoras de Internet Industrial de las cosas.

Trusted IoT Alliance, TIoTA es el resultado de la colaboración entre tecnólogos apasionados que trabajan para aprovechar la infraestructura de blockchain para asegurar y escalar los ecosistemas de IoT; TIoTA busca habilitar la confianza en los datos producidos por tales sistemas de IoT de una manera agnóstica a través de usos de blockchain distribuida, permitiendo así un modelo de confianza descentralizado, para identidades digitalizadas interoperables de bienes físicos, documentos, activos inmovilizados, sensores y máquinas.

Trusted IoT Alliance es un consorcio de software abierto, creado en 2018 para respaldar la creación de un ecosistema de IoT seguro, escalable, interoperable y confiable. El concepto central detrás de TIoTA es aprovechar los avances de software en criptografía, tecnología de contabilidad distribuida, enclaves seguros y otros enfoques de vanguardia, para garantizar una creación de confianza rápida y segura a una escala y velocidad sin precedentes. Los miembros de TIoTA abarcan hardware, comunicaciones, pagos, logística y muchos otros sectores tecnológicos.

El Consorcio de Internet Industrial y el consorcio TIOTA se han aliado para empujar conjuntamente los desarrollos de IIoT.

El Internet industrial de las cosas combinado con inteligencia artificial, blockchain, drones, 5G y otras tecnologías disruptivas, están transformando múltiples sectores, con nuevos productos y servicios que estaban más allá de la imaginación hace solo unos años.

La **figura 6.1 Cuarta revolución industrial** presenta un resumen de las revoluciones industriales por las que ha transcurrido la humanidad. La primera revolución industrial con la máquina de vapor como su principal exponente y que habilitó la mecanización de los procesos productivos, dando origen a nivel social a la clase trabajadora; la fuente de energía principal de esta etapa de desarrollo de la humanidad es el carbón.

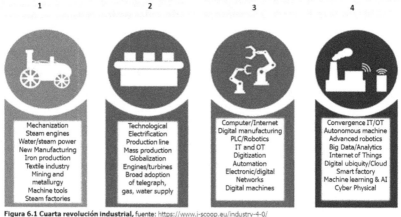

Figura 6.1 Cuarta revolución industrial, fuente: https://www.i-scoop.eu/industry-4-0/

La segunda revolución industrial se fundamenta en la primera revolución industrial, con su principal exponente la electricidad y es la habilitante de los procesos de producción en masa, representado muy bien con la producción en línea de automóviles, su revolución trae en sus entrañas el origen de la clase media trabajadora. La fuente de energía principal de esta etapa de desarrollo de la humanidad es el carbón y el petróleo.

La tercera revolución industrial se fundamenta en la segunda y tiene como principal exponente la computación y la electrónica, da origen a las TIC, se origina la automatización de los procesos de producción y el conocimiento es la principal fuente de riqueza. Además del petróleo se inicia el impulso de las energías limpias y renovables, el conocimiento es la principal fuente de riqueza, generando esto un cambio no previsto de los dueños del poder a nivel mundial.

La cuarta revolución industrial se fundamenta en la tercera revolución industrial y su principal exponente es la digitalización del ser humano, de su entorno y en general de todos los campos de la economía (sistemas ciber-físicos); se espera un salto a nivel social del conocimiento a la consciencia de la vida en todas sus dimensiones y con ello se da prioridad al uso de las energías limpias y renovables y el cuidado del planeta como ente generador de vida.

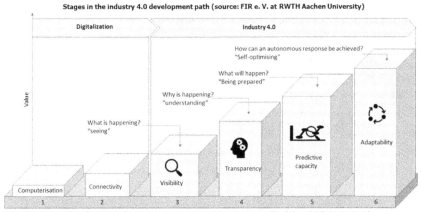

Figura 6.2 Pasos en la Industria 4.0, fuente: https://www.maintworld.com/Applications/The-Industrial-IoT-Maturity-Model

La **figura 6.2 Pasos en la Industria 4.0**, muestra los pasos que debería dar la industria 4.0 para llegar a una madures en su implementación, ya que esto va más allá de que los procesos de fabricación sean más eficientes, llegando a establecer nuevos modelos de negocio, disruptivos, que transformen los modos de producción actual y que generen valor, basados en la digitalización de la economía. Este modelo de "madurez" tiene como objetivo guiar a los tomadores de decisiones en las organizaciones para que paso a paso vayan realizando los cambios adecuados, de una manera estructurada, y los llamados a impulsar el modelo de madurez de IoT industrial, no podemos caer en el error de creer que es solo conectar las máquinas a través de internet, sino ir paso a paso creando las condiciones para llegar a un punto donde se tengan sistemas autónomos, o sea sistemas inteligentes con capacidad de discernir y tomar decisiones sin el concurso del ser humano.

Moviéndonos de izquierda a derecha en la figura 6.2 tenemos:

Computarización, hoy en día mediante el uso de las TIC se ha logrado que los procesos de producción sean más eficientes, de aquí parte el proceso de este modelo de madurez.

Conectividad, conectar máquinas entre sí y a internet (IP V6) es la segunda etapa. Para que esta conectividad sea eficiente, se requiere un único modelo de datos para el intercambio de información, para formatear los datos de manera consistente, de tal manera que se generen datos estructurados, con facilidad de procesar por los computadores y de visualizar y conceptualizar por el ser humano; aquí entran en juego los estándares de interoperabilidad industrial de código abierto como los vistos en el capítulo anterior como el OPC UA, MQTT, AQMP, COEL etc.

Visibilidad, realmente aquí comienza el viaje de la transformación digital, esta etapa requiere el uso de visualizaciones, ya sea en las instalaciones o en un sitio web al que se pueda acceder desde cualquier parte del mundo. Esto permite a las partes interesadas ver lo que sucede en un momento dado, en tiempo real, al observar el flujo de datos de telemetría de las máquinas, generalmente conocidos como datos de series temporales. Si una base de datos está conectada adicionalmente, también se pueden ver datos históricos de series temporales, igual que de otras fuentes de información o de otras tecnologías que pudiesen soportar o mejorar los procesos.

Transparencia, con el soporte del software de análisis ayuda a comprender lo que está sucediendo o ha sucedido. El software de análisis generalmente viene con un conjunto de reglas creadas por expertos, esencialmente personas que entienden profundamente el funcionamiento de las máquinas individuales. Estos análisis se pueden aplicar a los datos de series temporales, ya sea como se transmiten (análisis de ruta activa) o más tarde a los datos de series temporales en las bases de datos (análisis de ruta fría).

Capacidad Predictiva, una vez que los datos se han evaluado utilizando las reglas proporcionadas, se pueden deducir las conclusiones sobre por qué sucedió algo o qué podría suceder. Se vuelve realmente interesante cuando se aplican modelos predictivos a los datos almacenados en las bases de datos. Los algoritmos de aprendizaje automático se utilizan en esta etapa para predecir el futuro, con los datos históricos recopilados; en soluciones críticas en el dominio del tiempo, una predicción de solo unos pocos segundos es suficiente para evitar daños o accidentes; en otros casos es útil predecir comportamientos o posibles cambios con días, semanas, meses o años de anticipación para permitir que mediante acciones predictivas se evite que una máquina se estropee o un proceso se detenga.

Adaptabilidad, es la etapa final, donde se requiere el mayor cambio dentro de una organización. Una vez que se implementan las etapas anteriores, una empresa puede comenzar a dar garantías con respecto a la confiabilidad de sus productos. Esto conduce a nuevos modelos de negocio, impulsando la venta de soluciones y servicios de alta calidad; donde los mismos procesos manejan mediante inteligencia artificial autodiagnóstico y autocuración, con capacidad de tomar decisiones autónomamente.

Si volvemos a las plataformas de internet de las cosas podemos concluir que estas plataformas nos soportan con las herramientas y/o aplicaciones necesarias para gestionar las etapas de la tres a la seis de este modelo, por lo tanto, los fabricantes de máquinas y los propietarios de fábricas no deberían tratar de construir estas herramientas ellos mismos, sino centrarse en su experiencia en máquinas y procesos de fabricación y agregar valor donde puedan diferenciarse.

INTERNET INDUSTRIAL DE LAS COSAS (IIOT)

Internet Industrial de las cosas (IIoT) puede considerarse como una parte de internet de las cosas (IoT) que hace posible la implementación de la industria 4.0 como se muestra en la **figura 6.3 Industria 4.0 IIoT y IoT**

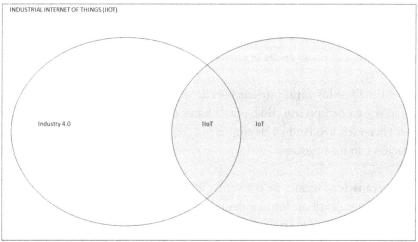

Figura 6.3 Industria 4.0 IIoT y IoT, fuente: https://sensedia.com/es/blog/apis/industria-4-0-iot-iaps/

Internet de los objetos aplicada a la industria, cuyo nombre es Internet Industrial de las Cosas (IIoT), para la operación inteligente de máquinas, computadoras y robots, con el objetivo de optimizar los servicios y la producción, de acuerdo con el comportamiento de los mercados.

Se puede decir que Internet de las cosas se compone de dos grandes campos Internet de las cosas Industrial y Internet de las cosas del consumidor, ambos campos tienen fundamentalmente la misma tecnología, con aplicaciones diferentes, el uno dedicado a la industria el otro dedicado más a la mejora de las condiciones de vida y a la diversión de las personas. Analizando los datos del mercado una aproximación vaga podría sugerir que del cien por ciento de los negocios de Internet de las cosas entre dos terceras partes a tres cuartos de los negocios estará manejado por el internet industrial de las cosas.

A través de IIoT, las empresas pueden recolectar datos y transformarlos, a partir de la analítica, en información que les permita resolver desafíos, como la reducción de costos de fabricación, selección de materias primas más amigables, disminución de desperdicios, gestión de mantenimientos predictivos y una respuesta ágil a los requerimientos de los mercados.

Las compañías pueden usar los datos en tiempo real con herramientas analíticas, para seguir la pista de acciones que afectan a la gente, el medio ambiente y el mercado en general con mayor precisión. Hoy los sistemas se administran de forma un tanto independiente entre sí, lo que prohíbe una visión holística de la empresa. Un enfoque holístico generará una enorme ganancia de eficiencia en las organizaciones.

Al analizar los datos provenientes de sensores, datos extremadamente detallados y en tiempo real, IIoT puede hacer que los procesos industriales sean más eficientes, ayudando a las empresas a comprender mejor sus procesos y su relación con los negocios.

La capacidad técnica de la Internet industrial de las cosas brindará la oportunidad de redistribuir los bloques de construcción del procesamiento industrial para la medición, control y conectividad. Si bien estos tres componentes básicos se apoyan mutuamente para mantener el equilibrio, todo comienza con la medición, que es el catalizador para la optimización y mejora de procesos.

Uno de los mayores beneficios potenciales de los sistemas IIoT de próxima generación es el desglose de silos empresariales. Las tecnologías permitirán una mayor integración de los sistemas de producción y Sistemas ERP, sistemas de gestión del ciclo de vida del producto (PLM), gestión de la cadena de suministro y sistemas de Gestión de la Relación con el Cliente (CRM).

Los proyectos de IIoT pueden dar a los fabricantes una mejor visión de cómo operan sus líneas de producción y permiten hacer predicciones sobre reparaciones necesarias para sus máquinas, denominado normalmente como mantenimiento predictivo, reduciendo costos de inactividades inesperadas. Por ejemplo, los minoristas pueden entender dónde están los cuellos de botella en su cadena de suministro, y las empresas de transporte pueden entender mejor el rendimiento de sus flotas de vehículos. Se espera igualmente grandes implementaciones en sectores como la salud, la educación y el gobierno.

El surgimiento de la mega tendencia del IIoT ha creado esperanza y confusión entre los responsables de la operación de plantas industriales. Gran parte del bombo inicial se centra en el impacto de los avances tecnológicos en las plataformas de automatización existentes, sin embargo, uno de los desafíos para comprender el potencial de IIoT es el alcance de las aplicaciones.

La nueva generación de trabajadores "aumentados" aprovechará tecnologías de vanguardia, que incluyen dispositivos móviles y realidad aumentada, con un acceso más fácil a la información a través de la empresa, su trabajo se simplifica y los sistemas de producción se vuelven más rentables.

Los principales casos de uso del Internet industrial de las cosas se enfocan en operaciones de manufactura, administración de activos, monitoreo de sistemas de transporte, automatización de instalaciones aeroportuarias, manejo de carga, monitoreo de cultivos, atención médica y ventas al detal.

En automovilismo se está invirtiendo en investigación y desarrollo, no solo en manejar automáticamente si no en detección temprana de fallas, manejo de mantenimientos predictivos, control remoto incluyendo inspección visual de comportamiento de las máquinas, entre otras.

Algunos de estos cambios se pueden implementar en el corto a mediano plazo, otros requerirán de una evolución gradual con usuarios finales y fabricantes de equipos que agregan funcionalidad a sus sistemas existentes, a medida que se establecen nuevas normas internacionales para IIoT.

La visión del mundo de IIoT es una donde los activos conectados inteligentes (las cosas) operan como parte de un sistema más grande o sistemas de sistemas, que conforman la empresa de fabricación inteligente. Las "cosas" poseen diferentes niveles de funcionalidad inteligente, que van desde la simple detección y de accionamiento, de control, de optimización a funcionamiento totalmente autónomo.

Como lo hemos visto en los capítulos anteriores los sensores, actuadores y dispositivos que pueden ser de cualquier tipo para el caso de IIoT, dependiendo de la industria y del proyecto implicará el uso de redes igualmente diferentes, con tecnologías que van desde redes de proximidad como NFC hasta redes celulares (4G/5G) o satelitales, pasando por redes como Bluetooth y WiFi dependiendo del proyecto, por ejemplo la solución que hemos venido comentando de la trazabilidad de un producto que se cultiva en un país de Latinoamérica y se consume en China, incluirá diferentes tipos de redes, dependiendo de la fase y de donde se encuentre el producto, así si está en la fase de cultivo podría utilizar LoRa o SigFox para reportar y gestionar su proceso de crecimiento y cosecha, en transporte nacional tanto local como en el país de destino podría requerir de etiquetas NFC y de redes Bluetooth, WiFi y celulares, en puertos de origen o destino redes WiFi o celulares 4G/5G, en aguas internacionales seguramente hará uso de redes satelitales y así en cada ambiente por el que pasa el producto incluirá redes y tecnologías diferentes para conectarse, generar y enviar datos al borde o a la nube según sea el caso.

A lo anterior se suma que, dependiendo de los datos generados en tiempo real, con la ayuda de tecnologías como machine learning, inteligencia artificial, robótica, se harán predicciones que ayudarán a tomar decisiones agiles y oportunas que a su vez impliquen generar información adicional de soporte como videos, fotos, transacciones, etc.

Según *Analytics*, el crecimiento estimado hasta el año 2024 del Internet Industrial de las cosas en el campo de la manufactura, donde se pasaría de 1,7 billones de euros en el 2018 a 12,4 billones en el 2024, con un CAGR (*compounded annual growth rate*) de 40%; tomado de: https://iot-analytics.com/industrial-iot-platforms-for-manufacturing-2019-2024-press-release/

Estas cifras se basan en los ingresos industriales de plataformas IoT relacionadas con las empresas líderes en el campo, en 21 subsegmentos de la industria manufacturera (incluida la fabricación de productos químicos, maquinaria, equipo de transporte, metal fabricado, metal primario, minerales no metálicos, alimentos, plásticos y caucho, petróleo, papel, madera, impresión, textiles, computadoras y electrónica, equipos y electrodomésticos, bebidas y tabaco, ropa, muebles, cuero y otros).

El Director Gerente de IoT *Analytics*, Knud Lasse Lueth, dice en el reporte 2018[7]: "*En los últimos 2 o 3 años, muchos fabricantes se han despertado y se han dado cuenta de que IoT y lo digital tendrán un impacto tremendo en su negocio. Estas empresas se encuentran en un importante punto de inflexión, realizan muchos proyectos industriales de prueba de concepto (PoC) de IoT y comprenden qué funciona para ellos y qué no. Como parte de estas PoC, las Plataformas de IoT se han convertido cada vez más en una parte central de la solución tecnológica general. Utilizando las plataformas IoT como la red central unificadora, los OEM han comenzado a monetizar el software junto con el producto físico real que han estado vendiendo durante años. Algunos fabricantes de equipos originales comenzaron su viaje para vender equipos como servicio (EaaS) con la ayuda de alguna plataforma de IoT*".

Las plataformas de IoT están jugando y seguirán jugando un papel muy importante en el desarrollo de soluciones para IIoT, especialmente por su capacidad para manejar infraestructuras tecnológicas que incluyen componentes tales como computación en el borde, *machine learning, data analytics, security, blockchain* y soportados por gigantes tecnológicos que ofrecen servicios punta a punta tales como Infraestructura o plataformas completas (IaaS, PaaS) permitiéndole a las empresas dedicarse al núcleo de sus negocios.

Las estrategias de implementación de proyectos IIoT se enfocan actualmente en mantenimientos predictivos, automatización industrial, aumento de eficiencia operacional, reducción de tiempos, reducción de costos, toma de decisiones mejores y oportunas, creación de nuevas fuentes de ingresos, optimización de procesos participando así activamente en los procesos de digitalización industrial.

---

7 https://iot-analytics.com/wp/wp-content/uploads/2017/09/Guide-to-IoT-Innovation-SME-Focus-September-2017-vf.pdf

Algo que está irrumpiendo tecnológicamente con el soporte de datos de los sensores y las respuestas de los actuadores es el diseño y manejo de los gemelos digitales (*digital twins*) que no son otra cosa que replicas digitales de los objetos o procesos y que con ayuda de los datos recolectados permite crear simulaciones y de esta manera predecir su funcionamiento futuro y por lo tanto actuar anticipadamente, mejorando el funcionamiento de los sistemas y evitando cortes inesperados en los sistemas de producción.

El Internet Industrial de las Cosas marca el comienzo de una era industrial digitalizada que tiene como objetivo impulsar sistemas de gestión completamente eficientes y eficaces. Los avances tecnológicos, como el Edge Computing y Digital Twins, nos permiten realizar los cambios necesarios para optimizar el uso de la energía en las instalaciones, reducir el consumo y ser eficientes con los recursos que disponemos. Desde la innovación de productos y servicios hasta la analítica predictiva, los casos de uso de IIoT continuarán expandiéndose a través de sectores con gran potencial de adopción, como son la energía, el transporte, la salud, la agricultura y el consumo masivo.

La computación en el borde, o computación en la niebla (*Edge/Fog Computing*) permite que los datos producidos por los dispositivos se procesen más cerca de donde se generaron, en vez de enviarlos para que lleguen a centros de datos y nubes de computación. De esta manera nos ofrece grandes ventajas, ya que permite a las organizaciones analizar datos prácticamente en tiempo real, algo que es considerado como una necesidad en procesos industriales como la fabricación y producción; el envió de datos a la nube se reduce ya que solo se enviará la información que exija un posterior procesamiento y el hecho de que se haga un procesamiento local de la información mejora la seguridad de las soluciones IoT.

CONVERGENCIA IT/OT

Muchas fábricas ya presentan un buen avance en la adopción de modernas tecnologías de operación (OT) y de información (IT), con la instalación de herramientas inteligentes y conectadas, digitalización y automación de procesos y sistemas de análisis predictivos. Sin embargo, es común que presenten dificultades de interoperabilidad y adaptabilidad, con sistemas aislados y monolíticos, en un ambiente con una variedad de estándares, además de la complejidad en la integración con los colaboradores.

Parte de la visión de la Industria 4.0 consiste en superar estas barreras, habilitando el flujo de información y permitiendo acciones coordinadas entre empleados, sistemas, máquinas y colaboradores externos. IIoT está haciendo posible la integración de estos dos campos en las organizaciones (IT y OT).

Uno de los mayores beneficios potenciales de los sistemas IIoT de próxima generación es el desglose de silos empresariales. Las tecnologías permitirán una mayor integración de los sistemas de producción y Sistemas ERP, sistemas de gestión del ciclo de vida del producto (PLM), gestión de la cadena de suministro y sistemas de Gestión de la Relación con el Cliente (CRM), hoy estos sistemas se administran un tanto independiente entre sí, lo que prohíbe una visión holística de la empresa. La integración de los sistemas IT con los sistemas OT facilitará una enorme ganancia de eficiencia para las empresas.

Además, con el creciente poder de los dispositivos electrónicos incrustados, la inteligencia conectada migrará a los niveles jerárquicos más bajos de la automatización, vale decir, a nivel del control de los sensores y actuadores. Como resultado, los sistemas de operación tecnología (OT) se fusionarán con los sistemas de tecnología de la información (IT) y la jerarquía de automatización evolucionará para ser mucho más plana y más orientada a la arquitectura de la información.

El control empresarial inteligente puede verse como una tendencia a medio y largo plazo. Es complejo de implementar ya que implica la convergencia total de los sistemas IT y OT (*Information Technology and Operations Technology*); esto se está logrando con la estandarización de las diferentes partes que integran el ecosistema de IoT, incluyendo las plataformas IoT y las diferentes aplicaciones en la nube.

El punto principal no es solamente la integración si no la capacidad de integrar de forma ágil, escalable, segura y con gestión, para poder aprovechar con rapidez las oportunidades, reducir costos y el *time-to-market*, además de ser capaz de readaptarse en respuesta a desafíos impuestos por mercados cada vez más competitivos.

La **figura 6.4 convergencia IT/OT** representa la arquitectura de esta convergencia y consta de dos capas distintas que se explican a continuación:

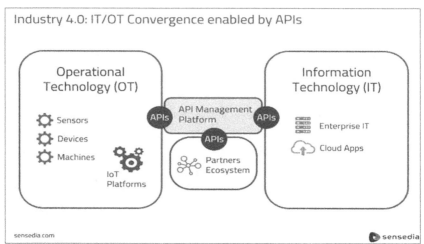

Figura 6.4 Convergencia IT/OT, fuente: https://sensedia.com/es/blog/apis/industria-4-0-iot-iaps/

1. **Una capa sensible al tiempo, para el control determinista en tiempo real:** esta capa es a menudo referida como "niebla" o "borde", también se utiliza el término "basado en IP sensible al tiempo" y se subraya el hecho de que las tecnologías incluidas en este nivel son fundamentalmente las mismas tecnologías de IIoT utilizadas en la capa de la nube empresarial y optimizadas para comunicaciones deterministas en el tiempo.

Los dispositivos OT que comprenden esta capa sensible al tiempo (sensores, actuadores y controladores) serán capaces de interactuar de manera transparente con los sistemas de negocio de la segunda capa; estos dispositivos también tendrán un alto grado de inteligencia. Considérese por ejemplo las válvulas de control con sensores de temperatura, presión y acústicos incrustados, serán capaces de operar de manera autónoma, utilizando puntos de ajuste de la empresa, determinando sus propias necesidades de mantenimiento preventivo e informando al departamento de mantenimiento de su condición de una manera segura oportuna.

2. **Una capa empresarial en la nube**: conformada por los sistemas empresariales (ERP, MOM, PLM, SCM, CRM, etc.) y funciones de próxima generación como gestión de activos y energía.

Una integración más estrecha permitirá a las empresas no solo ser más eficientes, sino también más rentables gracias a una mayor flexibilidad y capacidad de respuesta a las condiciones volátiles del mercado. La noción del control se expandirá desde el control en tiempo real de un parámetro físico hasta el control en el momento adecuado de todo el negocio, incluyendo parámetros tanto físicos como no físicos. Los beneficios incluyen la capacidad de mejorar la protección contra las amenazas cibernéticas, más innovación y la capacidad para gestionar mejor la seguridad, el rendimiento y el impacto ambiental.

Estas dos capas estarán unidas a través de plataformas con aplicaciones específicas y además con la capacidad de interactuar con el ecosistema de proveedores externos de las compañías.

GEMELOS DIGITALES (*DIGITAL TWINS*)

Los gemelos digitales son modelos virtuales de activos físicos o procesos industriales que aprenden y suministran datos continuamente para predecir el rendimiento de una industria, es una tecnología disruptiva centrada en mejorar la gestión de los equipos y aumentar la productividad optimizando los procesos.

Estas copias digitales se utilizan para hacer predicciones sobre el comportamiento del mundo real. Un "gemelo digital" actúa como el objeto físico, y constantemente está formándose con los datos que está generando. Como resultado, la simulación virtual se puede emplear para identificar fallos, representar escenarios de la vida real y analizar el rendimiento en un entorno controlado. Por ejemplo, un fabricante podría probar ajustes en sus operaciones sin necesidad de detener la producción.

Los gemelos digitales son vistos como una herramienta importante para aumentar la productividad en la era de la digitalización; ayudarán a mejorar las cadenas de valor y en los procesos de fabricación de los productos, esto es en aspectos que incluyen el diseño, el desarrollo, producción y uso en el ciclo de vida de los productos.

El concepto de un gemelo fue establecido por la NASA a fines de la década de 1960, se refería a la reproducción idéntica de una nave espacial que permaneció en la Tierra para analizar los efectos de los comandos de control antes de enviarlos a la nave espacial remota. Fue nuevamente la NASA la que agregó por primera vez en el año 2010 el atributo "Digital" a un gemelo técnico; en este caso, se referían a un modelo de simulación que mapeó el comportamiento de una nave espacial física.

Casi al mismo tiempo, el término también apareció en el dominio industrial. Aquí, se refería a una copia virtual de un producto físico en los sistemas de gestión del ciclo de vida del producto (PLM). Sin embargo, el término se hizo popular por primera vez con la aparición de la idea de la Industria 4.0 y cuando las empresas comenzaron a usar el gemelo digital para sus propios fines de marketing, desde entonces, han surgido numerosas definiciones, como lo muestra la siguiente selección:

- El gemelo digital es una representación digital de cosas del mundo real.
- Un concepto con el que los datos y la información de los átomos se asigna a los bits.
- Un modelo asistido por computadora de un objeto material tangible o intangible.
- Una descripción física y funcional completa de un producto, que incluye toda la información para procesarlo.
- Una reproducción digitalizada (3D) de un producto a crear.
- Un sinónimo para el "Shell" de administración de activos de Industria 4.0.

La lista de definiciones podría ampliarse aún más, están en circulación otros términos similares, como sombra digital, maestro digital, tipo digital e instancia digital.

Se puede concluir que hay una gran cantidad de definiciones que varían en términos de su alcance, grado de detalle y enfoque técnico; en general, el gemelo digital es entendido como un modelo de simulación con una forma definida; sin embargo, esto no es universalmente válido o aceptado. En principio, la existencia de varias definiciones para un tema científico no le impide su implementación.

Aún existen numerosos desafíos cuando se trata de la gestión de gemelos digitales, como la identificación y la gestión de datos del producto a lo largo del ciclo de vida del producto, la creación de modelos de simulación en diferentes sistemas de IT y la gestión de grandes volúmenes de datos.

La teoría del gemelo digital incluye el modelo de enriquecimiento de información para gemelos digitales, este enfoque es un modelo teórico basado en hipótesis. El punto de partida para las hipótesis es, en primer lugar, el trabajo en que establece que la información que describe un gemelo digital se enriquece en cada fase del ciclo de vida del producto: Diseño, Ingeniería, Producto y Servicio; en segundo lugar, el contacto casual con la física cuántica y el tema de los electrones condujo a la idea de la teoría del gemelo digital: desde la perspectiva de la física cuántica, los electrones se ubican en varios lugares simultáneamente. Su estado es desconocido hasta que se mueven a un estado de monitoreo; interesante investigar si estas características también podrían suponerse para los gemelos digitales.

Después de la anterior formulación inicial, se discutieron las hipótesis con representantes de la industria, incluyendo con un foro profesional organizado por la asociación de ingeniería *OWL Maschinenbau e.V.* en junio de 2018 y en la conferencia PLM Europa en octubre de 2018, luego fueron revisadas y reformuladas las hipótesis. Las hipótesis de la teoría del gemelo digital que se generaron son las siguientes[8]:

1. Un gemelo digital es una representación digital de un activo.

2. Un gemelo digital está ubicado en varios lugares simultáneamente.

3. Un gemelo digital tiene múltiples estados.

4. El gemelo digital tiene un estado específico de contexto en una situación de interacción específica.

5. El modelo de información para gemelos digitales es infinitamente grande; Es un modelo de información real.

6. El modelo de información real puede ser aproximado para un escenario de aplicación específico, convirtiéndose en un modelo de información racional.

7. El modelo de información racional no puede almacenarse en un solo lugar.

8. El modelo de información racional nunca es completamente visible.

Un activo es un objeto de valor. Lo que es un activo precisamente para un escenario de aplicación específico depende del escenario de la aplicación. No importa si este objeto es tangible o intangible, un producto o sistema de producción, un tipo o una instancia. El gemelo digital es visible a lo largo del ciclo de vida del producto en varios lugares e interactúa en estos lugares con un actor (persona, máquina, etc.). En consecuencia, el gemelo digital tiene

---

8 https://www.researchgate.net/publication/330883447_The_Digital_Twin_Theory

múltiples estados. Sin embargo, el gemelo digital se mueve a un estado específico de contexto en una situación de interacción específica. Por lo tanto, la información que describe un gemelo digital es muy diferente y depende del activo; además no es posible definir un modelo de información completo para gemelos digitales. El modelo de información es infinitamente grande y debe entenderse como un modelo de información real.

Sin embargo, en para poder interactuar con un gemelo digital en un escenario de aplicación específico, debe existir una aproximación al modelo de información, nos referimos a esto como el modelo de información racional, otro término que es derivado de las matemáticas.

No se guarda en un lugar, por ejemplo, en una base de datos central. Para proporcionar los datos necesarios para una situación de interacción específica a un actor específico, estos datos deben ser transportados a través de una infraestructura de interfaz adecuada. Esto significa que todos los datos del modelo racional de información nunca son completamente visibles.

En conclusión, se pueden lograr incrementos en la productividad a través de la digitalización de productos y de los procesos de producción. La integración vertical de los sistemas de fábrica (OT) y IT está dando grandes pasos en este sentido. Igualmente, la integración horizontal a través del ciclo de vida del producto por medio de gemelos digitales ofrece el mismo potencial para lograr aumentos en la productividad, particularmente en el campo de la ingeniería, donde los equipos de producción, los productos, y los sistemas de planeamiento y ejecución están más conectados, permitiendo a la gente la visualización de lo que realmente está ocurriendo en sitio.

La fábrica sincronizada facilitada por el poder de IIoT, puede visualizar y efectivamente superar los obstáculos y cuellos de botella que se presentan, y así resolver los temas en una escala de prioridades.

Las empresas exitosas utilizarán el IIoT para lograr nuevos crecimientos a través de tres factores: 1. Aumentar los ingresos mediante el aumento de la producción y la creación de nuevos modelos de negocio. 2. Explotar las tecnologías inteligentes para impulsar la innovación. 3. Transformar la fuerza de trabajo.

Las plataformas de IIoT se utilizan cada vez más para optimizar productos y entornos de fabricación. Los fabricantes (por ejemplo, en la industria automotriz, maquinaria industrial) enfrentan presiones sin precedentes en temas como la personalización masiva y disminución del ciclo de vida del producto, para transformar lo que diseñan, construyen, venden y mantienen; mientras siguen siendo competitivos en el mundo cada vez más conectado de hoy.

Como parte de esta transformación digital, los fabricantes están invirtiendo en nuevas tecnologías que aprovechan las capacidades de IIoT, la nube y el análisis de *big data* para mejorar su capacidad de innovar y maximizar el rendimiento de sus activos. Las plataformas de IIoT se están implementando como la columna vertebral de estos entornos de fabricación, que permiten el control remoto, las capacidades de detección continua de los equipos en la planta de la fábrica; esto da acceso a nuevos flujos de datos y generan nuevas funcionalidades tales como el mantenimiento predictivo. El objetivo es impulsar una mayor eficiencia y productividad a lo largo de las operaciones en las fábricas, ofrecer productos de mayor calidad y aumentar la rentabilidad.

MANTENIMIENTO PREDICTIVO Y MANTENIMIENTO PRESCRIPTIVO

Mucho dinero es desperdiciado manteniendo equipos que no requieren mantenimiento, o descuidando equipos que posteriormente fallan y causa un tiempo de inactividad de producción no anticipado. Los sistemas de generación IIoT prometen reducir significativamente los costos de implementación para tales soluciones.

Una de las funcionalidades que mayor aplicación tiene la implementación del IIoT en las organizaciones es la capacidad de reducir los mantenimientos correctivos, moviéndose a los mantenimientos preventivos y aún más con la aplicación de inteligencia artificial y del *machine learning* tener la capacidad de moverse a los mantenimientos predictivos y de estos a los mantenimientos prescriptivos llegando finalmente a una calidad prescriptiva.

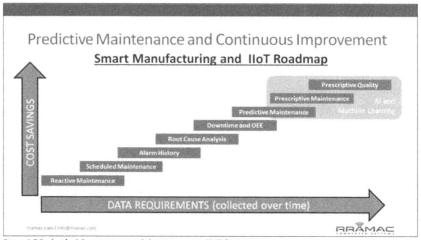

Figura 6.5 Evolución del mantenimiento de los sistemas con IIoT, fuente:
https://www.rramac.com/leveraging-industrial-iot-predictive-maintenance-atx-east-presentation/

La **figura 6.5 Evolución del mantenimiento de los sistemas con IIoT**, describe la evolución del mantenimiento en las empresas, empezando por un mantenimiento reactivo donde la respuesta era totalmente tardía y se basaba en reparaciones de los sistemas, el siguiente paso en la evolución fue hacer unos mantenimientos programados con el fin de evitar las fallas, esto fue una mejora sustancial, sin embargo significaba igualmente parar los sistemas realizando estas actividades en ventanas de mantenimiento, donde menos impacto con las operaciones tuviesen; luego con el advenimiento de la computación se implementaron sistemas de calidad y de monitoreo que incluían históricos de alarmas para atender eventos basados en el estado de las alarmas, el siguiente paso hacer análisis de causa raíz para mejorar los equipos y procedimientos, después se pasó a analizar los tiempos fuera de servicio y la efectividad general del equipo (*Overall Equipment Effectiveness, OEE*) donde se compara lo que el equipo o sistema hizo realmente versus lo que idealmente se espera de él, para un periodo de tiempo dado; con esto se calculan las pérdidas y mediante análisis de métricas se pueden identificar oportunidades de mejora; adicionalmente el análisis de la información en tiempo real entre la fabricación y el resto de procesos de la empresa es fundamental para tomar decisiones comerciales que mejoren la capacidad de respuesta, aumenten la productividad, reduzcan los costos y garanticen el cumplimiento normativo.

Con las soluciones de IIoT y con el soporte del aprendizaje automático y la inteligencia artificial se da un salto al mantenimiento predictivo, con beneficios como: reducción de los costos de servicio, reducción de los gastos a largo plazo, eficiencia creciente, minimización del tiempo de inactividad, una mayor vida útil del equipo, maximiza el funcionamiento de los sistemas, hay una mayor disponibilidad de los activos, disminuye los costos de operación, disminuye los riesgos, disminuye los tiempos de las ventanas de mantenimiento, incrementa la fuerza de trabajo, se hace remplazo de equipos más inteligentemente, reduciendo costos y aumentando los ingresos de la compañía.

Las predicciones permiten preguntarnos, ¿Qué sucederá? ¿Cuándo sucederá esto o aquello?, ¿Por qué sucederá? Esto nos permite tomar decisiones buscando beneficiarnos de esas predicciones, entendiendo que se generarán algunos efectos y como esas decisiones impactarán nuestro entorno.

Con la analítica y la inteligencia artificial se da aún un paso más, hacia el mantenimiento prescriptivo donde el sistema es capaz de prescribir una solución; o sea el sistema se esfuerza por producir recomendaciones centradas en los resultados para las operaciones y el mantenimiento a partir de los análisis y así dando el último paso donde todo el sistema de calidad opere de una manera prescriptiva, con capacidad de adelantarse a los hechos mucho antes de que ocurran, basados en modelamientos de posibles comportamientos futuros, temas que se trataran mucho en los años venideros.

Las operaciones de manipulación de materiales pueden moverse de la toma de decisiones reactivas a las preventivas e incluyendo a las mediciones predictivas. Por ejemplo, en vez de utilizar datos simples para controlar las ventanas de tiempo en las cuales ciertos componentes necesitan el mantenimiento, las operaciones pueden monitorear los componentes *vía sensores de vibración u otros componentes tecnológicos*, y configurar alertas automáticas tempranas para detectar anomalías como batería baja, o grados de desgaste de componentes. Más allá de los avisos automáticos y la generación de *big data*, a lo anterior se suma *machine learning* e inteligencia artificial. Los sistemas no solo toman acciones basados en datos que alcanzan un cierto umbral, sino que pueden determinar los grados de suceso y generar acciones de optimización en forma continua, basada en situaciones específicas del momento. Por ejemplo, un vehículo autónomo puede aprender a ajustar su ruta basado en la hora del día, condiciones esperadas de tráfico y otros factores del ambiente en el cual se desempeña.

Con sensores de costo extremadamente bajo, capaces de conectividad de datos predictivos y en tiempo real, las partes interesadas se darán cuenta del valor de números masivos de dispositivos de medición para control y optimización de procesos. Análogo a todos los sistemas vivos, donde la detección se realiza con elegancia a nivel molecular, los sensores evolucionarán a tareas de rendimiento único. En los sistemas vivos, cada sensor biológico es molecular y único, diseñado para medir un parámetro específico (presión, insulina, pH, temperatura, etc.). De manera similar, los elementos de detección de IIoT del mañana serán diminutos y estarán compuestos de muy pocas partes únicas a la vez que incorporan mucha más inteligencia de manipulación de datos, pasando solo información relevante para controlar los sistemas cibernéticos (también conocidos como activos con conexión inteligente).

En el futuro de la analítica prescriptiva, las máquinas podrán diagnosticarse a sí mismas y podrán comunicar cuándo se deben realizar ciertas tareas de mantenimiento preventivo (PM) "restaurativas" o de "descarte". Hoy en día, solo hay dos tipos de mantenimiento preventivo: restauración programada y/o desecho programado.

A medida que las empresas adoptan el Internet de las cosas y sistemas de software como servicio basados en la nube, como es el caso del software de gestión de mantenimiento computarizado CMMS (*Computerized Maintenance Management System*), existe la oportunidad de tomar el control de las operaciones, la calidad y la seguridad; de ir más allá del mantenimiento preventivo o predictivo. El mantenimiento prescriptivo es el próximo gran paso adelante en la evolución de la gestión de activos. De hecho, la capacidad de conectar activos y alimentar información a un sistema central les da a las organizaciones el poder de convertir los datos en información poderosa y de tomar automáticamente medidas correctivas, preventivas, predictivas o prescriptivas.

Una solución CMMS funciona mediante el almacenamiento de datos de activos, la automatización de las ordenes de trabajo y los procesos de solicitud, el monitoreo del equipo mediante el mantenimiento predictivo, la programación del trabajo de mantenimiento y los recursos, el registro de los niveles de inventario y la administración de informes para tomar decisiones basadas en los datos; CMMS puede ser eficaz para cualquier organización que esté trabajando constantemente en el mantenimiento reactivo y no pueda realizar un mantenimiento preventivo, se sienta frustrada con el seguimiento y la administración del inventario de piezas de repuesto, tenga dificultades para proporcionar documentación para el cumplimiento normativo o pierda tiempo en costosos procesos manuales para realizar el seguimiento del mantenimiento.

La **figura 6.6 Análisis del negocio**, permite hacer un análisis descriptivo, predictivo y prescriptivo del negocio.

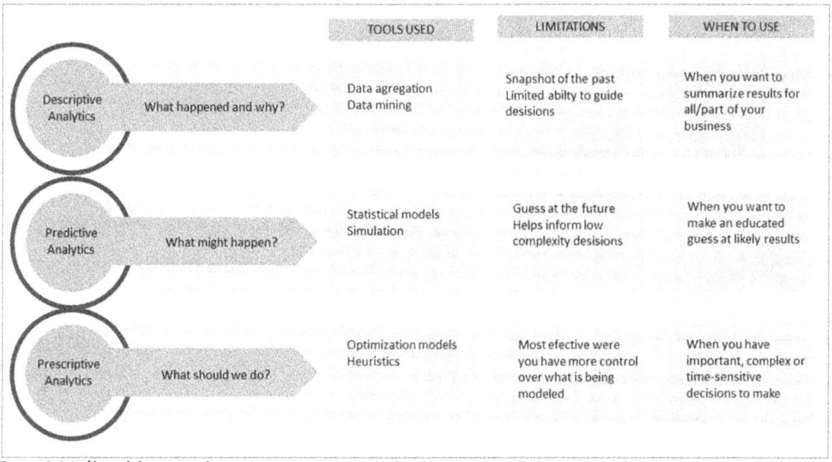

Figura 6.6 Análisis del negocio, fuente: https://www.gurobi.com/company/about-gurobi/prescriptive-analytics/

El análisis descriptivo, responde a la pregunta ¿Qué sucedió y por qué? Como herramientas tenemos *Data aggregation*, que es un tipo de proceso donde los datos se reúnen y se presentan en un informe de formato resumido para conseguir objetivos o procesos específicos de negocio, así como para realizar análisis; *Data mining*, que es el proceso de seleccionar, explorar, modificar, modelizar y valorar grandes cantidades de datos con el objetivo de descubrir patrones desconocidos que puedan ser utilizados como ventaja comparativa respecto a los competidores. Como limitaciones, se tiene solo una foto del pasado y por lo tanto la habilidad para tomar decisiones es limitada, basándose casi en la intuición. Se usa cuando se quiere resumir los resultados obtenidos de todo o de una parte del negocio.

El análisis predictivo, responde a la pregunta ¿Qué podría suceder? Se tienen como herramientas los modelos estadísticos y la simulación, Las limitaciones están en que aún se adivina el futuro y solo ayuda a tomar decisiones de baja complejidad, se usa cuando quieres hacer una conjetura documentada sobre resultados probables.

El análisis prescriptivo, responde a la pregunta ¿Qué deberíamos hacer? Se tiene como herramientas los modelos de optimización y la heurística (capacidad de crear o inventar), las limitaciones están en que la mejor efectividad se logra donde tienes más control sobre lo que está siendo modelado, se usa cuando se deben tomar decisiones importantes, complejas y/o sensitivas en el tiempo.

El análisis prescriptivo ayuda a una organización a evaluar diferentes escenarios y busca determinar el mejor curso de acción para lograr resultados óptimos, dados los valores conocidos y la estimación de variables desconocidas.

El aumento de la velocidad de cómputo, la reducción de los costos de almacenamiento de datos y el desarrollo reciente de algoritmos complejos aplicados a diversas fuentes de datos y conjuntos de datos cada vez más grandes, han hecho que el análisis prescriptivo sea factible y asequible para la mayoría de las organizaciones. Las técnicas científicas incluyen ciencia de datos (por ejemplo, aprendizaje automático, algoritmos, inteligencia artificial, probabilidad bayesiana, simulaciones de Monte Carlo, etc.), teoría de juegos, optimización, simulaciones y métodos de análisis de toma de decisiones.

La reunificación de la información desde los datos en crudo junto con la utilización de las tendencias predictivas y patrones de comportamiento permite pasar de un ambiente reactivo a un pensamiento proactivo. Cuando los datos enlazan todas las partes móviles en un proceso de manufactura, ellas pueden ser utilizadas para crear inteligencia predictiva, evitando la interrupción del flujo y los cuellos de botella desde el momento que se detectan y antes de que impacten la producción. Por ejemplo, en los ambientes donde se desarrolla la ingeniería de los procesos ahora se está utilizando análisis predictivo a nivel máquina, con los estados de avisos para realizar el mantenimiento preventivo y repararlo antes de que la línea salga de servicio y comprometa el rendimiento general.

El análisis prescriptivo sintetiza automáticamente el *big data*, las ciencias matemáticas, las reglas de negocios y el aprendizaje automático para hacer predicciones y luego sugiere opciones de decisión para aprovechar las predicciones.

El análisis prescriptivo va más allá de la predicción de resultados futuros al sugerir también acciones para beneficiarse de las predicciones y mostrar al responsable de la toma de decisiones las implicaciones de cada opción de decisión. La analítica prescriptiva no solo anticipa qué sucederá y cuándo sucederá, sino también por qué sucederá.

Además, los análisis prescriptivos pueden sugerir opciones de decisión sobre cómo aprovechar una oportunidad futura o mitigar un riesgo futuro e ilustrar la implicación de cada opción de decisión. En la práctica, los análisis prescriptivos pueden procesar continua y automáticamente nuevos datos para mejorar la precisión de la predicción y proporcionar mejores opciones de decisión.

La analítica prescriptiva combina sinérgicamente datos, reglas de negocios y modelos matemáticos. Las entradas de datos para el análisis prescriptivo pueden provenir de múltiples fuentes, internas (dentro de la organización) y externas (redes sociales, etc.). Los datos también pueden estar estructurados, lo que incluye datos numéricos y categóricos, así como datos no estructurados, como datos de texto, imágenes, audio y video.

Los métodos de optimización combinan la inteligencia generada para optimizar los procesos u objetivos de negocios, dadas las restricciones operativas y cualquier otra restricción. Este nivel, que utiliza perspectivas causales, pronósticos y/o predicciones de niveles anteriores, responde preguntas tales como "¿Cómo maximizar la ganancia sujeta a restricciones de infraestructura? ¿Cómo asignar de manera óptima los recursos sujetos a un conjunto de prioridades? "

El siguiente paso a futuro será el modelo cognitivo, el cual se basará en un aprendizaje continuo donde las soluciones de optimización altamente automatizadas generarán soluciones que se vuelven cada vez más inteligentes con la experiencia ganada a través del tiempo.

Un concepto que se viene manejando últimamente es el de los Operadores aumentados : los futuros empleados usarán dispositivos móviles, análisis de datos, que les permitirán mediante realidad aumentada, realidad virtual y otras tecnologías aumentar la productividad. El uso de tecnologías de interfaz de máquina-humano (HMI), como teléfonos inteligentes, tabletas y dispositivos portátiles, combinados con el acceso IP a datos e información (análisis y realidad aumentada) transformará la forma en que trabajan los operadores. Los dispositivos inalámbricos portátiles expandirán sus capacidades y tecnologías, mejorarán la experiencia del operador y harán que el operador "aumentado" sea más productivo.

Los trabajadores calificados pasarán a manejar las operaciones centrales, los trabajadores de plantas más jóvenes tendrán la información generada por sistemas inteligentes en gafas, con información remota en la punta de sus dedos y en tiempo real. Así, la planta evoluciona para ser más centrada en el usuario (demanda personalizada) y menos centrada en la máquina. Hoy en día, los operadores solo tienen acceso a la información de los sistemas de automatización. En el futuro, los operadores aumentados accederán a la información de todos los sistemas empresariales necesarios y gestionará no solo el rendimiento/eficiencia del proceso, sino también la rentabilidad del proceso. Una cantidad significativa se requerirá de una nueva capacitación para los operadores existentes y el personal de mantenimiento para administrar tales sistemas. La buena noticia es que los sistemas IIoT usarán tecnologías que son familiares en la vida cotidiana, y la nueva generación de operadores jóvenes no tendrá problemas para adaptarse a este nuevo enfoque. El principal reto para los proveedores de automatización será diseñar y suministrar herramientas de diagnóstico/depuración que puedan identificar la causa raíz de los problemas prácticamente en tiempo real o que se adelanten a la generación de fallas.

Habrá que superar varias barreras antes de que la próxima generación de sistemas IIoT sean ampliamente adoptados en todas las industrias manufactureras. Estos incluyen el establecimiento de la industria estándares alrededor de IIoT, protección de seguridad cibernética y adaptación de la fuerza laboral a nuevos conjuntos de habilidades.

Existen dos áreas, la robótica colaborativa y la impresión 3D, que también son pertinentes para la discusión en torno a IIoT, ya que a pesar de ser tecnologías específicas que no pueden aplicarse a todas las empresas manufactureras están jugando un papel importante en los procesos de digitalización de las empresas y esto enmarcado dentro de los avances de la cuarta revolución industrial.

La adopción de estándares de seguridad industrial, con certificación, son esenciales para el avance de IIoT porque garantizan la seguridad no solo de los activos individuales sino también de los sistemas más grandes y sistemas de sistemas. Estas certificaciones juegan un papel similar al de los que se producen en el ámbito de las certificaciones de seguridad. Los elementos son combinados de forma segura por equipos certificados de seguridad y operados como un sistema seguro por operadores entrenados en seguridad.

MÁQUINAS INTELIGENTES

El concepto de máquina inteligente se refiere a una serie de habilitadores claves desde la perspectiva de la tecnología, del usuario final y del mercado. La combinación estos llevará a máquinas seguras, confiables, conscientes de sí mismas, flexibles y capaces de satisfacer las demandas tanto de usuarios finales como de consumidores. La integración de dispositivos conectados a internet, la adopción de los componentes y procesos automatizados, y el acceso a los datos de producción en tiempo real, capacitaran a los usuarios finales para migrar a máquinas cada vez más inteligentes, logrando beneficios de producción en términos de reducción de costos, reducción de tiempos de inactividad, mejoras en calidad y rendimiento; lo anterior genera ventajas competitivas, por lo que el impulso hacia máquinas más inteligentes se acelerará y expandirá por todo el espectro de industrias.

Las características clave de las máquinas inteligentes incluyen las siguientes:

• **Autoconciencia:** cualquier desviación de los parámetros establecidos será identificada por las máquinas inteligentes y comunicada al operario de la máquina y/o a los responsables de su gestión. Máquinas a la vanguardia del desarrollo utilizará sensores con inteligencia integrada para distribuir y automatizar la toma de decisiones a nivel local en la fábrica.

• **Listo para usar (*Plug & play*):** cualquier nueva máquina inteligente deberá ser compatible con las instalaciones existentes y/o maquinaria de múltiples fabricantes de equipos originales; los usuarios finales quieren dispositivos que puedan ser instalados dentro de un corto período de tiempo. La integración en el resto del sistema debe ser fácil y ágil.

• **Seguridad:** con la seguridad incorporada en sus diseños fundamentales, las máquinas mejorarán la seguridad de los operadores y minimizarán el riesgo de seguridad de las redes de datos.

• **Conectividad:** las máquinas inteligentes se conectarán directamente a la red más amplia (basada en IP). Esto permite el intercambio de datos y la planificación de la producción, que va mucho más allá de las capacidades de la maquinaria autónoma tradicional y la automatización. Las máquinas inteligentes cerrarán la brecha de TI / OT, haciendo disponibles los datos de producción que se pueden utilizar en numerosos campos de gestión (por ejemplo, control de stock, programación del operador, mantenimiento, gestión de la energía, y sustitución del producto). Las principales tendencias que apoyan la proliferación de máquinas inteligentes incluyen la aceptación de dispositivos móviles para administrar las funciones principales del negocio, y la capacidad de aprovechar e interpretar las montañas de datos que están siendo capturados por los dispositivos inteligentes.

• **Dispositivos móviles:** tecnologías móviles, que están experimentando un rápido crecimiento dentro de industria, ahora el personal de operaciones queda libre de la necesidad de estar cerca de una máquina para controlar o gestionar su rendimiento. Ahora los ingenieros pueden diagnosticar problemas y ofrecer orientación de forma remota, esto reduce costos y también acelera la implementación de la solución.

• **Gestión de datos:** a medida que se agregan sensores y otros componentes de red a la maquinaria, se están generando enormes cantidades de datos de producción, incluso con aplicaciones relativamente simples; esto podría fácilmente conducir a una sobrecarga de datos y la incapacidad de uso de datos de producción para apoyar la toma de decisiones en tiempo real. Las máquinas inteligentes deben tener algún nivel de inteligencia local para evaluar los datos de forma rápida y descentralizada, ya que enrutar todos los datos a un control central para el análisis puede producir retrasos y es un proceso no escalable. Disponer de sensores, componentes y maquinaria con la inteligencia para solo compartir datos que caen dentro de un conjunto de parámetros predefinidos, dará lugar a mejor administración de datos, reducirá la cantidad de datos compartidos con la red, acelerando la toma de decisiones y mejorando la seguridad de estos sistemas.

En conclusión, el costo de los sensores conectados está disminuyendo rápidamente, los protocolos abiertos basados en IP están ganando la atracción a un ritmo acelerado y la adopción de soluciones basadas en computación en la nube y computación en el borde se están convirtiendo en una realidad.

Las investigaciones demuestran que las fábricas conectadas usarán esta tecnología para orientarse aún más a la demanda y a la personalización incrementando así su ventaja competitiva. La fabricas integran las máquinas, la gestión de inventarios, los datos de clientes y proveedores y la transforman en información del negocio. Esta información provee una visión general que identifica interrupciones en tiempo real, coordina una respuesta rápida y efectiva, y registra la causa y el impacto para dirigir los esfuerzos de mejoramiento continuo.

En un ambiente de manufactura, este nivel de sincronización e integración permite a los equipos de trabajo ver la información en el momento que ocurren, por ejemplo:

- Recolectar datos de sensores y de rótulos de máquinas, cintas transportadoras, pantallas de interface hombre-máquina (*Human-Machine Interface*, HMI) y sistemas de gestión de medio ambiente (*Environment Management System*, EMS)
- Recolectar transacciones de rótulos RFID y capturar información de aplicaciones de negocios en un esquema contextualizado.
- Analizar los datos granulares para identificar las causas de la variabilidad de la producción, problemas de calidad o desperdicio de oportunidades.
- Uso de los datos para obtener los índices de operación y recursos de equipos.
- Crear un tablero de información de los equipos de trabajo, para soportar las caminatas gemba, gestionar los indicadores de gestión (KPI's) de las plantas de producción, las unidades de negocios y los estándares de la organización.

La clave está en que los datos crudos son automáticamente recolectados y utilizados para evaluar y soportar las decisiones en todos los niveles de la organización. No se tendría que trabajar con diferentes archivos o extrayendo datos de aplicaciones y de bases de datos diferentes. Todo el mundo debería trabajar sobre la misma información real del instante, la cual dependiendo del sistema que estén utilizando se debería poder visualizar en diferentes formas, dependiendo del tipo de análisis que se esté realizando y de lo que se requiera en un momento dado.

Con base en esos conceptos, lo ideal es obtener los datos en crudo, y seguir las pistas de las mejoras realizadas, este proceso debería conducir a:

- Mejorar el acceso a los datos
- Lograr un autoservicio de las herramientas analíticas
- Alertar sobre situaciones que están fuera de control
- Gestionar las herramientas de seguimiento para determinar la prioridad de los proyectos

Cuando los sistemas de manufactura se enlazan a cada nodo de la cadena de suministro y a los recursos y transacciones de la planta en tiempo real, se amplifica la inteligencia de los procesos.

MODELO DE REFERENCIA DE INTERNET DE LAS COSAS

En la **figura 6.7 Modelo de referencia de IoT**, podemos ver el modelo de referencia de internet de las cosas con cada una de sus capas así:

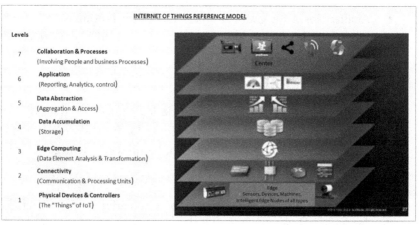

Figura 6.7 Modelo de referencia de IoT, fuente: https://smartsscience.wordpress.com/2015/09/12/iot-a-reference-model

La capa 1 es la capa de más bajo nivel donde se encuentran los dispositivos (sensores, actuadores) y los controladores que manejan a estos dispositivos.

La capa 2, es la capa de conectividad mediante redes de datos y cuyas especificaciones dependen de los casos de uso.

La capa 3, computación en el borde, se encarga del procesamiento local, que como lo hemos dicho genera eficiencias con las latencias y manejo de información, evitando pasar a la nube información que se puede manejar localmente.

La capa 4, el almacenamiento de datos en la nube para futuro procesamiento

La capa 5, capa de manejo y tratamiento de datos

La capa 6, de aplicación depende de la solución e incluye otras tecnologías como *Data Analytics*, reportes, control, seguridad, *Blockchain,* etc.

La capa 7, de colaboración y procesos involucra a los usuarios de las aplicaciones y los procesos de los negocios.

La **figura 6.8 Modelo de referencia de IoT y relación IT/OT,** muestra el modelo de referencia de Internet de las cosas y además permite identificar la integración de los procesos de IT con los procesos de OT que hemos tratado anteriormente.

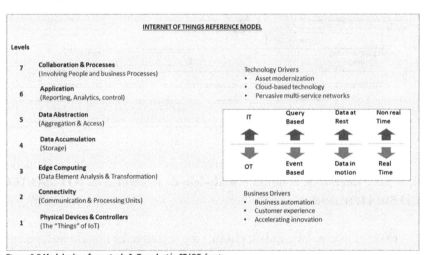

Figura 6.8 Modelo de referencia de IoT y relación IT/OT, fuente:
https://www.slideshare.net/flamus/c-white-ciscolivecancunnovpress?from_action=save, slide 10

Como se puede observar las capas 1 al 3 cubren las áreas de operaciones, con sus características tales como acciones en tiempo real, acciones basada en eventos y conmutación local.

Las capas de la 4 en adelante corresponden a aplicaciones IT con acciones en la nube y en general manejo de grandes volúmenes de datos con características como acciones bajo solicitud, datos almacenados y el accionar normalmente no es en tiempo real.

Lo importante del modelo es la integración de las 2 áreas que actualmente en muchos procesos aun permaneces aislados, o mejor son silos independientes y que con este modelo se rompe el paradigma de que son áreas completamente independientes.

RESUMEN DE MODELO DE REFERENCIA DE IOT ISO/IEC CD 30141

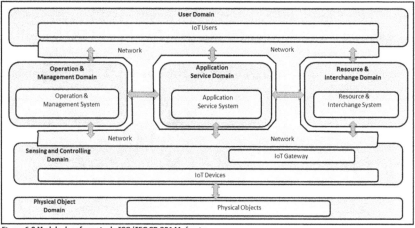

Figura 6.9 Modelo de referencia de ISO/IEC CD 30141, fuente:
https://www.w3.org/WoT/IG/wiki/images/9/9a/10N0536_CD_text_of_ISO_IEC_30141.pdf

Comenzando la descripción del modelo de referencia desde las entidades de la parte inferior de la **figura 6.9 Modelo de referencia de IOT ISO/IEC CD 30141**, se tiene:

1) Objetos físicos, las entidades físicas, son las cosas del mundo real que son la parte esencial de un sistema de IoT; se pueden adjuntar etiquetas de varios tipos a entidades físicas para ayudar en su monitoreo e identificación.

2) Los dispositivos IoT conectan las entidades físicas al sistema IoT. Los dispositivos de IoT consisten en:

a) sensores, que monitorean o escanean las entidades físicas para recuperar alguna información sobre ellos.

b) actuadores, que actúan sobre o cambian algunas propiedades de las entidades físicas basadas en instrucciones digitales.

3) IoT *Gateway* es el sistema que interconecta los dispositivos de IoT con las redes de transporte de datos.

4) La red, los dispositivos IoT se comunican a través de una red. Es común que los dispositivos de IoT se comuniquen utilizando una red de proximidad relativamente corta y especializada, debido a la potencia y a la limitante de procesamiento, sin embargo, algunos dispositivos pueden comunicarse a escala de Internet usando una red de acceso a internet.

5) Las puertas de enlace (gateways) de IoT se utilizan comúnmente en los sistemas de IoT y forman una conexión entre el ente local o sea la red o redes de proximidad y la red de acceso de área amplia. Las puertas de enlace de IoT pueden contener otras entidades y proporcionar una gama más amplia de capacidades. Una puerta de enlace de IoT a menudo contiene una gestión de agente, proporcionando capacidades de gestión remota. El IoT *gateway* puede contener un dispositivo de almacenamiento de datos, almacenar datos de los dispositivos de IoT asociados, esto puede ser compatible con capacidades de procesamiento local ("borde" o "niebla") o ser un medio para tratar con comunicaciones intermitentes. Los *IoT Gateway* pueden admitir uno o más servicios de análisis, generalmente operando en transmisión de datos desde los dispositivos IoT o desde el almacén de datos del dispositivo, también puede contener aplicaciones, que pueden ser aplicaciones de control, donde la velocidad del procesamiento local es necesaria para dirigir los actuadores con base en las señales de entrada de los sensores.

6) Existen aplicaciones y servicios de varios tipos en la mayoría de los sistemas de IoT, con almacenes de datos asociados. A menudo hay un almacén de datos de dispositivos, que contiene datos derivados de los dispositivos de IoT. Puede haber un almacén de datos analíticos que contiene los resultados de los servicios analíticos que operan con datos de dispositivos y datos de otras fuentes. Los servicios analíticos de varios tipos suelen

estar presentes, el dispositivo de procesamiento de datos y otros datos para obtener perspectivas. La gestión del proceso normalmente está presente, controlando procesos asociados con el sistema IoT. Hay aplicaciones que reflejan las capacidades del propio sistema de IoT. Finalmente, hay servicios de negocios que proporcionan capacidades relacionadas con el uso comercial del sistema, ya sea por usuarios finales o por otros sistemas externos homólogos. Las aplicaciones y los servicios se comunican con las puertas de enlace IoT y los dispositivos IoT mediante la red de acceso, mientras que se comunican entre sí mediante la red de servicios.

7) Otras aplicaciones, servicios y almacenes de datos están dedicados a la operación y gestión del propio sistema de IoT, estos incluyen el almacén de datos de registro de los dispositivos. Servicio de identidad, que proporciona capacidades de búsqueda para aplicaciones y servicios. Hay una aplicación de gestión de dispositivos, que proporciona capacidades de supervisión y administración para los dispositivos IoT en el sistema. Hay un sistema de soporte operacional que proporciona varias capacidades relacionadas con el monitoreo y la gestión del sistema general de IoT, incluido el ofrecimiento de capacidades de administración a los usuarios.

8) El acceso e intercambio proporciona acceso a las capacidades del sistema IoT para los usuarios. Las entidades, que proporcionan interfaces controladas para capacidades de servicio, para administración de capacidades y capacidades empresariales. Las capacidades que se proporcionan dependen del acceso. Capacidades de control que varían según el usuario, que requieren autenticación y autorización antes de que las capacidades puedan ser utilizadas.

9) Los usuarios del sistema de IoT pueden incluir tanto usuarios humanos como usuarios digitales. Los usuarios humanos típicamente interactúan con el sistema de IoT utilizando algún tipo de dispositivo de usuario. El dispositivo de usuario puede tomar muchas formas, incluidos teléfonos inteligentes, computadoras personales, tabletas o dispositivos más especializados; en algunos casos, se ofrece alguna forma de interfaz de aplicación al usuario humano, donde las capacidades son suministradas por una aplicación subyacente que interactúa con el resto del sistema de IoT.

10) Los usuarios digitales pueden incluso usar otros sistemas IoT, lo que permite el uso autónomo del sistema. Ambos usuarios, los humanos (con sus dispositivos) y los usuarios digitales se comunican con el resto del sistema de IoT a través de la red de usuarios, la cual puede ser internet u otro tipo de red más especializada. Para algunos sistemas IoT los dispositivos de los usuarios pueden interactuar directamente con dispositivos IoT o con los *Gateways*. Uno de los tantos ejemplos de un sistema de este tipo ocurre con un teléfono inteligente o un dispositivo vestible, donde los dispositivos IoT y el dispositivo del usuario forman parte de un solo dispositivo.

11) Los sistemas pares, que pueden ser otros sistemas IoT o sistemas que no son IoT, pueden ser usuarios de un sistema IoT y/u ofertar servicios al sistema de IoT. Los sistemas pares interactúan con el sistema de IoT a través de la red del usuario, por lo general, Internet. Los elementos de seguridad y privacidad se aplican en todo el sistema de IoT. Estos pueden incluir autenticación, autorización, certificados, cifrado, gestión de claves, registro y auditoría, protección de datos como anonimato y pseudoanonimato.

12) El dominio de recursos e intercambio estandariza la interface que hace posible que sistemas de IoT se relacionen con otros sistemas de IoT, facilitando el intercambio de información entre sistemas fortaleciendo por lo tanto la autonomía de estos sistemas y la posibilidad de ser cada vez más inteligentes.

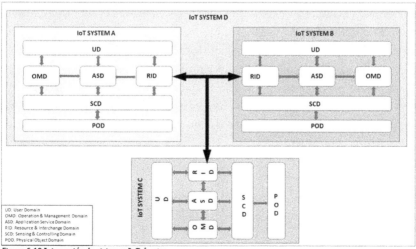

Figura 6.10 Integración de sistemas IoT, fuente:
https://www.w3.org/WoT/IG/wiki/images/9/9a/10N0536_CD_text_of_ISO_IEC_30141.pdf

La **figura 6.10 Integración de sistemas IoT**, muestra cómo un sistema de IoT se puede combinar con otro u otros sistemas IoT. Las flechas en la figura representan la comunicación y el intercambio de datos entre los sistemas de IoT, que está habilitado por el RID (*Resource & Interchange Domain*) en cada sistema de IoT. Esto se ilustra mediante un Sistema IoT que se conecta a otro, por ejemplo, Sistemas IoT A, B y C en la **figura 6.10**; aquí se presenta una infraestructura global de IoT desde el punto de vista del sistema, se ilustra cómo se pueden integrar varios tipos de sistemas de IoT para la interoperabilidad a través de plataformas IoT. a diferentes niveles organizativos (por ejemplo, nacional, regional, corporativo, empresarial, global, etc.). Además, un sistema de IoT puede acceder a los servicios implementados en sistemas externos (de un tercero), sistemas tales como servicios bancarios y financieros, servicios médicos, servicios de facturación, servicios de una aplicación con drones, en fin, cualquier fuente de datos externa aplica en este caso.

NUEVAS TECNOLOGÍAS

El aprendizaje automático (*Machine Learning*) proporciona la capacidad de continuar aprendiendo sin ser preprogramado dicho aprendizaje, el aprendizaje automático son algoritmos que aprenden de los datos que se van recibiendo y crean previsiones basadas en estos datos.

La inteligencia artificial se da cuando las máquinas trabajan "inteligentemente". La inteligencia surge desde un punto de vista comercial cuando las máquinas, basadas en información, pueden tomar decisiones, lo que maximiza las posibilidades de éxito en un tema determinado. Mediante el uso del aprendizaje automático; la inteligencia artificial puede utilizar el aprendizaje de un conjunto de datos para resolver problemas y dar recomendaciones relevantes. Por ejemplo, podemos usar el aprendizaje sobre la correlación entre el clima, los eventos locales y los números de ventas para crear un sistema completamente automatizado, que decide sobre el suministro diario enviado a una tienda determinada.

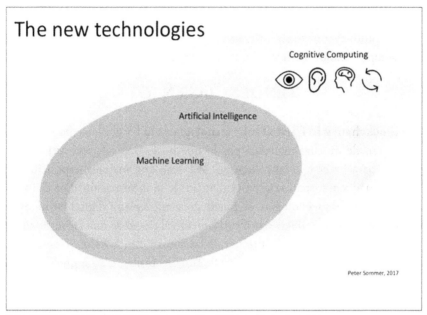

Figura 6.11 Nuevas tecnologías, fuente: http://www.r2d3.us/visual-intro-to-machine-learning-part-1/

La **figura 6.11 Nuevas tecnologías** muestra la evolución del *machine learning* a la inteligencia artificial y de aquí a la computación cognitiva. La computación cognitiva es un sistema que aprende a escala, razona con un propósito e interactúa con los humanos de forma natural. Es una mezcla de la informática y la ciencia cognitiva, es decir, la comprensión del cerebro humano y cómo funciona. Por medio de algoritmos de autoaprendizaje que utilizan la extracción de datos, el reconocimiento visual y el procesamiento del lenguaje natural, la computadora puede resolver problemas y, por lo tanto, optimizar los procesos humanos. Ejemplo: reconocimiento visual donde aplica un reconocimiento de patrones que hace posible identificar lo que hay en una foto/video determinado. Sobre esta base, la tecnología puede generar recomendaciones o incluso tomar decisiones.

Un buen ejemplo comercial es la empresa "La caza". La idea de negocio es simple: tome una foto de una prenda de vestir, por ejemplo, un par de zapatos, y el servicio lo ayudará a rastrear todas las tiendas que venden el producto o productos similares, información tomada del siguiente enlace http://content.mail3.spopessentials3.com/lp/36765/218563/The_Hunt_Case_Study.pdf? y si desea probarlo siga el siguiente enlace https://www.thehunt.com/

El procesamiento del lenguaje natural es la capacidad de comprender oraciones comunes y, al mismo tiempo, ser capaz de sentir el estado de ánimo, por ejemplo: enojo, frustración o felicidad y emoción.

TENDENCIAS EN IOT

Blockchain y IoT (BIoT): La tecnología de IoT y el Blockchain se complementan de muchas maneras, por lo que no es una sorpresa verlos combinados para hacer que las soluciones IoT sean aún mejores, especialmente en seguridad y transparencia en el manejo de la información. Por ejemplo, al fusionar ambas tecnologías, se puede crear un registro digital en miles de computadoras para reducir significativamente el riesgo de una falsificación de un producto. Se espera que internet de las cosas y Blockchain creen muchos negocios y servicios nuevos, el futuro de BIoT es brillante. Más que cualquier otra industria, puede esperar que la convergencia de estas tecnologías transforme radicalmente la cadena de suministro y la logística.

Inteligencia Artificial y IoT: La Inteligencia Artificial (IA) ha evolucionado rápidamente en los últimos años y se puede esperar que haga de IoT soluciones mucho más inteligentes y productivas. De hecho, se espera que AI se convierta en el cerebro detrás de IoT, en especial para los desarrollos de IIoT, creando sistemas cada vez más inteligentes, con capacidades de autoaprendizaje y de discernimiento.

A medida que miles de dispositivos se conecten, la inteligencia artificial, el aprendizaje profundo, el reconocimiento de imágenes, el procesamiento del lenguaje natural y la toma de decisiones basada en redes neuronales se pondrán en primer plano.

Edge Computing (Fog Computing) y IoT: Para explotar mejor los datos recopilados por los sensores de IoT, cámaras y otros dispositivos, las compañías comenzarán a moverse hacia el borde. Esto se debe a que cosas como las cámaras inteligentes ahora no solo pueden ver y oír, sino que también entienden lo que está viendo y escuchando.

Al procesar estos datos en el borde, las compañías pueden mejorar la seguridad, la privacidad y la velocidad de respuesta. Dado que la información se procesará en el borde en lugar de enviarse a la nube, también ayudará a las empresas en industrias como las finanzas y la asistencia sanitaria a mantener la seguridad de la información.

Toda esta innovación conducirá a ciudades más inteligentes, a empresas más inteligentes, en fin a sistemas más inteligentes, donde todo se hará más eficiente y efectivo a través del análisis de *big data* en tiempo real. Con la convergencia de tecnologías como AI, big data, blockchain, edge computing y IoT, un planeta formado por ciudades inteligentes está mucho más cerca de lo que la mayoría de la gente piensa.

Si se implementan correctamente, estas tecnologías tienen el potencial de transformar cada industria, cada entidad gubernamental y la vida de las personas. La rapidez con la que lleguemos dependerá de cómo estas tendencias se aceleren y evolucionen en el futuro próximo.

DISEÑO DE SOLUCIONES DE INTERNET DE LAS COSAS

La **tabla 6.1 Diseño de soluciones IoT** permite hacer un resumen de lo que se ha visto en los capítulos de este libro y a través de su desarrollo afianzar los conceptos de Internet de las cosas.

Diseño de soluciones IoT

Solución IoT		
Función		
Descripción		
Dispositivos a ser conectados	Sensores/dispositivos	
	Actuadores/dispositivos	
	Dispositivos Intermedios	
	Otras fuentes de datos	
Redes de Datos a utilizar		
Plataformas de IoT (aplicaciones a incluir)		
Ecosistema de IoT (Protocolos)		
Conexión a otros sistemas IoT		
Datos	Tipo de datos generados	
	Solución de almacenamiento	
	Análisis general	
Programación requerida (APIs)	A nivel de dispositivo	
	A nivel de red	
	A nivel de plataformas y de bases de datos	
Consideraciones de privacidad y seguridad	A nivel de dispositivo	
	A nivel de red	
	A nivel de bases de datos	

Tabla 6.1 Diseño de soluciones IoT

Diseñar un modelo de este tipo le permite al lector dar el primer paso en el desarrollo de una aplicación de internet de las cosas, habilitando la posibilidad de transformar su entorno sentando las bases para que la empresa, la comunidad o el hogar se transformen y formando así parte de este mundo de innovaciones y cambios constantes.

CANVANIZING

Un modelo de negocio describe como un producto o servicio puede entrar al mercado, sentando las bases sobre las cuales una empresa crea, proporciona y capta valor.

La idea es que mediante un concepto simple y fácilmente comprensible se pueda socializar y discutir el valor de un producto o servicio mediante un lenguaje compartido, de tal manera que los interesados puedan tomar decisiones sobre la implementación del producto o servicio.

El lienzo para el modelo de negocio (CANVAS), es una herramienta que permite manejar un lenguaje común para describir, visualizar, evaluar y modificar modelos de negocio.

En mercados internacionales la aplicación de esta herramienta se denomina normalmente *canvanizing*.

Las nueve partes que conforman el lienzo y que permiten fácilmente crear un modelo de negocio se muestran en la **figura 6.12 Lienzo para modelos de negocio** y la descripción general de sus partes se describen a continuación.

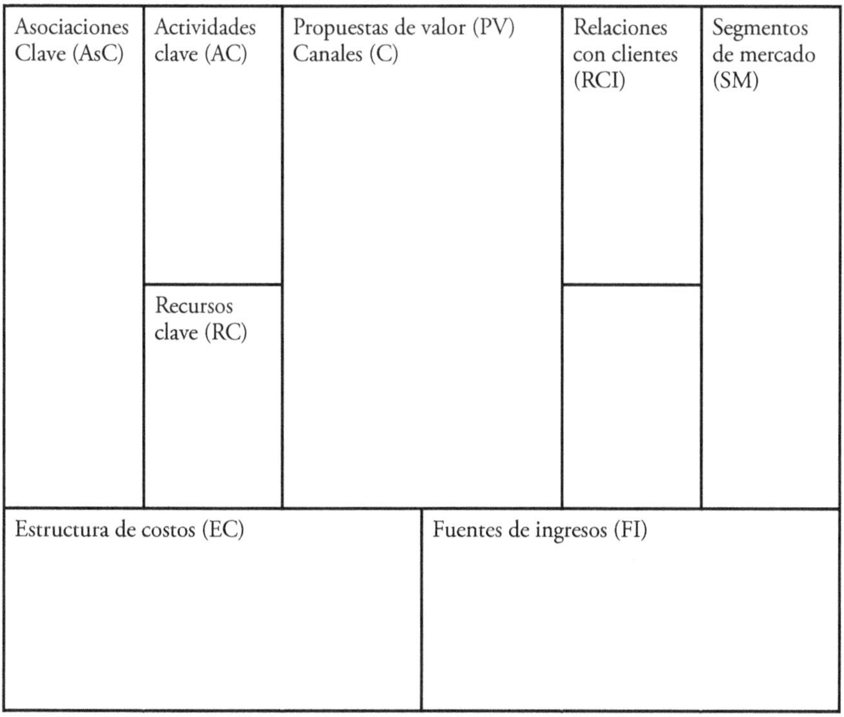

Asociaciones Clave (AsC)	Actividades clave (AC)	Propuestas de valor (PV) Canales (C)	Relaciones con clientes (RCI)	Segmentos de mercado (SM)
	Recursos clave (RC)			
Estructura de costos (EC)			Fuentes de ingresos (FI)	

Figura 6.12 Lienzo para modelos de negocio[9]

1. Segmentos de mercado (SM): Una empresa atiende a uno o varios segmentos de mercado a los cuales llega el producto o servicio.

2. Propuestas de valor (PV): Su objetivo es solucionar los problemas de los clientes y satisfacer sus necesidades mediante propuestas de valor, que generen eficiencia, mejoras de calidad y reducción de costos entre otros.

3. Canales (C): Las propuestas de valor llegan a los clientes a través de canales de comunicación, distribución y venta

4. Relaciones con clientes (RCI): Las relaciones con los clientes se establecen y mantienen de forma independiente en los diferentes segmentos de mercado, su gestión es imprescindible.

5. Fuentes de Ingresos (FI): Las fuentes de ingresos se generan cuando los clientes adquieren las propuestas de valor ofrecidas.

6. Recursos clave (RC): Los recursos clave son los activos necesarios para ofrecer y proporcionar los productos y/o servicios.

7. Actividades Clave (AC): Actividades necesarias para lograr los productos y/o servicios.

---

9 Osterwalder A. & Pigneur Y, Generación de modelos de negocio, p.44

8. Asociaciones clave (AsC): Algunas actividades se externalizan y determinados recursos se adquieren fuera de la empresa.
9. Estructura de costos (EC): Los diferentes elementos del modelo de negocio conforman la estructura de costos.

Mediante esta herramienta se puede describir fácilmente el modelo de negocio de cualquier tipo incluyendo las soluciones de internet de las cosas.

Este modelo permite determinar fácilmente el valor agregado de la solución, el cual es clave para lograr vender la idea al patrocinador de la solución.

Se sugiere después de realizar el diseño de la solución de la **tabla 6.1 Diseño de soluciones IoT,** realizar el modelo de negocio para la solución de IoT con el uso de la **figura 6.12 Lienzo para modelos de negocio,** este ejercicio permitirá presentar a nivel ejecutivo la solución identificando el valor agregado de la misma y generando el espacio para la toma de decisiones sobre la factibilidad de su implementación.

Tómese unos minutos y llene la **tabla 6.2 Definición de términos capítulo 6**, con el fin de apropiarse de la terminología técnica adecuada.

Industria 4.0	
IIoT	
IT/OT	
Edge Computing	
Digital Twings	
Mantenimiento predictivo	
Mantenimiento prescriptivo	
CANVAS	

Tabla 6.2 Definición de términos capítulo 6

Espero que el paso por este libro le haya generado al lector nuevos conocimientos y lo más importante, que le haya abierto el paso a nuevas inquietudes, a nuevos pensamientos, a nuevos raciocinios y de esta manera, a adentrarse en este mundo fascinante de nuevas tecnologías, donde subyace el futuro de nuestras futuras generaciones.

Referencias:

https://www.iiconsortium.org/pdf/Industrial_Analytics the_engine_driving_IIoT_revolution_20170321_FINAL.pdf

https://intelligence.weforum.org/topics/a1Gb0000001RIhBEAW?tab=publications

www.iiconsortium.org.

https://www.iotone.com/iotone500

https://www.korewireless.com/hubfs/EU%20Website/eBooks_eGuides/PDF%20Files/Unlocking%20the%20Hidden%20Value%20of%20eSIM%20with%20Emerging%20Use%20Cases_UK.pdf

https://www.korewireless.com/

https://sensedia.com/es/blog/apis/industria-4-0-iot-apis/

https://training.ti.com/search-catalog/field_language/EN/categories/sensors-0?keywords=&start&end&page=1

http://www.iotmethodology.com/

http://www.hitssolutions.com/hits-iot-predictive-maintenance/

https://www.ibm.com/blogs/nordic-msp/artificial-intelligence-machine-learning-cognitive-computing/

http://www.ins3.com/solutions/optimize-performance/downtime-oee

https://www.plantservices.com/articles/2017/rxm-what-is-prescriptive-maintenance-and-how-soon-will-you-need-it/

https://www.ibm.com/us-en/marketplace/predictive-quality-on-cloud

https://www.zdnet.com/article/what-is-the-iiot-everything-you-need-to-know-about-the-industrial-internet-of-things/

http://b2b.cbsimg.net/downloads/Gilbert/SF_march2019_iiot.pdf

https://community.powerbi.com/t5/Desktop/Power-BI-can-be-treated-as-a-Business-Analytic-tool-and-not-only/td-p/672516

https://www.kisspng.com/png-prescriptive-analytics-unstructured-data-predictiv-1524317/preview.html

https://www.emaint.com/moving-towards-smart-maintenance-prescriptive-analytics/

https://iotool.io/news/industry-4-0/from-reactive-to-proactive-quality-management-with-iot

https://www.datasciencecentral.com/profiles/blogs/prescriptive-analytics

https://azure.microsoft.com/en-us/services/machine-learning-studio/
https://powerbi.microsoft.com/en-us/
https://www.emaint.com/cmms-features-benefits/
https://www.softwareadvice.com/resources/predictive-analytics-for-small-business/https://www.forbes.com/sites/bernardmarr/2016/03/23/what-everyone-should-know-about-cognitive-computing/#407c8bd25088
http://content.mail3.spopessentials3.com/lp/36765/218563/The_Hunt_Case_Study.pdf?
https://www.thehunt.com/
Deuter, Andreas & Pethig, Florian. (2019). The Digital Twin Theory. Industrie 4.0 Management
https://www.researchgate.net/publication/330883447_The_Digital_Twin_Theory
Industria 4.0 LA CUARTA REVOLUCION INDUSTRIAL, Luis Joyanes Aguilar
Generación de modelos de negocio, Alexander Osterwalder & Yves Pigneur

Notas:

7 https://iot-analytics.com/wp/wp-content/uploads/2017/09/Guide-to-IoT-Innovation-SME-Focus-September-2017-vf.pdf
8 https://www.researchgate.net/publication/330883447_The_Digital_Twin_Theory
9 Osterwalder A. & Pigneur Y, Generación de modelos de negocio, p.44

Figuras:

Figura 6.1 Cuarta revolución industrial, fuente, https://www.i-scoop.eu/industry-4-0/
Figura 6.2 Pasos en la Industria 4.0, fuente, https://www.maintworld.com/Applications/The-Industrial-IoT-Maturity-Model
Figura 6.3 Industria 4.0 IIoT y IoT, fuente, https://sensedia.com/es/blog/apis/industria-4-0-iot-iaps
Figura 6.4 Convergencia IT/OT, fuente, https://sensedia.com/es/blog/apis/industria-4-0-iot-iaps/
Figura 6.5 Evolución del mantenimiento de los sistemas con IIoT, fuente, https://www.rramac.com/leveraging-industrial-iot-predictive-maintenance-atx-east-presentation/

Figura 6.6 Análisis del negocio, fuente, https://www.gurobi.com/company/about-gurobi/prescriptive-analytics/

Figura 6.7 Modelo de referencia de IoT, fuente, https://smartsscience.wordpress.com/2015/09/12/iot-a-reference-model/

Figura 6.8 Modelo de referencia de IoT y relación IT/OT, fuente, https://www.slideshare.net/flamus/c-white-ciscolivecancunnovpress?from_action=save, slide 10

Figura 6.9 Modelo de referencia de ISO/IEC CD 30141, fuente, https://www.w3.org/WoT/IG/wiki/images/9/9a/10N0536_CD_text_of_ISO_IEC_30141.pdf

Figura 6.10 Integración de sistemas IoT, fuente, https://www.w3.org/WoT/IG/wiki/images/9/9a/10N0536_CD_text_of_ISO_IEC_30141.pdf

Figura 6.11 Nuevas tecnologías, fuente, http://www.r2d3.us/visual-intro-to-machine-learning-part-1/

Figura 6.12 Lienzo para modelos de negocio, Osterwalder A. & Pigneur Y, Generación de modelos de negocio, p.44

LISTA DE ACRÓNIMOS

6Lo IPv6 over Networks of Resource Constrained Nodes
6LoWPAN IPv6 over Low Power Wireless Personal Area Networks
6TiSCH IPv6 over Time Slotted Channel Hopping Mode of IEEE 802.15.4e
ACK Acknowledgement
ALME Abstraction Layer Management Entity
AMQP Advanced Message Queuing Protocol
CA Collision Avoidance
CARP Channel-Aware Routing Protocol
CMDUs Control Message Data Units
CoAP Constrained Application Protocol
CORPL Cognitive RPL
CRC Cyclic redundancy check
CSMA Carrier Sense Multiple Access
CSMA/CA Carrier Sense Multiple Access with Collision Avoidance
DAO Destination Advertisement Object
DAO-ACK DAO Acknowledgment
DASH7 Named after last two characters in ISO 18000-7
DDS Data Distribution Service
DECT Digital Enhanced Cordless Telephone
DECT/ULE Digital Enhanced Cordless Telephone with Ultra Low Energy
DIO DODAG Information Object
DIS DODAG Information Solicitation
DODAG Destination Oriented Directed Acyclic Graph
eNB E-UTRAN Node B (4G Base station)
EUI-64 Extended Unique Identifier 64-bit
FCAPS Fault, Configuration, Accounting, Performance and Security
FDMA Frequency division multiple access
GHz Giga Hertz
HART Highway Addressable Remote Transducer Protocol

HomePlug-AV HomePlug Audio-Visual
HomePlugGP HomePlug GreenPHY
ICMPv6 Internet Control Message Protocol Version 6
ID Identifier
IEEE Institution of Electrical and Electronic Engineers
IETF Internet Engineering Task Force
IoT Internet of Things
IP Internet Protocol
IPv6 Internet Protocol version 6
ISM Industrial, Scientific and Medical frequency band
ITU-T International Telecommunications Union - Telecommunications
ITU International Telecommunications Union
L2CAP Logical Link Control and Adaptation Protocol
LoRaWAN Long Range Wide Area Network
LTE-A Long-Term Evolution Advanced
LTE Long-Term Evolution
M2M Machine to Machine
MAC Media Access Control
MQTT Message Queue Telemetry Transport
MS/TP Master-Slave/Token Passing
NFC Near Field Communication
OASIS Advancing Open Standards in the Information Society
OFDM Orthogonal Frequency Division Multiplexing
OMG Object Management Group
PA Process Automation
PHY Physical Layer
QoS Quality of Service
RAN Radio Access Network
REST Representational State Transfer
RESTful Representational State Transfer based
RFC Request for Comments
RFID Radio-frequency identification
RPL Routing Protocol for Low-Power and Lossy Networks
SDN Software Defined Networking
SIG Special Interest Group
SMQTT Secure MQTT
SOA Services Oriented Architecture
SSL Secure Socket Layer
TCP Transmission Control Protocol

TDMA Time Division Multiple Access

TEDS Transducer Electronic Data sheets

TLS Transport Level Security

TSCH Time-Slotted Channel Hopping

UDP User Datagram Protocol

ULE Ultra-Low Energy

WIA-PA Wireless Networks for Industrial Automation Process Automation

WiFi Wireless Fidelity

WirelessHART Wireless Highway Addressable Remote Transducer Protocol

WPAN Wireless Personal Area Network

XML Extensible Markup Language

XMPP Extensible Messaging and Presence Protocol

GLOSARIO DE TÉRMINOS

A

ADC: (Analog-Digital Coverter), Convertidor de Análogo a Digital

API: Interfaz de programación de aplicaciones

AS: Servidor de aplicaciones

B

Big Data: es el procesamiento masivo de datos y la transferencia de estos entre dispositivos.

BS: Estación Base

C

Cloud: (*cloud computing),* La computación en la nube, conocida también como servicios en la nube, informática en la nube, nube de cómputo o nube de conceptos, permite ofrecer servicios de computación a través de una red, que usualmente es Internet.

D

Datamining: La explotación de grandes cantidades de datos a través de tecnologías que permiten que se produzca de forma automática o semiautomática.

DB: Base de datos

DSL: (Digital Subscriber Line), Línea digital de abonado

DAC: (Digital-Analog Coverter), Convertidor de Análogo a Digital

E

ETHERNET: Ethernet es un estándar de redes de área local para computadores con acceso al medio por detección de la onda portadora y con detección de colisiones (CSMA/CD).

F
FTP: *(File Transfer Protocol),* es uno de los diversos protocolos de la red Internet, significa, *Protocolo de Transferencia de Ficheros* y es el ideal para transferir grandes bloques de datos por la red.

G
GHz: Gigahercios
GPS: (Global Position System), Sistema de posicionamiento global

H
Hardware: hardware es el conjunto de elementos físicos que conforman los dispositivos tecnológicos. Es decir, la parte tangible de la tecnología, por ejemplo: Computadores, tablets, servidores, pantallas, teclados, etc.
HTTP: (Hypertext Transfer Protocol), protocolo de transferencia de hipertextos.

I
IBSG: Internet Business Solutions Group
IEEE: (Institute of Electrical and Electronics Engineers, Inc.), Instituto de Ingenieros electricos y electrónicos
IMT: (International Mobile Telecommunications), Telecomunicaciones móviles internacionales
IoT: *(Internet of Things), Internet de las cosas es* un concepto que se refiere a la interconexión digital de objetos cotidianos a través de internet.
IP: *(Internet Protocol),* es un número que identifica un dispositivo en una red (un ordenador, una impresora, un router, etc.). Estos dispositivos al formar parte de una red serán identificados mediante una dirección IP única en esa red.
ISOC: Internet Society
ISP: Internet service provider, Proveedor de servicios de Internet
ITU: International Telecommunication Union

L
LAN: Red de área local
Latencia: Por latencia se entiende el tiempo de respuesta en el que un dispositivo puede establecer una conexión, independientemente del ancho de banda. Mientras mayor latencia, más lenta será la conexión del dispositivo a la red.
LED: (Light-Emitting Diode), Diodo emisor de Luz

LPWAN: Low Power Wide Area Network.
LTE: (Long Term Evolution), Evolución a largo plazo

M
M2M: (Machine to machine), hace referencia al intercambio de información o comunicación entre dos dispositivo o más dispositivos.
Mbps: Megabit por segundo
MHz: Megahercios
MOC: (machine-oriented communication), comunicación orientada a máquinas

O
OEM: (Original Equipment Manufacturer), que traducido al idioma español significa, fabricante de equipamiento original
OSI: (Open Systems Interconnection), Interconexión de sistemas abiertos

P
PoE: (*Power over Ethernet.*), es una tecnología que incorpora alimentación eléctrica a una infraestructura **LAN** estándar.
PAN: Red de área personal
PC: Computador
PDA: (Personal Digital Assistant), Ayudante personal digital
PLC: Controlador lógico programable

Q
QoS: Calidad de servicio

R
RF: Radio Frecuencia
RFID: (Radio Frequency Identifier), Identificación por radiofrecuencia
RPL: (Recognition of prior learning), Reconocimiento del aprendizaje previo

S
SMART CITIES: Como ciudades inteligentes se entienden las ciudades que aumentan su eficiencia gracias a la conexión a la red de diferentes ecosistemas, tales como transporte, salud, aseo, etc.
SMART FARMING: La agricultura inteligente es la integración de sus procesos y sistemas a través de IoT e Inteligencia Artificial.

SMART HOUSE: Una casa inteligente es aquella que tiene varios dispositivos conectados a internet y entre ellos. En definitiva, una Smart House permite al usuario controlar varios dispositivos del hogar mediante su móvil u otros dispositivos remotos. se traduce literalmente como *"casa inteligente"*; el cual es un hogar conectado a una red interna y simultáneamente a Internet a través de múltiples dispositivos o sensores, a través de los cuales el usuario monitoriza y controla la seguridad, climatización, iluminación… En definitiva, permite optimizar el confort y la eficiencia energética del hogar. Esta monitorización y control se pueden realizar desde nuestro teléfono móvil, tanto desde dentro de la vivienda como desde cualquier parte del mundo.

SOFTWARE: son los elementos no físicos de los dispositivos tecnológicos. En el caso de los teléfonos inteligentes, las aplicaciones, el sistema operativo y otras funciones conforman el software.

T

TCP/IP: (Transmission Control Protocol/Internet Protocol), Protocolo de control de transmisión/Protocolo Internet

TIC: Tecnologías de la información y las comunicaciones

U

UDP: (User Datagram Protocol), Protocolo de datagramas de usuario

UIT: Unión Internacional de Telecomunicaciones

URL: (Uniform Resource Locator), Localizador Uniforme de Recursos

USN: (Ubiquitous Sensor Network), Red de sensores ubicuos

W

WAN: Red de área amplia

WAS: Sistema de acceso inalámbrico

WLAN: Red de área local inalámbrica

WPA: (Wireless Protected Access), acceso inalámbrico protegido

WT: Terminal inalámbrico

WWAN: (Wireless wide area network), red de área amplia inalámbrica

WWW: (World Wide Web), Red de área mundial